U0010309

老產業玩出新文創

台灣文創產業與聚落文化觀光誌

台灣地圖 37

蘇明如 著
蘇瑞勇 攝影

Lukang Township, Changhua County / Traditional Folk Craft

Yuchih Towns Nantou County / Taiwan's tea culture

Taiwan Sugar Culture & Ciaotou Sugar Refinery

Chihshang organic rice / uye Fulu Tea

Shuinandong, Jinguashi, and Jiufen /Taiwan mining culture

Hamasen, Takao / The Pier-2 Art Cente

Ceramic Culture /Yingge Ceramics Museum & Yingge Street

t industry / Bay Area

Kinmen sorghum culture & Taiwanese culture

The Five Cultu Art H

Sun Moon Lake / Chichi railway

Ximen Shopping Area / The Red House

The Hakka Tung Blossom Festival /Sanyi Wood Carving Festival

Oriental Beauty Tea / Beipu Hakka Villages

aiwan's Beads Culture/ Sandimen Township, Pingtung County

Huashan1914 · Creative Park / Songshan Cultural and Creative Park

Salt Culture / Chiku Lagoon

Wine industry al Landsc

Forestry Culture / Alishan Forest Railway

Taichung C / Calligrap Greenw

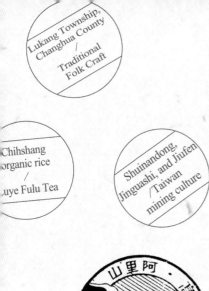

推薦序

實踐的觀光‧觀光的實踐

明如任教於我們實踐大學文化與創意學院觀光管理學系，她本身是一位文化研究者暨藝術工作者，繼二〇一四年出版《文化觀光》（五南）教學用書後，更希望能將多樣性的觀光的實踐理念推廣到坊間，這本《老產業玩出新文創——台灣文創產業與聚落文化觀光誌》正是這樣實踐理念的努力。明如曾經走訪台灣三六八個鄉鎮市區，見證台灣土地文化與觀光的各種風貌。書中以現今最流行的文創觀光為主軸，以台灣二十個老產業再生文創的案例為題書寫，除了可作為大專院校內青年學子之學習思考外，更可作為社會人士大眾深度旅遊之自導好書。

值得一提的是，書中的田野照片，係由我高雄醫學大學第十三屆學弟蘇瑞勇醫師拍攝，所以這是一本夾帶親情溫度的父女檔合作的台灣文化觀光地圖，圖文並茂，夾敘夾議，特予以推介。

實踐大學董事長、醫學博士

謝孟雄

文化產業與旅遊書寫的創意整合

台灣文創產在政策的推展之下，明確標示十五項加一項的內容，作為文創產的推展力量，將是台灣實力的展現與希望。作為長期藝術創作的工作者，發現「文化創意產業」的意涵，重點在「文化」與「產業」間的聯結，應該在藝術表現作為「創意」的加值上。除了一般性被列項為文創產範圍外，是否可以以生活中文化產值加以體悟，使文創產有更大的施展能量。

明如的這本大專院校外坊間通行的《老產業玩出新文創——台灣文創產業與聚落文化觀光誌》，除了是台灣地圖文化深度旅遊，更增闢「一起來想想」單元，從北台灣到南台灣，從老產業再生到文創觀光趨勢，刻意從文化觀光旅遊的整合，來思考文創產的若干延伸議題，不啻為開創另一種結合文創產與旅遊書寫之可能性與未來性。

國策顧問、前國立台灣藝術大學校長

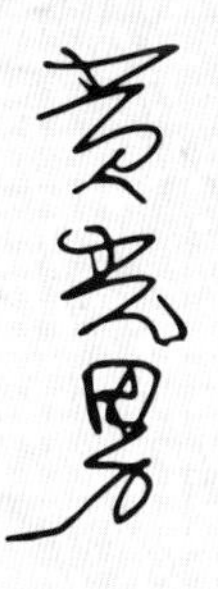

既是深度的文化之旅也是文創產業最佳範例

文創產業是台灣近年來最時髦的詞彙，可惜，就只有時髦卻不怎麼有時務，亦即文化、創意大抵具備，但後端重要的產業卻總停留在單打獨鬥，大都沒有完整全套的行銷機制，或許有人認為「自產自銷」才文創，但創作者兼銷售員能產生多少能量？

明如這本《老產業玩出新文創——台灣文創產業與聚落文化觀光誌》避開了上述尷尬的難題，去踏查產業遺址、分析聚落的活化與再生，以嚴謹的學術研究做基底，平易通暢的筆法為敘述，介紹此一成功率最高的文化創意產業，既是深度的文化之旅，也是文創產業的範例大彙編。

詩人、台中市政府文化局局長

自序

用旅行與閱讀來餵養軟弱的靈魂

完稿付梓前夕撰序，翻起一則二〇〇八年九月的報導，當時和四百餘位同樣走遍全台三六八鄉鎮市區的微笑勇者齊聚台北華山，在典禮上代表接受「微笑台灣三一九鄉」主辦單位交通部觀光局和《天下雜誌》的頒獎與訪問：

「『這是個具有正面能量的文化行動。』蘇明如篤定地說。她坦言自己的成長，並將這次行腳訂為她自己的『福爾摩沙大旅行』。『以後我還要繼續觀察遊歷這片土地，因為這是一個不會結束的旅程。』」

那時候的自己未曾想過，多年後我會來到實踐大學文化與創意學院觀光管理學系任教，而那些實務熟習的博物館與文創產業，以及學術上在意的「文化多樣性（Cultural Diversity）」，和當下蔚為全球第三大產業的觀光產業，竟是如此緊密相連，衷心感念這一切的美好緣分。

這本書的問世，最最感謝實踐大學大家長謝孟雄董事長、恩師國策顧問黃光男校長與名詩人路寒袖局長，在百忙中撥冗推薦作序；感謝親愛的長輩們、家人與摯友們的關愛督促，尤其謝謝首次合作出書的瑞勇老爸的田野蒐集攝影，能成書著實功不可沒；感謝實踐大學諸位師長與學生們的善意交流；最後感謝晨星出版有限公司以及本身就是優秀的文字工作者暨編輯胡文青兄盛情邀稿，這本書若能好看好讀，全都是仰賴他的精彩企畫與美編同仁的用心。

在一個電子書籍崛起、傳統書籍相對式微的年代，究竟我們為什麼還要出一本旅遊書寫的實體書呢？或許正因為老派如我，仍無可救藥地執著著，從拿到書的第一刻起翻翻書，已是生活中最大的樂趣，而各種電子網路媒體，始終無法取代「風簷展書讀」的留有餘韻。深信「旅行」與「閱讀」是生命中最美麗的兩道風景，祝福在閱讀旅行的路上，我們都「開卷有益」！

蘇明如

二〇一五年六月二十六日

退而不休全台趴趴走

近三十年的公務醫療生涯，最想去做卻沒有機會、沒有時間去做的，正是台灣的大小鄉鎮趴趴走！等到一退休馬上換上步鞋，帶著相機，背上背包，利用雙腳步行、騎腳踏車、公車、捷運、台鐵、高鐵，甚至飛機，全台灣走透透！更幸運的是，退休一個月後，巡迴健檢團隊找上門來，開出條件，包吃包住包車輛交通，邀我參加，由此，我的遊覽範圍更加擴大，幾乎涵蓋整個台灣大小島嶼。

腳踏著台灣這塊土地，一步一腳印，體驗升斗小民的生活起居，享受寶島的山光水色之餘，也體認出台灣早期傳統產業曾有過篳路藍縷、創業維艱的情形。但歷經歲月環境的轉換，有的已走入歷史，消聲匿跡，而有的卻發揚壯大，至今屹立不搖！其間的故事變化多元，且生動有趣。依賴著巡迴健檢團隊深入各式各樣的職場，這是以前從事醫療行業前所未聞、目所未見的一次行腳，當然，如入寶山怎能空手而回？

記得多年前，在天下雜誌舉辦「微笑三一九鄉活動」時，特別在繁忙之際撥出時間，陪女兒明如走了好幾個鄉鎮，也因此埋下全台趴趴走的潛在因子。尤其行腳南投縣中寮鄉，想起曾在九二一大地震時，率領高雄醫療團隊進駐受創甚巨的災區，再訪此地即特別有感觸，且這幾年來蒐集整理的各種資料還有太多須留待他日整理。醫療工作者用語向來直白，雖然年紀不輕，但精神狀況很好，健檢數字也少有紅字，相信未來可以再繼續努力奔馳行走於鄉里間。

蘇穗勇

二〇一五年七月三日

目錄

推薦序一
實踐的觀光．觀光的實踐
實踐大學董事長、醫學博士　謝孟雄

推薦序二
文化產業與旅遊書寫的創意整合
國策顧問、前國立台灣藝術大學校長　黃光男

推薦序三
既是深度的文化之旅也是文創產業最佳範例
詩人、台中市政府文化局局長　路寒袖　002

自序
用旅行與閱讀來餵養軟弱的靈魂　蘇明如
退而不休全台趴趴走　蘇瑞勇　004

總說
多樣的路徑閱讀台灣文創觀光新風景　008

北台灣

〇一 從台灣菸酒到華山、松山文創園區　016
近年來，華山 1914 文化創意產業園區與松山文創園區已成為台北創意蓬勃的圓夢之地，園區內舊建築與創意交融的環境是一大特色，更是文化觀光休憩的熱門去處。

〇二 西門町電影街地圖與紅樓文創　026
原本已見衰敗的電影街町，因九〇年代捷運通車，西門町規劃為行人徒步區，又開始蓬勃發展，人潮再度往西門町靠攏，又重新湧現活力。

〇三 水金九聚落與台灣礦業文化　038
被遺忘的採礦山城，因電影《悲情城市》而聲名大噪，使得九份、金瓜石湧進大批的遊客，成為知名的景點。近年因礦業遺址的整修保留，整個山區聚落更形熱鬧。

〇四 鶯歌的陶瓷文化、老街、博物館　052
鶯歌是一座因陶瓷而興盛，也因陶瓷而聞名的城鎮。從早期粗陶甕罐的燒製，到今日發展成囊括六大陶瓷品類的生產，鶯歌成為台灣的陶瓷重鎮，也是聞名世界的陶瓷產區之一。

〇五 宜蘭酒產業與蘭陽平原文化風景　062
宜蘭自古以來便是東台灣政經文教重鎮，來到宜蘭市，循著各種歷史的痕跡，仍可在大街小巷中，一步步尋訪這消失已久的古城原貌。

〇六 東方美人茶與北埔客家聚落山城　072
茶葉是北埔重要經濟產業之一，影響北埔百年的經濟發展。早期原是純樸的客家小鎮，仍保留著傳統客家民情與門風，近年因北埔擂茶讓觀光客趨之若鶩，加上成名甚早的膨風茶，成為熱門的觀光山城。

中台灣

〇七 桐花祭與三義木雕文化　086
三義以「木雕產業特色觀光」的概念領軍，搭配舊山線鐵道、客家文化等，展現了三義提升國際觀光服務能量，有「台灣最具特色觀光小城」的封號。

〇八 台中閃亮的綠腰帶草悟道　098
草悟道園道行進的路程，兩旁多樣的土地利用呈機能性分布：科博館、商圈區段、綠地草原、住宅區、藝術雕塑公園、再生街區等，琳琅滿目，融合各式各樣的生活、藝文機能。

總說

七股六孔碼頭
8.3.18
11.1.1
12.6.14

多樣的路徑閱讀台灣文創觀光新風景

一本書可以有多少種讀法？《老產業玩出新文創》這本書至少有七種可能的閱讀路徑！

路徑 1

從「何謂文創園區」的各種新聞時事爭議讀起

新聞時事不斷，華山1914文化創意產業園區與松山文創園區，園區內舊建築與創意交融，衍生許多衝突與火花；而南台灣高雄港邊閒置倉庫，文創觀光魅力深受矚目。什麼是文化創意產業？在各文創園區中可以一一省思細數。

〇一 從台灣菸酒到華山、松山文創園區 (p.016)

松山菸廠深具歷史與文化意義，近年轉變而成文創園區

一五 打狗哈瑪星新市鎮與駁二碼頭倉庫再生 (p.194)

高雄駁二倉庫空間再生，成為浴火鳳凰，已是高雄最亮眼的遊旅勝地之一

路徑 2

從「文化資產應用及展演設施產業」與觀光的角度探索

台中草悟園串連科博館與國美館兩大博物館，沿路商圈街區多樣的展演設施產業琳琅滿目；金門是台灣的世界文化遺產潛力點，擁有特殊的戰地遺址、傳統閩南建築聚落、高粱酒產業等，文化資產的應用處處可觀。

〇八 台中閃亮的綠腰帶草悟道 (p.098)

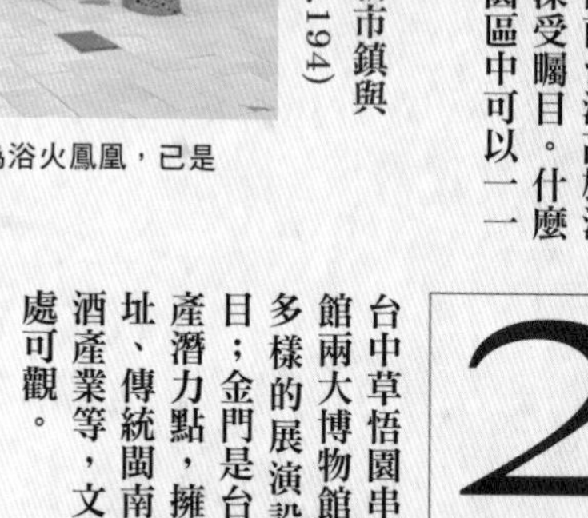

台中草悟道已是遊客與市民休閒的好去處

二〇 金門高粱酒文化與閩南文化遺產 (p.266)

風獅爺是金門的文化特色之一

路徑 3 從「工藝產業」與觀光來踏查

鶯歌是一座因陶瓷而興盛，也因陶瓷而聞名的城鎮；三義以木雕產業特色觀光概念領軍，搭配舊山線鐵道、客家文化；鹿港小鎮街貌隨著朝代歲月變遷但見風華；屏東三地門排灣族人賦予琉璃珠名字以彰顯其獨特性。北中南台灣各地工藝產業與觀光旅遊都互有連結。

〇四 鶯歌的陶瓷文化、老街、博物館 (p.052)

鶯歌陶瓷博物館結合陶瓷老街成為陶瓷工藝產業觀光的熱門地點

〇七 桐花祭與三義木雕文化 (p.086)

三義是台灣木雕藝術與文化的重鎮，有很多木雕藝術家與陶藝家在此地生活與創作。圖為木雕藝術家陳義郎「文字獸」系列作品／陳義郎提供

一二 鹿港小鎮與傳統民俗工藝 (p.132)

昔日鹿港有「一府二鹿三艋舺」的繁榮與風華

一八 排灣族群琉璃珠文化與屏東三地門 (p.234)

三地門排灣族部落裡，到處可見以神話傳說繪製的故事

路徑 4

從茶、米等產業文化尋覓「創意生活產業」與觀光

北埔東方美人茶客家風情；魚池阿薩姆紅茶文化復興；台東池上美麗稻田登錄「文化景觀」，茶葉與稻米都是生活的樣貌，更是文化的產業。

〇六 東方美人茶與北埔客家聚落山城 (p.072)

山城北埔老街，假日吸引遊客體驗擂茶與美食

〇九 南投魚池與台灣紅茶文化 (p.110)

日月潭一直是台灣最著名的景點之一

一九 台東池上有機米與鹿野福鹿茶 (p.250)

台東油菜花田的田園風光近年吸睛也吸金

路徑 5

藉礦業、水力、鐵道產業巡禮「創意生活產業」與觀光

被遺忘的採礦山城九份、金瓜石，因電影《悲情城市》重新受到關注；日月潭與集集線風光明媚好山好水正適合來場南投小旅行；阿里山神木、日出、雲海、晚霞與森林鐵路並稱「五奇」。礦業、水力、鐵道產業，提供台灣社會能源動力，更驅動了觀光產業。

〇三 水金九聚落與台灣礦業文化 (p.038)

黃金博物館內營造的礦坑意象

二三 林業文化與阿里山森林鐵路 (p.150)

阿里山櫻花季吸引大批遊客搭森林鐵道上山賞櫻／吳漢恩提供

一〇 日月潭水力發電與集集線鐵路 (p.120)

遊客一下集集車站，迫不急待的在車站前拍照留影

路徑 6

從酒、鹽、糖產業文化轉型思考「創意生活產業」與觀光

宜蘭古城的街巷原貌；西濱海岸的「文化新鹽田」；高雄橋頭糖廠的園區活化。近年全球「保存工業遺產」的浪潮，讓酒廠、鹽場、糖廠皆是台灣重要產業風景，更展現觀光創意與能量。

〇五 宜蘭酒產業與蘭陽平原文化風景 (p.060)

蘭陽平原擁有好山好水的條件

一四 濱海鹽業文化與七股潟湖 (p.182)

台江國家風景區擁有豐富的濱海自然與人文特色風景

一六 台灣糖業文化與橋頭糖廠 (p.208)

橋頭糖廠白屋庭園內的紅磚水塔遺跡

路徑 7

從電影、遊艇、藝術產業閱讀「創意生活產業」與觀光

台北西門町的電影潮流、台南五條港的老屋再生藝術造街、高雄海港文創地標新灣區。電影、遊艇、藝術多樣的產業鍊，從各個面相打造創意城鄉能量。

〇二 西門町電影街地圖與紅樓文創 (p.026)

出了西門就是西門町，也走入了流行文化的世界／胡文青提供

一七 高雄旗津遊艇產業到未來亞洲新灣區 (p.220)

來到高雄必得坐上一回旗津渡輪，才算不虛此行

一三 台南五條港與海安路藝術造街 (p.168)

台南府城處處是古蹟，老屋再生的空間也不少

文化創意產業在台灣有多少範疇？文創與觀光可以有哪些連結？二〇一〇年「文化創意產業發展法」（簡稱文創法），經立法院三讀通過總統令制訂公布，共有十五＋一項的推動範疇(p.23 第二項)，也代表政府已正視文創產業帶來的效應。

一個文化創意產業眾說紛紜的年代，歡迎讀者以Curator（策展人）的角度，將各種文創產業範疇與觀光連結的各種可能性，盡情走訪描繪。

Huashan
Creative Park
/
Songshan Cultural
and Creative Park

北台灣

Beipu Hakka
Villages

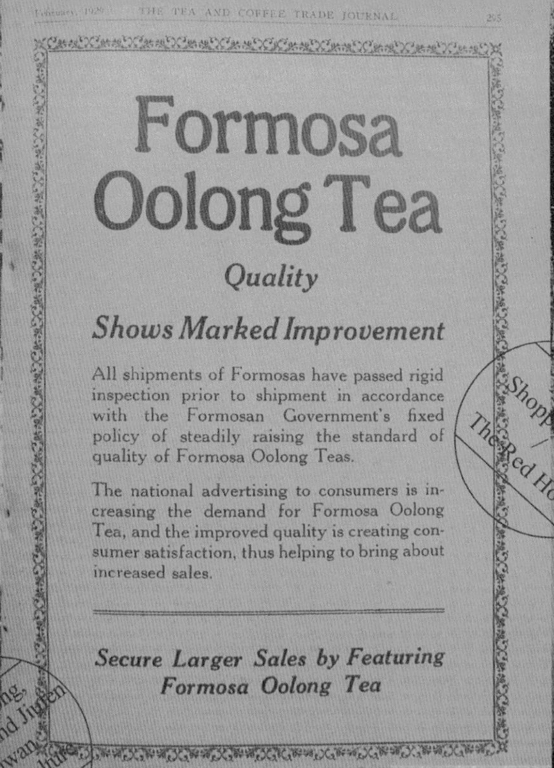
February, 1929 THE TEA AND COFFEE TRADE JOURNAL 295

Formosa Oolong Tea

Quality

Shows Marked Improvement

All shipments of Formosas have passed rigid inspection prior to shipment in accordance with the Formosan Government's fixed policy of steadily raising the standard of quality of Formosa Oolong Teas.

The national advertising to consumers is increasing the demand for Formosa Oolong Tea, and the improved quality is creating consumer satisfaction, thus helping to bring about increased sales.

Secure Larger Sales by Featuring Formosa Oolong Tea

從台灣菸酒到華山、松山文創園區

Huashan1914‧Creative Park / Songshan Cultural and Creative Park

歷史風貌

從菸草工廠到文創園區

煙草在台久遠，荷據前原住民即有吸菸習俗，而有煙製品的買賣推測始於明鄭時期。一八八四（清光緒十）年，劉銘傳來台擔任巡撫，在殖產興業項目中，亦鼓勵種植煙草。

日治時期，一九〇一（日明治三十四）年台灣總督府成立專賣局，由民政長官後藤新平擔任首任局長，統籌專賣事宜。一九〇五（日明治三十八）年三月三十一日公布〈台灣煙草專賣令〉，舉凡煙草之耕種、收購、製造、銷售等事宜，統一由台灣總督府專賣局負責管理和推行。

一九一一年興建火車站台北煙草工場，那是位在台北火車站正後方，到華陰街和承德路口之間的區域，現今高樓聳立那裡原是一大片的紅磚工場，每天有千人進出，是台北數一數二的大工場。要等到一九三七年台灣總督府專賣局才在台北市松山地區興建「台灣

日治時期煙草工廠的生產情形 / 胡文青提供

1930 年代台灣總督府專賣局 / 胡文青提供

總督府專賣局松山煙草工場」，一九四〇年全區完工。

一九四五年戰後，由台灣省專賣局接收松山菸廠，更名為「台灣省專賣局松山菸草工場」，一九四七年再改名為「台灣省菸酒公賣局松山菸廠」，專製捲菸、菸絲及雪茄等菸草製品。

從釀酒工廠到文創園區

一九一三（日大正二）年，阿部三男與出身釀酒世家的藤本鐵治，在台北府城東郊三板橋庄的大竹圍地區創立了「芳釀合名會社」，以最先進的「冷藏式製造法」證明地處亞熱帶的台灣，也能釀出高品質的清酒。一九一四年十月，第一批「蝴蝶蘭清酒」轟動上市，從此開始以清酒為主打產品。

一九二二（日大正十一）年，台灣總督府實施酒專賣制度，頒布〈台灣酒類專賣令〉，正式收購芳釀合名會社，改稱為「台北專賣支局附屬台北造酒廠」。同年，台灣總督府廢台北舊有街庄名稱，改此地名為「樺山町」，以紀念日本治台首任總督樺山資紀。戰後，國府再改名為「華山」，並沿用至今。

一九二四年，再更名為「台灣總督府專賣局台北酒工場」，以製造米酒及各種再造酒為主。

一九四五年，改名「台灣省專賣局台北酒工場」。一九四九年再更名為「台灣省菸酒公賣局台北第一酒廠」，早期生產以樹薯為原料的「太白酒」，價格低廉，深受一般民眾喜愛。五〇年代中期，米酒產量逐漸增加，並研發各種水果酒，開啟了台北酒廠的黃金時代。一九七五年再改名為「台灣省菸酒公賣局台北酒廠」，習稱「台北酒廠」，而沿用至今。

一九八七年四月，台北酒廠搬遷至林口工業區，華山作為酒廠的產業歷史故事終於畫下句點。一九九七年金枝演社進入廢棄的酒廠演出，被指侵占國家財產，藝文界人士群起聲援，集結爭取閒置的台北酒廠再利用，成為一個多元的藝文展演空間。

一九九九年起，台北酒廠正式更名為「華山藝文特區」，成為提供給藝文界、非營利團體及個人使用的創作場域。

[1] 華山文創園區廣場 [2] 華山藝文特區內紅磚建築舊廠房

華山文創園區設有遊客服務中心

文創產業觀光成為趨勢

二〇〇二年行政院核定「挑戰二〇〇八國家重點發展計畫」中，將「文化創意產業發展」納入十大重點投資計畫之一，目標在於「開拓創意領域，結合人文與經濟發展文化產業」，促使相關部會研訂與文化創意產業相關之子計畫。計畫定義「來自創意與文化積累，透過智慧財產權的生成與運用，有潛力創造財富與就業機會，並促進整體生活環境提昇與活動。其核心價值為文化創意的生成，其發展關鍵在於具有國際競爭力的創造性與文化特殊性。」有鑑於既有觀念常將文化視為一種可有可無的欣賞或娛樂需求，或是一種只會消耗資源之施政項目，現今趨勢文化將不再處於傳統政策思維之弱勢，「文化創意產業」此一切入點，將是施政課題上一個極需推動之觀念。且吾人觀察，文化藝術一直長期屬於菁英高蹈的領域，然而，文化藝術並不一定非要和經濟物質面切斷才顯得清高，台灣文化若能發展成有競爭力、有規模的產業，除了它本身的產值外，還可以藉由文化創造更多的社會與經濟價值，或可說，主張文化有其經濟上產業意義正是台灣現今之文化趨勢。從二〇〇二年以來至今，文化創意產業已成為當下台灣顯學與方興未艾之觀光趨勢之一。

華山遊客服務中心旁幾米插畫人物裝置

在地之光

「文創」，文化創意產業（Cultural and creative industry），是結合文化及創意的產業，文化創意即是在既有存在的文化中，加入每個國家、族群、個人的創意，賦予文化新的風貌和價值。近年來，華山1914文化創意產業園區與松山文化創意園區已成為台北創意蓬勃的圓夢之地，園區內舊建築與創意交融的環境是一大特色，更是文化觀光休憩的熱門去處。

華山 1914 文化創意產業園區

二〇〇二年四月，行政院裁示定案由文建會配合六年經建計畫，利用公賣局舊酒廠的閒置空間活化再利用。透過空間改造，同時解決華山長期藝術表演與公民使用權之間的爭議，讓園區不只是藝術空間，也成為一般民眾觀光休閒的據點，乃整併為「創意文化園區」。二個月後，華山創意文化園區被列入「挑戰二〇〇八國家發展重點計畫」。華山文創園區有三處古蹟（高塔區、烏梅酒廠、煙囪）、三處歷史建築（四連棟、米酒作業場、紅磚區），在二〇〇三起為使園區更符合展演使用的藝文場所，著眼舊有空間的最大利用，在以「以舊領新」、「新舊共榮」的整建概念下去思考及規劃，使華山成為展現各種文化創意的最佳場所。

華山的戶外有戶外展演場（華山劇場、森林劇場、藝術大街）與北邊的公園綠地，室內空間有展現文創成果、培育人才、提供文創資訊及餐飲服務等功能。華山園區涵蓋了文創產業從創作、製造、加值、通路到消費等面向，從參與到分享的過程，這裡是文創產業共同的舞台。這裡是可看、可買、可玩、可吃的美感生活最佳體驗場。

華山 1914 文化創意產業園區

松山文化創意園區

松山煙草工場的建築風格屬於「初現代主義」作品，強調水平視線，形式簡潔典雅，堪稱當時工廠之楷模。製菸工廠一樓的建築結構為多廊柱設計，為的是撐起二樓整個無柱開闊空間，以及建築結構載重考量。建造於一九四〇年的倉庫是以木頭為架構的磚塊建築，連續的弧形拱廊是它的建築特色。

二〇〇一年，台北市政府指定松山菸廠為市定古蹟後，定名為「松山文創園區」，這塊曾經是台灣第一座現代化捲菸工場，在二〇一一年十一月十五日，搖身一變，成了台灣原創發展基地，期望達成園區培育原創人才及原創力的目標。松山文創園區的規劃重點不在於產業的引進，而是要如何激發創意與創新能量，藉由「創意實驗室」、「創意合作社」、「創意學院」和「創意櫥窗」等策略，而成為可激發並培育創作點子工廠。

松山文創園區內保存的古蹟

松山文創園區台北文創大樓

聚落亮點

華山烏梅酒廠

建造於一九三一年的烏梅酒廠原為貯酒庫，貯放自製成品。整體為獨棟式廠房，建築，其中的混凝土框架的斜撐樑、與屋架相接的托樑石、大跨距的鐵骨屋架是其特色。現規劃為以中小型藝術表演為主的表演藝術區。

華山四連棟

建造於一九三三年的四連棟，起初主要做為紅酒貯藏庫之用。後因金山南路拓寬，廠房縮減而改裝成四棟連續但長短不一的建築。其特色是立面有山形山牆做為入口，山牆上有拱頂石裝飾，牆面有弧拱窗等。現規劃成開放式大型展覽空間。

華山米酒作業場

同樣建於一九三三年的米酒作業場主要分為米酒和紅露酒製造廠兩大空間，為磚造鋼筋樑柱結構的二層樓建築。屋頂裝有銅製強制通風換氣塔，門窗及廊道開口邊緣，以特別訂製的未上釉的陶磚作為裝飾，風味別具。目前作為主題式展覽或創意商品展售空間。

[1] 原中 6 館已變身華山光點電影院
[2] 華山米酒作業場老建築新內容，有餐廳開設其中
[3] 華山四連棟經常有展覽活動舉辦

華山果酒大樓

建於一九五九年，一樓是水果酒倉庫，二樓是酒廠禮堂。現在一樓作為畫廊，二樓是排演空間。

松菸小賣所文創商品展售平台

松菸小賣所結合了園區的服務中心、文創商品展售平台、復刻歷史記憶區與輕食咖啡休憩區。將古老製菸空間轉變為嶄新的文創櫥窗，清幽的菸草味轉化為濃郁的咖啡香，讓民眾體驗松菸歷史，感受文創生活，定期邀請所有文創品牌新秀與民眾面對面交流，分享創作概念，體驗品牌精神，實踐文創共好平台的目的。

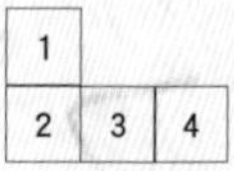

[1-3] 已成為文創園區的製菸工廠，處處留有歷史記憶 [4] 松菸復刻歷史記憶區內的老鑄鐵招牌

松菸小賣所內部展售空間

松菸小賣所

松菸復刻歷史記憶區

以重現松菸當年的老文物為主，這些都是從不見天日的老廠房裡翻找到的歷史物件，民眾可以透過斑駁的歲月刻痕，走入松山菸廠的時光隧道。

松菸誠品

包括誠品電影院、表演廳、誠品行旅、書店與誠品生活事業，誠品挾著豐沛的文創展演經驗與長年積累之藝文資源，於二〇一三年進駐松山文創園區。立足於書店與複合式商場的誠品生活松菸店，延伸拓展至表演廳、藝術電影院及文創旅館等多元領域，以跨業創新整合為目標，可謂文創百貨公司新註解。

松菸復刻歷史記憶區展示過去的香菸相關製品

松菸誠品

一起來想想

- 現今華山與松山文創園區內各進駐有如台北文創、松菸誠品、電信公司、電影院、演藝廳、各式各樣的咖啡館或餐廳，走訪園區，思考哪些是你認為的文創？為何社會觀感這麼有異質性？到底文化創意產業包含哪些？
- 台灣現存「文化創意產業發展法」中將文創推動範疇包括十五＋一項：一、視覺藝術產業。二、音樂及表演藝術產業。三、文化資產應用及展演設施產業。四、工藝產業。五、電影產業。六、廣播電視產業。七、出版產業。八、廣告產業。九、產品設計產業。十、視覺傳達設計產業。十一、設計品牌時尚產業。十二、建築設計產業。十三、數位內容產業。十四、創意生活產業。十五、流行音樂及文化內容產業。十六、其他經中央主管機關指定之產業。漫步華山、松山文創園區，思考園區內哪些內容各可以連結至哪一類型文創產業？
- 「文創觀光」為觀光新趨勢。華山與松菸已成為城市超人氣休憩園區，思考「風格社會」、「創意城市」等時代趨勢，和文創觀光的背景有何關聯？怎樣的時代背景造成文創觀光的風潮？各地不同的園區特色有何相異？

take a break think again

一起來走走地圖 GO

華山文創園區

日治時期台灣菸酒專賣制度

台灣在清代陸續將樟腦、鴉片、食鹽、煤、硫磺等列為專賣物產，但菸酒未納入專賣。日本領台後為使財政獨立，除了發行公債，地方土地租稅及專賣制度的建立都為財政收入注入強心劑。其中鴉片、食鹽、樟腦延續專賣之外，並於一九〇一年成立專賣局統一管理。一九〇五年四月起，台灣總督府也明令實施煙草專賣；而酒的專賣則遲至一九二二年七月正式施行。

戰後台灣公賣制度與二二八事件

第二次世界大戰後，台灣省行政長官公署接收台灣總督府專賣局改制成「台灣省專賣局」，保留菸、酒、樟腦、火柴、度量衡等五項專賣。一九四七年二月二十七日，專賣局查緝專員以暴力過當取締私菸，隔天二月二十八日發生台北市民群起請願、示威，民眾激憤包圍專賣局台北分局和長官公署抗議，結果遭公署衛兵開槍，以致抗爭蔓延全台灣，終釀成大規模屠殺與清鄉的白色恐怖事件，史稱「二二八事件」。

園區內有許多咖啡館。圖為離線咖啡 Offline Cafe

煙囪與鍋爐室

華山光點生活╳光點時光

華山光點電影館

中 5B 鍋爐室與中 5A 再製酒作業場走道間展覽長廊入口

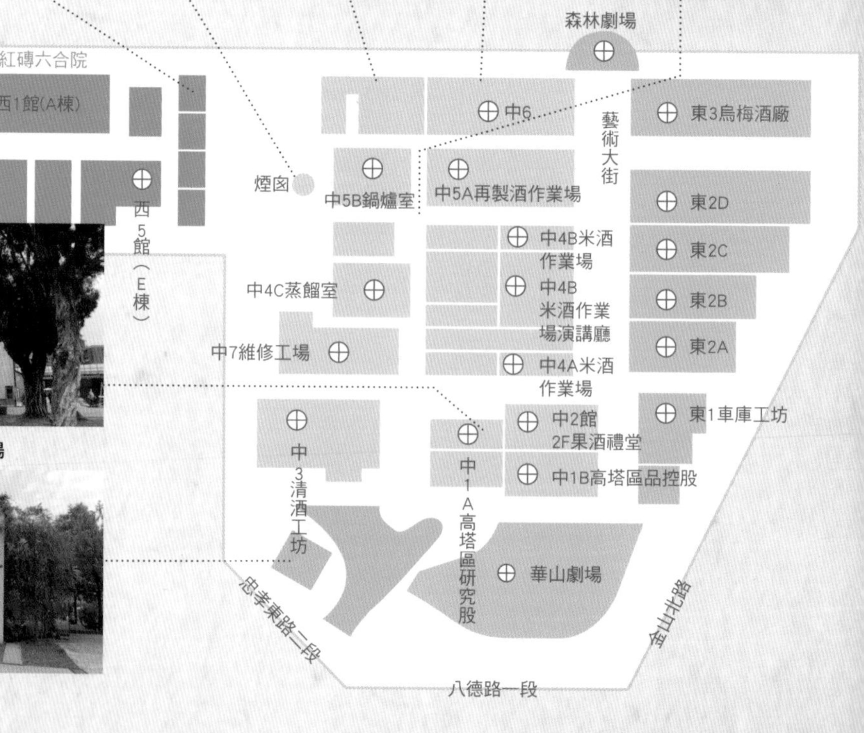

華山文創園區戶外廣場

華山入口意象之一

松山文創園區

製菸工廠二樓平面

二樓常舉辦多樣的特展

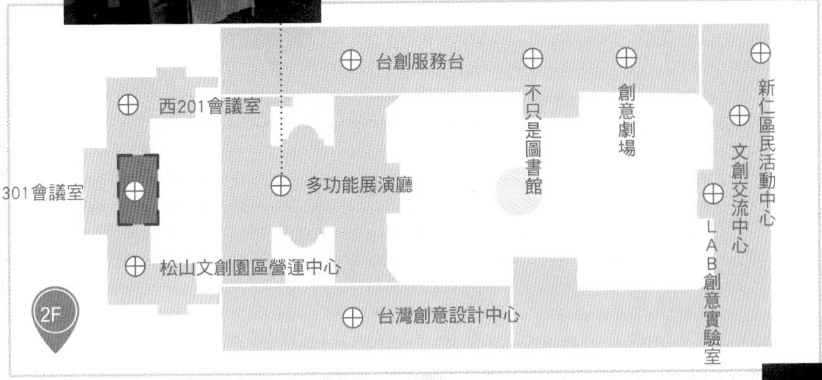

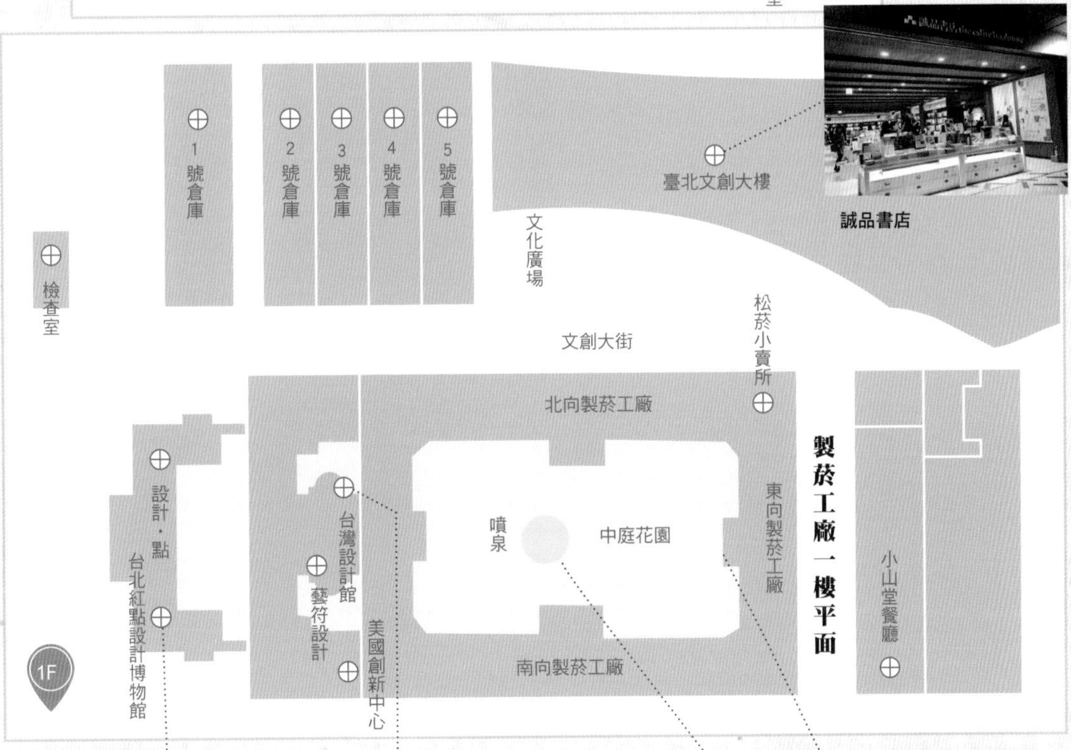

誠品書店

製菸工廠一樓平面

紅點設計博物館

台灣設計館

製菸工廠中庭花園

中庭花園晚香園

西門町電影街地圖與紅樓文創

Ximen Shopping Area / The Red House

歷史風貌

青春流行西門町

作家郭強生在〈青春作伴西門町〉上說：「夏天的西門町，曾是充滿青春夢幻與感傷的一片海洋。在沒有統領商圈之前，在威秀影城仍是一片荒草，只有軍訓課野外打靶才會涉足的年代，我們只有西門町。

游進西門町，覺得自己立刻翻身成一尾色彩繽紛的熱帶魚。櫛比鱗次的喧鬧電影看板成了珊瑚礁，流行音樂從四面八方傳出，宛若悠悠繾綣的海尾草隨波逐浪。我一路游，游到了東京，游到了巴黎，游到了曼哈頓，沒有再回頭。」

西門町在歷經重大挫折後，轉變了幾個階段，如今又重新湧現活力，相較於東區，現在的西門町顯得更年輕，有更多的青少年聚集於此。西門町源自日治時期，由於位在台北城的西門外，因而得名。最初一片荒涼、荒煙蔓草的西門町，還不時受到因颱風豪雨所帶來的河水氾濫，積水嚴重，與其南側商業繁榮的艋舺市街，以及東邊集政治、文化、軍事為一體的台北城內市街不啻天壤之別。

過去新世界館戲院舊址與橢圓公園，今日的西門町商圈 / 胡文青提供

日式西門町

後來日人仿效東京淺草在此設立休閒商業區。一八九七年的「台北座」、一九〇二年的「榮座」是當年第一批重要的娛樂設施。遠自一九〇八年，日人建造八角樓百貨商場（今西門紅樓）後，西門城外的娛樂事業才漸漸興起。隨著社會經濟繁榮，至三〇年代中葉，西門市場與八角樓商場已成為台北市的新興鬧區，人潮不斷。

一九三五年的台灣博覽會為西門町的電影街奠定了雛型。這段時期，西門町出現了四座大型的豪華劇場，如台灣劇場、國際館、大世界館與公會堂（中山堂），再加上原有的榮座、新世界館、芳明館、世界二館共八家劇場，將整個西門町商圈擁抱起來。

一九四九年後，國民政府遷台人潮大量湧入台北，開始融入台灣生活。上海人在西門町投入大量資金經營百貨公司，將老上海的歌舞廳和咖啡館風潮帶入台北，西門町迅速繁榮超過日治時期。其巔峰時段，就是在八棟中華商場完工營業，西門町發展成為全國最大的商業中心。百業繁盛，娛樂業尤為發達，戲院先後多達三十七家，戲院的密集度高居世界之冠。如今，西門町電影文化已不只是台灣電影業與電影文化的聚焦核心，它更烙印著不同年代多少觀眾的成長經驗與流行文化的歷史軌跡。

後來，市區建設逐漸向東發展，西門町未能汰舊換新，一九八〇年代起逐漸沒落。直到九〇年代捷運陸續通車，西門町規劃為行人徒步區，商店回籠，又開始蓬勃發展，人潮再度往西門町靠攏，敗部復活，更勝以往。

[1] 日治時期西門新起街市場八角堂 / 胡文青提供 [2] 今日西門紅樓劇場與文創據點 / 胡文青提供 [3] 日治時期新世界館 / 胡文青提供 [4] 過去的新世界館，今日的真善美劇院

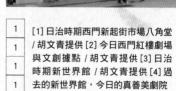

在地之光

見證西門町

曾任文建會主委的林澄枝女士在〈見證歷史，書寫電影街〉上說：「從都市的發展來看，西門町就是電影街的代名詞。而隨著百年來電影的興衰，歷經滄桑；所以，西門町留給無數人們許許多多的美麗回憶。五〇～六〇年代，人們匆匆忙忙地趕到西門町，汗流浹背的排隊買票，很不屑地瞪著竄來竄去的電影黃牛，摸黑找座位的情景，想來仍然溫馨。」

「……電影院裡頭黑漆漆的密閉空間，反而提供了頗能讓人信賴的場所。它們通常在外頭貼滿鮮豔的看板，在固定幾班時刻將人們一批批的送入，然後分秒不差的製造群體的爆笑或低聲的啜泣。當影片結束，片尾字幕徐徐昇起，人們魚貫走出時，通常會發現自己身處狹小窮亂的無尾巷中，方向頓失……」許伯元在〈城市電影空間現象〉中這樣說著。

葉龍彥在〈西門町電影街的形成〉中說：「戲院的興建和電影的傳入，都是日治時期以後的事。戲院（劇場）是城市都市化後的文明象徵，也是現代公共秩序下的娛樂場所，具有社會教育功能。」

西門町的形成

日治時期，日人很重視娛樂，第一家戲院「東京亭」於領台的次月（一八九六年一月），就在府前街（今重慶南路）「提燈屋」二樓設立。一八九八（日明治三十一）年，台北就有「十

[1] 西門町商圈集電影與年輕人流行文化於此，電影街附近隨處可見塗鴉藝術 / 胡文青提供 [2] 朝日座舊觀 / 胡文青提供

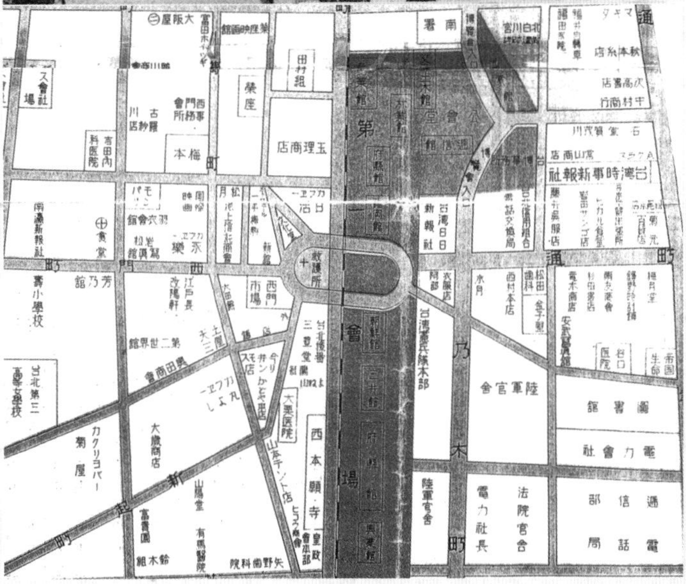

2 | 1
3

[1]榮座／胡文青提供 [2]新世界館／胡文青提供 [3]1935年台北遊覽案內圖西門町地區局部／胡文青提供

字亭」、「台北座」、「幸亭」、「鶴之家」、「遊樂軒」、「淡水館」等娛樂場所。其中以「台北座」人氣最旺，不斷有新劇演出，然而該戲院卻於同年八月的一個颱風所吹毀。台北座於一九〇〇年五月重新開幕，氣勢更旺。

台灣最早的專屬電影院，就是西門町的「芳乃亭」，於一九一一年七月開幕。原是一位日人國芳在新起橫街建造木屋「芳乃亭」，演出〈女義大夫〉（手操木偶，女性唱歌），但始終競爭不過「朝日座」及「榮座」，於是改演電影，出奇制勝。國芳另外在後菜園街（今成都路、康定路、內江街，即國賓戲院旁）建造漂亮的新館，正式成為常設「活動寫真」放映，稱為「新芳乃亭」。

一九二一年元旦，台灣最氣派的「活動寫真館」：「新世界館」（戰後即新世界戲院，今真善美劇院大樓），在西門町正式營業。該館外觀為鋼筋水泥建造，內部為木構建築，設備豪華，銀幕正中央有樂隊席，可容納一千七百人。

戰後西門町變遷

一九四五年八月，戰後生活很苦，大家忙著為三餐奔波。奇怪的是，戲院、酒家、舞場的生意都還不錯。曾有人說：「電影院這種超乎現實的虛擬經驗，使得電影院成為人們逃避現實困境，最簡便實惠的『臨時烏托邦』，也因此在三〇年代經濟不景氣時期，百業蕭條，卻只有電影院一枝獨秀，仍然擁有許多逃避現實煩惱的觀眾，來到電影院漆黑的空間裡，浸淫在虛擬的滿足裡。」

五〇～六〇年代，在台北看電影不像現在。每一家電影院都只有一個大放映廳，大得驚人。國賓、日新、樂聲這幾家，規模與座位數甚至超過國父紀念館的表演中心，但卻還是滿足不了想看電影人的需求。稍微熱門一點的電影，票窗一打開，都已經排滿了長長的人龍，而且電影黃牛穿梭其間。

傾斜的走道，舒適的座椅，漆黑的空間，臨場感的數位電影院音響系統。大批觀眾湧到戲院看大銀幕的目的，就是為了滿足和坐在家裡看電視不同的感官享受，尤其是許多大場面的音效片。電影院的「氛圍」才是帶領觀眾脫離現實，享受虛擬時空的主要誘因。

七〇年代是小廳院時代的開始。一九七五年「真善美」藝術電影院首先開啟第一幕，其後六福大樓的「白雪」、「樂樂」、「快樂」戲院，以及獅子林大樓的「金

模擬復古已成絕響的紅樓戲院售票口

十場大決鬪空前緊張精彩嘆爲觀止

忍術劍法魔法空前大決鬪

飛劍客

台北風靡一時 勝過里見八犬傳

情與淚！愛與恨交織！人人叫好！掌聲如雷

赤い影法師

今天獻映

成功

一部盡善盡美的電影

唱吧！太陽

全片在意大利第一名勝「伊夏」實地攝製！！名勝名片相得益彰，名人美人天上人間！

唱吧！太陽

集聲色娛樂之極致！合男女老幼之口味！保證勝過西德出品的「卿莫忘我」

在報紙上大肆宣傳電影廣告聲歷其境的音響與銀幕效果 / 引自《民聲日報》民國年 51 年 8 月 2 日廣告

獅子林大樓外的石獅子，今日有新光影城在內

獅」、「銀獅」、「寶獅」等小廳電影院如雨後春筍紛紛成立，再加上「國王」、「皇后」、「碧麗宮」等，使得武昌街成為西門町小廳電影院的中心地帶。

把大廳變成小廳，雖然選擇機會變多了。但在台北市仍有國賓、日新等戲院保持大廳院、大銀幕的氣派格局，這種堅持，維繫了眾人共同或獨享觀賞感受，於是看超大銀幕電影，就成了消費者在眾多戲院選擇中的豪華享受。

小廳化後，因電影院本身單一的營運成本得以降低，所以在經營策略上趨向多元，如奧斯卡戲院針對青年學子及一些時間來不及看首輪電影的觀眾，成為二輪戲院選片品質佳的代表戲院，檔期也較長，盡可能給觀眾更多欣賞到好電影的機會，小廳化已為時勢之所趨。

到了八〇年代末期，由於MTV錄影帶出租盛行，再加上第四台有線電視的出現，在在打擊著電影院的客源，電影院一下子墜入淒慘的景況，也因此許多電影院被拆除改建為商業大樓，許多電影院先後歇業，為世紀末台北電影院的輝煌歷史劃下句點。

九〇年代，台北電影院的發展趨勢，進入「影城」時代。影城是一個多家電影院的集中點，可能有一個共同的購票大廳，到影城看電影，買票方便，電影院多、場次多；且每場電影放映時間間隔縮短，時間彈性加大，最適合忙碌的現代都會人。

九〇年代後期，台北市政府與西門町當地商街重新規劃，將武昌街設置為行人徒步區。於周末和國定假日禁止車輛通行，使得電影街林立的武昌街重新興起，吸引更多的來往人潮，成為口耳相傳的「電影街」。每到周末假日，大大小小的電影宣傳、街頭表演以及各類型的商業活動，帶來電影街的人潮效應，也成功地塑造「電影街」的美名。武昌街、康定街、漢中街及峨嵋街是現今西門町戲院最集中的地區，街弄裡有豪華數位電影院、日新威秀影城、樂聲戲院等多家戲院，皆聚集於此。

1
2
3

[1] 曾幾何時，戲院變影城 / 胡文青提供
[2] 入夜後的電影街
[3] 入夜後的西門町影城榮景

聚落亮點

電影主題公園

電影主題公園座落在電影街附近的康定路，原址是日人經營的台灣瓦斯株式會社所有的煤氣生產的房舍，占地五六四四平方公尺。戰後由台北市政府接管，改組為「台北市煤氣有限公司」。然而由於長年虧損，加之天然氣日漸普及，於一九六七年停工歇業。閒置了三十年後，二〇〇五年正式以台灣第一座電影主題公園在西門町重生，提供一個兼具本土文化教育及歷史產業資源再利用的公共設施典範。

公園內的主題展館，重現早年愛情電影必備的「三廳」之一的咖啡廳場景，並整理出文藝愛情片的公式，如海灘長跑、家世背景落差等橋段；戶外區域設置有愛情許願樹，供民眾留下愛的訊息，並且於周末假日放映戶外露天電影，重溫舊夢。

電影主題公園就位在電影街尾 / 胡文青提供

電影主題公園內有年輕人正在創作中的裝置藝術 / 胡文青提供

電影主題公園內放眼可見年輕人流行的塗鴉藝術 / 胡文青提供

今日西門紅樓側影 / 胡文青提供

日治時期八角堂 / 胡文青提供

西門紅樓

邱莉慧在〈百年紅樓，光華璀璨〉上說：「西門紅樓，身形八面，位居要津，原就是承載八方之路聚集於此，位處輻輳中心點的地標，世代興替，人人得見，忽略不得；時至今日，現代化都市的商業區裡，一座百年前的建築，型式獨特，歲月風霜更添其美，依舊是令人目不轉睛的『睛點』建築。」

「西門紅樓是個很特別的建築，我第一次看到它的時候，它還是一間電影院。而且以房屋的角度來說，八角形的房屋在建築實用性上，其實並不好用，如不太好擺傢俱；但是，好處是視野角度多。一般來說會應用在城堡轉角的防衛性功能，或是用來看風景的亭子、種植物的玻璃屋、市場、車站等，可以很方便出入。」建築師阮慶岳在〈庶民生活，是西門町的美學色彩〉上這樣說著。

一九〇七年，總督府官房營繕課近藤十郎與技師萬崎萬長共同規劃「新起街市場」興建計畫。早期的西門紅樓由於形狀呈八角形，故亦稱「八角堂」，是新起街市場的入門意象。因為是八角和十字的組合，有點類似教堂建築，只是前方不是尖銳的教堂高塔，而以八方雲集的八角柱體建築替代，形式更具份量。早期在台灣的建築裡甚少看見八角形狀，只有出現在氣象測候所、水塔、鐘樓或磚窯等特殊功能的建築。

一九〇八年底開幕時，進駐一樓店面有十四家，樓上也有十四個攤位，開幕時就有九家進駐。紅樓是日治時期最具時尚感的百貨集散地，許多來自日本內地、美國、歐洲的貨物，都在這裡銷售，是第一個專為日本人開立的常民市集，經營型態像百貨公司的原型，價格也標示得非常清楚，許多最先進、最流行、最新奇的產品，在這裡都找得到。

戰後，上海人陳惠文租用紅樓做為演藝場所，於是八角堂二樓由戰時的軍方食堂，轉變成「滬園劇場」。滬園劇場推出流行歌曲及京劇清唱，並請名伶演唱，轟動一時，但後繼無力，改變經營方式，引進相聲及紹興戲，經常高朋滿座。經過多次改變名稱換人經營後，一九五六年改名為「紅樓劇場」。

西門紅樓於一九六三年改演電影。百年來，西門紅樓如百變金剛，曾是市場、百貨店、劇場、電影院，變來變去，是二次世界大戰後西方思潮的發源地，西門紅樓正似風向球，揭露文化風潮。西門紅樓改為電影院後，先後放映的是黑白武俠、二輪西片、古裝國片，其中二輪西片更是學生們所津津樂道的，除票價便宜外，也是接觸西方思潮，諸如美國好萊塢文化之基地。

紅樓在歷經日治、戲劇、電影時期之後，隨著西門町公共設施的老邁及不敷使用而走入谷底。這時的紅樓周邊仍被南北廣場的違建淹沒，除了正面立面外，幾乎看不見紅樓真正面貌。二〇〇〇年七月二十二日，一把火燒毀十字樓商場木屋架及第三賣店，共約二百八十個攤位毀於一旦，倖存的八角樓獨自矗立於斷垣殘壁瓦間，也正因一把大火，人們才得以重見西門紅樓之美。

二〇〇七年十月，紅樓由台北市文化基金會經營，定位為文創產業的創新育成中心，就像是創意的前哨站，一些嶄新概念全都在這兒萌芽、開花、結果。如今十字樓已有十數個創意品牌進駐，期待在此發聲，創新育成發揚全世界。

目前，西門紅樓八角堂的一、二樓被規劃為展覽、餐飲、賣場與劇場空間，定期舉辦各式講座與展演活動；後方的十字樓則為原創音樂發展空間，以及輔導本土創意設計成為獨立品牌的「文化創意產業發展中心：16工房」。16工房總共有十六間，一間間展示著新銳設計師作品的創意個性小店。

西門紅樓過往點滴記錄

16 工房 / 胡文青提供

16 工房外廣場意象 / 胡文青提供

小熊村

西門紅樓外圍場域匯集了多家同志酒吧與咖啡廳，這裡是知名的同志聚集地，在全台灣甚至國際都已名氣遠播。而西門紅樓也持續參與「台北同玩節」、「同志大遊行」等活動，以吸引更多國際多元文化觀光客群。

本來只有一間名叫「小熊村」的咖啡廳，門口擺了幾隻大大小小的泰迪熊玩偶。小小的店面，外面有露天桌椅，在夜晚燈光的妝點下，第一家戶外同志專屬咖啡廳的封號，很快就在圈內傳開，捧場的同志絡繹不絕。隨後，其它同志咖啡館等陸續進駐，百花齊放。

[1] 小熊村
[2] 高掛彩虹旗的咖啡廳

一起來想想

- 電影綜合著文學、戲劇、音樂、舞蹈、繪畫、雕刻與建築此七門藝術，而被稱為「第八藝術」，漫步西門町電影街，仔細觀察一下，有哪些事物可以感受到電影為「第八藝術」？
- 一八九五年台灣進入日本殖民統治時期，同年法國盧米埃兄弟發明並放映電影被視為電影的誕生。日治初期台灣開始有了電影產業並逐漸發展出電影街，與電影院的設立息息相關，當你走在西門町內，是否能找出曾見證台灣電影史的任何一家老電影院舊址？
- 從西門町的同志聚落、台北同志大遊行、導演蔡明亮的電影，來思考為何「多樣性」與「包容力」是打造「創意城市」的重要指標？為何聯合國近年倡導同志平權也是人權的一環？
- 這是一個「風格社會」，走一趟紅樓創意市集，思考青少年「次文化」與文創產業發展的社會因素。

take a break think again

一起來走走地圖 GO

西門町紅樓文創園區

新光影城　絕色影城　真善美劇院

紅樓外圍場域的同志酒吧和咖啡屋，可見彩虹旗飛揚

聞名遐邇的同志朝聖宗祠，小熊村

西門市場八角堂今昔

一九〇八年落成的西門紅樓八角堂，一、二樓原本招商的是販賣各種商品與物產的日式店鋪，如今已規劃為展覽、餐飲、賣場與劇場空間，變身成藝文活動與文創產業的新穎空間，包括一樓中央展區、精品區、紅樓茶坊以及二樓的劇場；而原本的十字形建築生鮮蔬果市場，則規劃成為16工房文創聚點，周邊廣場在假日還有創意市集不定期舉辦。

西門紅樓一樓紅樓茶坊

文化創意產業發展中心：16工房

16工房自二〇〇八年起正式營運，是一處提供文創品牌展售的地點，藉由西門町的流行文化與人潮，將百年傳承的西門紅樓打造成為台北西區的文創基地，也吸引不少慕名而來的遊客。

文創發展的平台16 工房內

豪華數位影城 / 胡文青提供

日新威秀影城

LUX 樂聲影城

國賓戲院

台北西門外的娛樂地——西門町電影街形成

日治初期西門外原是漢人的農田、竹林、濕地和墳墓區，日人為連接艋舺，開出新起街，徵收重劃城外這片土地，一步步形成日人住宅與店鋪集中的地區。一八九七年台北座，一九〇二年榮座陸續在西門町設立，是西門町映演事業的開始，除了傳統日本人的戲曲表演，映畫（電影）傳入台灣後，戲院也開始放映電影這門新奇的娛樂。此外西門町新式的西門市場建成，加上日人店鋪與住宅陸續發展的磁吸效應，於是集娛樂與休閒於一處的西門町以及映畫街就此形成。

如今電影街盡頭有一座台北市電影主題公園，原址為日昭和九年（一九三四）成立之「台灣瓦斯株式會社」，戰後撥交台北市政府，後改組為台北市煤氣有限公司，現除保留部分遺址舊廠房與公園綠地，近年已成為青少年文化活動的開放空間，可以看見非常多的塗鴉藝術。

台北市電影主題公園周邊的藝術塗鴉 / 胡文青提供

西門町的電影櫥窗

秀泰影城

萬年商業大樓

水金九聚落與台灣礦業文化

Shuinandong, Jinguashi, and Jiufen / Taiwan mining culture

歷史風貌

台灣金、銅、煤礦區

台灣主要礦產大多數分布在北部，尤以瑞芳的礦產最為豐富，而其中九份、金瓜石又執瑞芳礦產的牛耳，所出產的金、銅、煤，在東亞礦業史上占有重要地位。直到二十世紀後半，由於台灣的經濟轉型，礦產業才慢慢退出歷史的舞台，在一次次的礦災衝擊下，一個個礦坑被關閉了。這些礦業活動走進了歷史，成為幾代台灣人的回憶！

一八九〇（清光緒十六）年，首任台灣巡撫劉銘傳來台主持興築台北到基隆的鐵路。在架設七堵橋樑時，工人赫然發現河沙中有金粒閃爍，獲金不少。各方人士紛紛到此開採，興起一股台灣近代史上的淘金熱。一八九二年，邵友濂巡撫於瑞芳開設金沙總局，並於四角亭、暖暖街、五堵等處設分局，准許一般民眾開採。

日本治台之初，對台灣礦業抱有相當大的期待，認為台灣的金礦礦產不僅豐富，分布範圍也廣，促使日本政府積極投入相關的履勘探測作業，但他們很快就發現，除了九份、金瓜石與雙溪角的牡丹坑外，其他地區的金礦都不具開採價值。於是九份、金瓜石、牡丹坑這三個緊緊相鄰的礦區就成為台灣最重要的三大金礦產地。

1
2

[1] 從九份遠眺外海
[2]1930 年代瑞芳礦產之四腳亭礦坑 / 胡文青提供

[1] 九份的淘金客讓小鎮在黃金時期蓬勃發展 [2] 熱鬧非凡的九份山城小鎮 [3] 日治時期九份礦山之猴硐礦坑／胡文青提供

九份礦山

九份的礦產吸引藤田傳三郎投入大筆資金，引進許多機械設備。但開採數年後，礦產並不如預期中豐富，加上開採以來，一直為工人盜金及礦區管理不易而傷腦筋，很快萌生退意。於是把礦權讓渡給提供開礦工人的基隆顏家。

顏雲年接手後，採取完全不同的管理制度，他放棄過去藤田傳三郎的直營制，改採包租制，與廠商約定抽成比例，將礦區劃分成各區發包；承包商又再轉包，又承包者自行承擔採金的成敗風險。

由於九份金礦礦脈厚薄不一，分布零散，採取承包者自負成敗的方式，可以激勵個人的動能。也因個人承包，不可能投資太多而採用先進的採礦技術或機器。日人譏笑這是「狸掘式採礦法」。但令人驚訝的是，這種落伍的開採方法，反而締造出黃金產量的新高峰，為九份帶來空前的繁榮。一九二〇年顏雲年成立「台陽礦業株式會社」，九份也成為全台唯一為漢人經營的金礦區，直到一九七一年台陽公司正式結束金礦的經營。

九份的黃金時期吸引大批的淘金客，也帶動了九份其他各行各業的發展繁榮。基山街各種商店林立，一片繁榮景象，因而有「小香港」、「小上海」之稱；當時流行一句話「上品送金九，下品送台北」，就是好的東西，都先往金瓜石、九份地區送，而較差的貨品才送往台北，可見當時盛況。但伴隨而來的是金礦日益減少，九份也日漸蕭條。潮起潮落，留下的盡是繁華落幕後的滄桑。

金瓜石礦山

位於基隆火山群中心的金瓜石礦山，由於地質作用的結果使它得天獨厚，同時擁有金、銀、銅礦，金礦蘊藏量更是全台之冠，曾被譽為亞洲第一貴金屬礦山。礦山聚落全盛時期據稱聚集了二萬多人。

日治時期的礦山經營者，因看好金瓜石礦山蘊藏的潛力，大舉興建當時東亞最大的選礦廠，擴建汽車道路、建造基隆八尺門港口的運礦鐵路等，採礦、選礦、運礦系統至此趨於完備。又為了避免礦工人力流動影響採礦作業的穩定性，亦建立員工宿舍，設有旅館、醫院、俱樂部、供給所等福利措施，小型派出所、郵便局，以及提供員工子女就讀的小學，一應俱全，一個小而美的社區聚落儼然成形。

戰後，金瓜石的礦權由台灣金屬礦業公司所接收，但隨著礦產日減，台金公司在一九八〇年代正式關廠，金瓜石也逐漸被人們所遺忘。一座被遺忘的山城，時光似乎被凍結。這段期間，山區盡是廢棄豎井和礦坑工寮遺跡，建築物東倒西歪，空地上野草叢生，很難想像金瓜石當年的流金歲月。直到進入二十一世紀，金瓜石又因它的礦業遺跡而受到注意，或是鄰近的九份活絡起來，影響所及，許多礦業機具被保存下來，房舍也重新整修，整個山區似乎又活了過來。

日治時期金瓜石礦場 / 胡文青提供

在地之光

九份

「台灣鄉愁若十分，想起九份第一輪」，這是一九九八年詩人路寒袖應邀為鄉鎮寫歌，詩人體會九份情韻所寫。一般人對九份的重新認識，是因侯孝賢導演的《悲情城市》一片獲得一九八九年威尼斯影展的金獅獎，而聲名大噪，加上媒體的推波助瀾，使得九份、金瓜石湧進大批的遊客，成為知名的景點。

九份位於台灣東北部，環山面海，山是基隆山，基隆山的東邊就是聞名的陰陽海。因為濱海，所以多風多雲多霧，每年十二月~四月是九份煙雨最濃稠時，也是最美的季節。受季風影響與海洋效應，九份的雨量超多，幾乎整個冬天都在下雨，有時真的會讓人分不清是霧還是雨？聚落均傍山而建，高低錯落。晨曦夕照，山光海色，景象萬千，風味別具。

作家陳世一在〈雨中的九份〉中說：「雨中的九份最適合失戀的地方，尤其是秋天的傍晚，細雨紛飛，滿山淡淡的愁，路邊的街燈射出了淒美的光暈，濃膩的直催著你去回憶那一段不堪回首的相思。」

金瓜石

相對於九份的繁華和喧鬧，金瓜石則顯清寂，甚至落寞。日治時期，作為東亞第一金都，全台最重要的金銅礦產區的金瓜石。時至今日，金瓜石在風華歲月淘盡一切之後，留下樸素的面目。基隆山旁的金瓜石終歸回到原始的模樣，過去的記憶終將佇留在這山城的人文地景上。

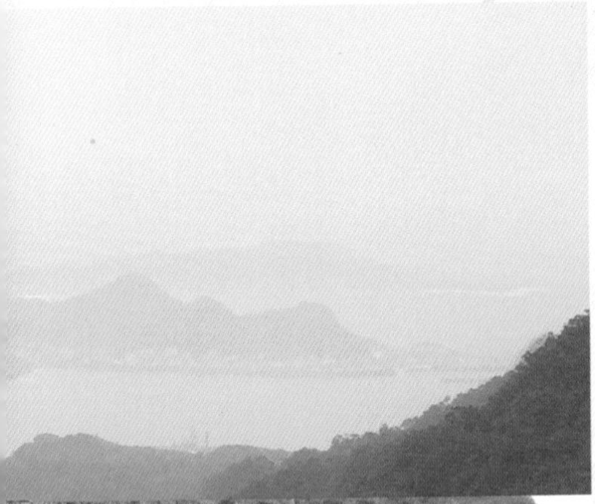

[1] 多風多雲多霧的九份，氣候就是迷人景致

[2] 黃金瀑布是金瓜石山區流出的礦水，位於金水公路往水湍洞長仁社區方向，一旁為自強橋

[1] 曲折起伏的山城小巷
[2] 猶如暗巷的老街 [3] 山城老街一景

聚落亮點

豎崎路

山城街弄，依山而建，曲折起伏，不妨放慢腳步，放寬心情，才看得見隱藏的歷史記憶，並感受得到採礦年代人與人之間緊密相連的人情溫暖。與基隆、台北來的「汽車路」，最先交會的是「豎崎路」，早期是重要的交通與補給路線，沿著石階往上可以走到最頂端的九份國小。豎崎路長長的石階，就像九份的脊椎般，貫穿了整個山城聚落。

汽車路

一九三七年完成的汽車路，這一條是九份對外的最大路，汽車路的上方則是輕便路，曾經有小火車經過，輕便路的上方才是熱鬧的基山街。

基山街

基山街過去因為狹窄昏暗而被稱為「暗巷」，如今人潮洶湧到不可思議。摩肩擦踵，讓人以為置身西門町，熱鬧喧嘩，一點也不像所謂的「懷舊沒落的風華」。各式各樣的飲食、藝品店，充斥在狹窄的基山老街，讓人猶如步入一座九份迷宮。

輕便路

如果喜歡從容悠閒，不妨選擇輕便路，避開人潮熙來攘往的豎崎路和基山街。它是九份淘金時期，在一九三一年開通的一條小鐵路，輕便車通行於鐵道上，用人力來推動，可載人或貨物。這條輕便車軌，往東穿過雞籠山隧道，到達金瓜石；向西可抵瑞芳。一九五四年鐵軌拆除，由汽車路取代輕便車的功能，路名仍稱之「輕便路」以茲紀念。

黑毛氈

九份的建築傍山而立，在這邊可以很清楚分出，屋頂蓋瓦片的是有錢人或日式宿舍，瓦片的好處是涼快，但颱風一來，瓦片就像放風箏一樣，一片一片被掀開。所以最適合九份的屋頂材料還是黑紙皮（黑毛氈），一年刷兩次柏油，便宜又好保養，刷好柏油後，鋪釘在杉板上，再刷一次，由於屋頂都是柏油，由上俯瞰，黑壓壓的一片，所以有人戲稱九份是「黑色聚落」，是山城的另一特色。

通往雞籠山的步道

阿妹茶樓

阿妹茶樓居高臨下，茶館外觀是日式木造樓房，戶外的大紅燈籠，入夜後亮起，越夜越美麗。店內的裝潢布置懷舊氣氛濃厚，隨處可見老闆娘多年的收藏品，精細的木雕，原本是廟宇的木作。位在頂樓的露天茶座，視野遼闊，是觀賞九份美麗海景的絕佳位置。

有一個故事是這樣說的，多年前一個落著雨的黃昏，店裡來了一位有氣質、頭髮灰白的日本人，挑了一個靠窗座位，坐在那裡繪畫，後來才知道他乃大名鼎鼎的宮崎駿先生。當《神隱少女》動畫電影在台灣上演時，很多人才發現影片中的酒館與茶樓就是「阿妹茶樓」。包括劇中人的造型，也與阿妹茶樓懸掛的面具相仿。

因日本動畫而出名的阿妹茶樓

昇平戲院

建於一九一四年的「昇平戲院」，原是木造二層樓建築，一九三四（日昭和九）年遷來豎崎路與輕便路交叉口的現址重新開幕，命名為「昇平座」，取「歌舞昇平」之意。用空心磚砌牆，屋頂為檜木架構，鋪油毛氈、刷柏油，占地二千坪。日治時期，昇平戲院是全台最大的戲院，室內裝潢氣派，可容納六二四個座位。當年每月先排二十天的歌仔戲或新劇，剩下的十天演電影，日本片、台灣片甚至默片。

一九五一年，昇平座改名為「昇平戲院」，電影、布袋戲、歌仔戲都曾演出，相當於九份居民的娛樂中心。昇平戲院地處九份的交通中心，加上戲院的建築規模和設備，在當時的瑞芳地區堪稱最頂級豪華，昇平戲院自然而然成為九份的著名地標。服務範圍涵蓋了整個山頭，也就是現在所稱的「水金九」地區，甚至還有許多住在瑞芳的居民，不辭辛勞地坐流籠上山來看戲。歷經長年閒置重新開幕時，導演吳念真特地在開幕當天，化身為古早電影院特有的「辯士（弁士）」，為大家「解說」電影劇情。曾經淪陷為廢墟多年的昇平戲院，在各方的努力下，終於新生重現世人眼前，讓更多關於九份的故事重新湧現。現在每逢假日，偶而有影片播放，多半選擇在九份拍攝的電影。雖然椅子是木頭的，沒有上百吋的大銀幕，也沒有多聲道的杜比環繞音響，但是大家擠在一起看舊電影，也是個很特別的經驗。

昇平戲院

昇平戲院大廳

[1] 鎮館之寶大金磚
[2] 黃金博物館區內的輕便車遺址

黃金博物園區

遊覽金瓜石，首選非「黃金博物園區」莫屬。金瓜石礦業遺跡相當遼闊，又是台灣首座以生態博物館（eco-museum）理念打造而成。內部主要介紹與展示當地的礦業文化和黃金特性。串連體驗「本山五號坑」為中心，結合參觀環境館、日式房舍建築、太子賓館，延伸到黃金神社。

黃金博物館是由昔日的台金公司辦公室整建而成，簡稱「黃金館」，完整地記錄著金瓜石的礦業歷史與文化。一樓展示室包括有金瓜石的黃金發現之旅、本山坑道、礦脈和當時採礦相關的文物展示；二樓的展示就以黃金為主，包括了黃金的特性、黃金的藝術創作。最令人興奮的是，那塊金光閃閃的鎮館之寶：二二〇・三公斤九九九純金的大金磚，是製作鎔鑄上史無前例，在金磚的尺寸和重量都打破了金氏世界紀錄。雖然隔著玻璃欣賞，但可透過玻璃中間的孔把手伸進去，親手觸摸那圓潤的觸感；三樓規劃有淘金體驗區，讓遊客親身體驗如何淘洗沙金，一圓黃金夢。

四連棟

沿著紅磚道走去，位在右側的是，頗具典雅京都味，後經博物館重新翻修整建的「四連棟日式宿舍」。這棟宿舍無論在日治時期或台金公司期間，都僅供高級職員居住，一般礦工根本無緣進入。在這多年的空白歲月中，高級職員紛紛離去，四連棟也漸漸頹圮，直到如今，才因重建而恢復舊貌，並且對外開放。而在電視偶像劇《轉家，遇到愛》取景後，使得四連棟聲名大噪。目前規劃為「生活美學體驗坊」。

三毛宅

四連棟對面不遠處矗立著一座被金瓜石人稱為「三毛宅」的獨戶日式建築。此「三毛」非彼「三毛」作家，而是日本礦業公司金瓜石礦山事務所所長三毛菊次郎的宅第。擁有十分寬敞的庭院，建築規模在整個金瓜石僅次於太子賓館。它也曾是瓊瑤電視劇《煙雨濛濛》、《幾度夕陽紅》的拍攝場景。

太子賓館

太子賓館創建於日治時期大正末年，是田中礦業株式會社為了接待皇太子（後來的裕仁天皇）訪台所建的一間日式書院造建築，是台灣少見完整保存主體建築、庭園及周邊景觀的建物。建材採用上等檜木、櫻木等，書房中以黑檀木為房柱，主臥室的建材一律使用百年以上的特級木材，而且只取中心部分，所以木頭味道特別香，芬多精特別濃郁。融合了豪宅、旅館和迎賓館等各式建築空間特色，加上周邊的日式庭園以及罕見的迷你高爾夫球場、射箭場，充分展現田中會社的財力與當時崇尚歐風的社會背景。

太子賓館

本山五坑

為了讓遊客能夠親身體驗、感受實際挖礦的坑道，園區特地將舊有的本山五號坑道重新整修，開放長約一七〇公尺區段，做成坑道體驗區。遊客入坑前想像自己是一名礦工，先領取礦工燈、戴上礦工帽，一切裝備齊全，才能入坑採金。並且利用蠟像及旁白說明當年採礦的過程，模擬當時礦工運作的情況，讓遊客對礦坑的工作有更深入的了解。

登高通往黃金神社（金瓜石神社）

採礦事業收藏展示

採礦擬真場景

黃金神社

金瓜石的山神社（黃金神社），是一八九八（日明治三十一）年田中株式會社所建。位於本山金瓜石東側山壁旁平地，即今地質公園所在。遠遠望去，位在半山腰的神社彷彿是天空之城，以純淨的灰白色彩伴隨著日升月落，前中後三進的鳥居以醒目的姿態宣示這座城堡的入口。鳥居之內，象徵神明的領域；鳥居之外，則是上升的坡道石階，以及兩旁盛開的山櫻花。

日籍作家片倉真理在〈走在鄉愁裡：金瓜石漫步〉中，遊金瓜石時描繪黃金神社的氛圍說：「循著舊日參道拾階而上，兩旁草木茂密，鳥居和石燈籠被淹沒在荒煙蔓草中。在鳥居和石燈籠後方，有幾根直立的石柱，這與帕德嫩神殿的規模雖然天差地遠，但已為廢墟的神社醞釀出一股超現實的氣氛，多少有幾分神似。」

祈堂路

金瓜石本地礦工住家和商家都集中在祈堂路，位於山谷間，且有內九份溪從中切過。由於山谷空間有限，祈堂路的屋舍建得十分密集，家戶相連，幾乎沒有轉圜空間。從上往下俯瞰，便可看見許多黑簷斜頂的狹窄屋舍，油毛氈鋪設的屋頂，一塊塊貼滿祈堂路的四周。為了配合金瓜石多雨潮濕、強風的特性，多採用石頭、紅磚、木頭及油毛氈等建材，形成一棟棟黑屋頂錯落的特殊礦業聚落景觀。

戰俘營

隨著太平洋戰爭爆發，日本在東南亞戰事勢如破竹，英軍全面潰敗，就在這個時期，一批批西洋人戰俘被送到礦山拘禁，包括英國、美國、澳大利亞與荷蘭的高階軍官，以及新加坡、馬來西亞、香港及荷屬東印度群島的總督等。從南到北十五處的戰俘營中就以金瓜石的戰俘營最大，先後有多達一千餘名戰俘被集中監禁在此。

這些俘虜被迫在銅礦的黑暗深坑中，如奴役般的工作，並受到非人道的待遇。與電影《桂河大橋》情節相似，這些聯軍戰俘們從歌唱中得到生存的勇氣，其中一首〈鑽探工的哀嘆〉（Drillers' laments）被稱為「金瓜石礦歌」（Kinsaseki Mine Song），歌詞是如此開始的：

跟我到台灣
礦坑下，天空下
酸水眼裡流……

曾是戰俘的Jack Victor Fowler，記得他們最愛唱的曲子，叫做〈礦坑下〉（Down The Mine）：

礦坑底下的漂亮小伙子，走下礦坑底，
雖然你的腳已剝裂，不敢回答不，
雖然米飯不足，我們對待你們都像豬，
礦坑底下漂亮的小伙子，礦坑底下走到礦坑底……

大戰結束後，正如一位倖存的戰俘所說：「盟軍重建了日本、德國與義大利，但無人幫助我們重建我們的生命。悲傷與惡夢至死不能磨滅。我願意饒恕，但我們不應該忘記。」目前，金瓜石戰俘營已改設為「國際終戰和平紀念園區」，以公園的方式紀念戰爭歷史。

十三層選礦場遺址

沿著金水公路往山下，遠遠便看到三條廢煙道的遺跡。站在廢煙道上，便看見十三層選礦場如廢墟般被棄置一旁。十三層選礦場是日人三毛菊次郎所創建，也是當年選礦的重要據點。一般而言，金瓜石的採金分成採、選、冶、煉等四個過程。如今，十三層選礦場遺址在背山面海的景觀襯托下，竟然添上幾分神祕，頹廢的氣氛也成為ＭＴＶ和婚紗攝影取景的地方。

作家尹萍在〈回甘採金歲月〉中回味說：「在那叢生的雜草間，巍巍站立在崖壁上的古堡狀廢墟，多麼高大、多麼深沉、多麼引人遐思！有人形容它像出土的龐貝古城，但也有認為它高懸半山上，更像宮崎駿的動畫電影《天空之城》；還有人說它像羅馬競技場的遺跡。」

黃金瀑布

從金瓜石往水湳洞途中，紆行於青翠的山間小徑，現身於一片綠意中的黃金瀑布是重要景點。受到礦石外露的地形影響，雨水經過礦區的岩層滲入地下，與地層內的黃鐵礦及硫砷銅礦接觸，形成酸鐵水由礦坑排出，再經氧化及鐵細菌的化學作用，流經層層山澗，轉變成潺潺竄流的一條條雪白絲帶，形成美麗耀眼的黃金瀑布。黃金瀑布的出現是由於地質變動的偶然，也因此，若干年後，黃金瀑布或許會消失，特別是它現在的水量越來越少。

[1] 因礦石外露而形成的黃金瀑布 [2] 日大正五年金瓜石礦山 / 胡文青提供

一起來想想

- 何謂「上品送金九，下品送台北」？為何當年九份有「小香港」、「小上海」之稱號，從這句諺語追憶當年九份、金瓜石的礦產業盛況？
- 省思為什麼曾經以勇奪威尼斯影展金獅獎的電影《悲情城市》，而讓九份山城復甦的侯孝賢導演，因為不忍九份變調，曾經說過後悔自己拍了這部電影？
- 二十年前的九份與當下有何不同？商業開發與文化保存如何平衡？什麼是深度文化觀光？什麼又是發展觀光產業的必要之惡？
- 博物館從傳統的威權教育轉為今日強調社區、社群、以人為本與文化多樣性的新博物館學，什麼是「生態博物館（eco-museum）？」新北市立黃金博物館如何以該理念規畫園區？園區內有哪些亮點？哪些體驗？

take a break think again

一起來走走地圖 GO

水金九產業文化地圖

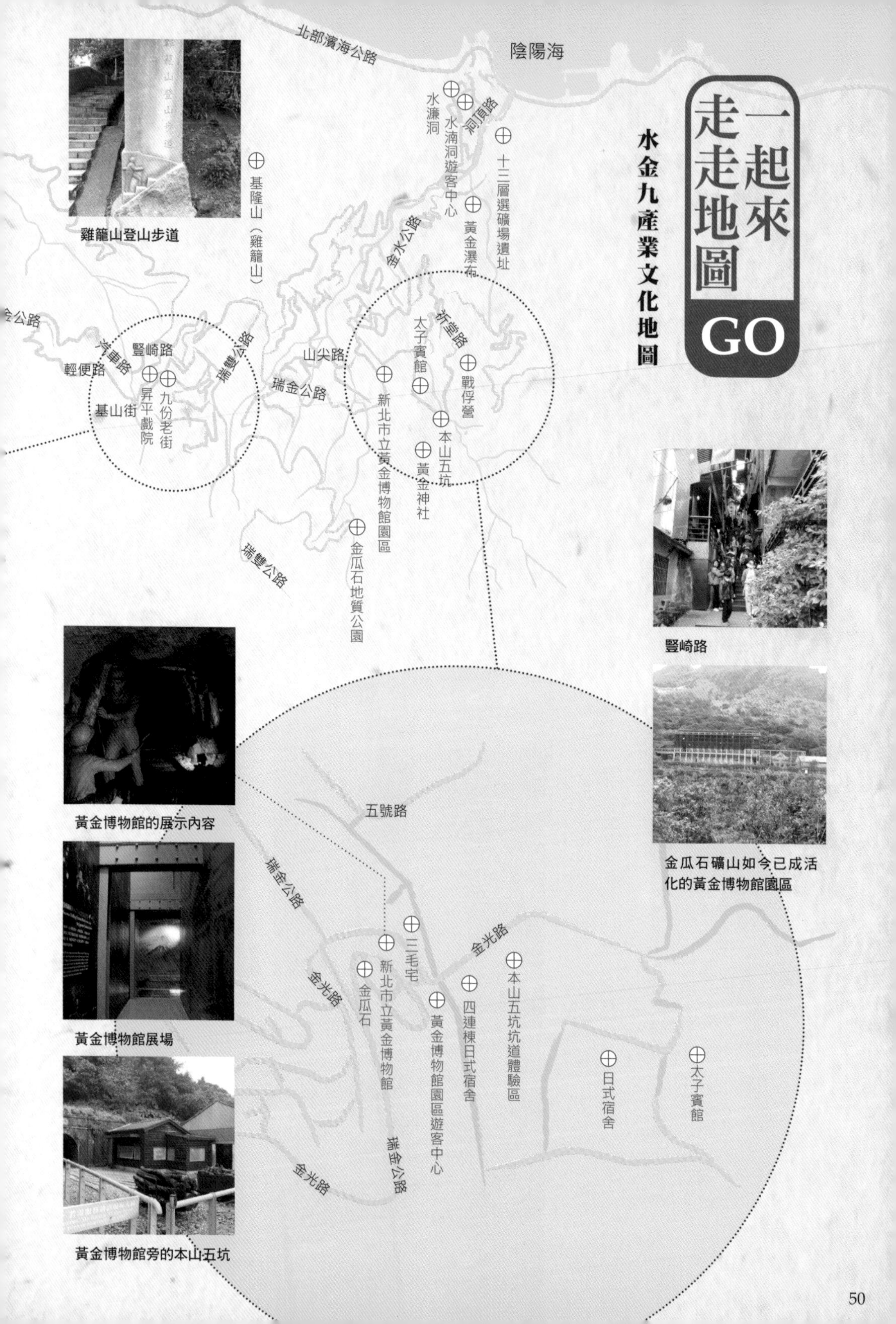

雞籠山登山步道

豎崎路

金瓜石礦山如今已成活化的黃金博物館園區

黃金博物館的展示內容

黃金博物館展場

黃金博物館旁的本山五坑

由九份鳥瞰北海岸

九份老街美食

神隱少女夢幻場景

九份老街因為《悲情城市》電影而躍上國際知名旅遊景點，並陸續成為許多電影的拍攝場景，其中還傳聞日本宮崎駿動畫《神隱少女》也曾取材九份的老街與茶樓，以致風靡喜歡懷舊的日人觀光客追星至此。

電影場景懷舊的觀光效應，讓九份旅遊紅不讓

九份老街知名芋圓小吃

九份聚落

昇平戲院

九份茶坊

歌舞昇平話戲院

日治時期九份採金人口最盛時期有二萬多人，也因此在小山城興設的昇平座（昇平戲院）堪稱全台最大的映演戲院，可容納六二四個座位。八〇年代山城沒落後，一度殘破閒置，幾經轉折後，於二〇一一年八月重新啟用，結合「新北市立黃金博物館」園區整體規劃，並重現復古售票口場景以及老戲院販賣部，讓昇平戲院轉型成為時代懷舊空間。

昇平戲院外的復古票房

昇平戲院放映機收藏

鶯歌的陶瓷文化、老街、博物館

Ceramic Culture /Yingge Ceramics Museum & Yingge Street

歷史風貌

鶯歌陶藝「尖山燒」

鶯歌是一座因陶瓷而興盛，也因陶瓷而聞名的城鎮。從早期粗陶甕罐的燒製，到今日發展成囊括六大陶瓷品類的生產，鶯歌成為台灣的陶瓷重鎮，也是聞名世界的產區之一。

鶯歌陶瓷產業可說是台灣陶瓷業的縮影，其演進過程可看出台灣陶瓷產業發展的脈絡。鶯歌製陶的生產品項與行銷都會隨著市場需求而有所變異，同時也帶動地方相關產業的發展，如陶瓷體驗教學、產業文化導覽、餐飲業、旅遊業、藝廊，甚至私人博物館的設立等等，至此一個完整的陶瓷觀光聚落已在鶯歌逐漸形成。「產業文化化，文化產業化」正深植於鶯歌陶瓷產業中。

鶯歌窯業出現於嘉慶年間，一八〇四（清嘉慶九）年泉州人吳鞍隨著移民潮，渡海來

日治時期鶯歌陶藝，以上捲陶土的方式逐步完成陶缸

民俗版畫家立石鐵臣紀錄鶯歌陶藝的作品，刊載於昭和 17 年 8 月 5 日《民俗台灣》

到大湖地區兔子坑（桃園龜山）開墾，發現此地黏土適合做陶，於是蓋窯燒製陶器，開啟了鶯歌製陶的先河。後因漳泉械鬥遷到尖山（鶯歌尖山埔）一帶，也在這個時期，吳鞍族人陸續渡海來台，加入製陶行列。

鶯歌地處海山地區，林地廣闊，有足夠的柴薪作為燒陶的燃料；三鶯地區又盛產煤礦，加上大漢溪水運交通系統便利，市場腹地亦大，形成早期鶯歌製陶持續發展的有利條件。尖山埔的製陶開始向外發展，並以「尖山燒」或「尖山」為名，鶯歌陶瓷建立起口碑。

鶯歌製陶在日治後期才有改變，尤其日本政府在台灣實施工業化後，引進製陶相關先進工具、原料與技術，而影響鶯歌陶瓷業的體質。但隨著日本戰敗，日製陶瓷品輸入台灣必須課以關稅，因而不敵廉價的中國陶瓷。接著大陸易幟，兩岸交流中斷，碗盤等陶瓷品嚴重缺貨，卻是台灣生產陶瓷碗盤的契機。鶯歌曾在一年之中，窯廠由二十家倍增為四十多家，新增的窯廠幾乎都是以燒製碗盤為主，致使鶯歌陶瓷業壯大，進而發展出日後的陶瓷王國。

戰後鶯歌陶瓷發展

一九六〇年代末期，北投大同瓷器公司引進日本技術，並成功開發全瓷餐具後，又加上塑膠器皿開始流行，碗盤市場趨於飽和，多數製造碗盤的窯場轉型生產市場更大的建築陶瓷、電器陶瓷，鶯歌窯業自此進入多元化的生產榮景。一九六二年，台灣陶瓷參加西雅圖萬國博覽會，打開鶯歌陶瓷外銷之路。

一九七〇年代起，磁磚廠開始匯集於鶯歌，成為台灣建築陶瓷的主要供應地，其生產規模與投資額都遠超過日用品陶瓷的窯場。為了因應剛起步的台灣建築業，他們採用全自動電腦窯爐，一貫化生產作業線及企業化經營方式，先著力於內銷，而後外銷。在建築業起飛時，產銷總額曾排名世界第三。

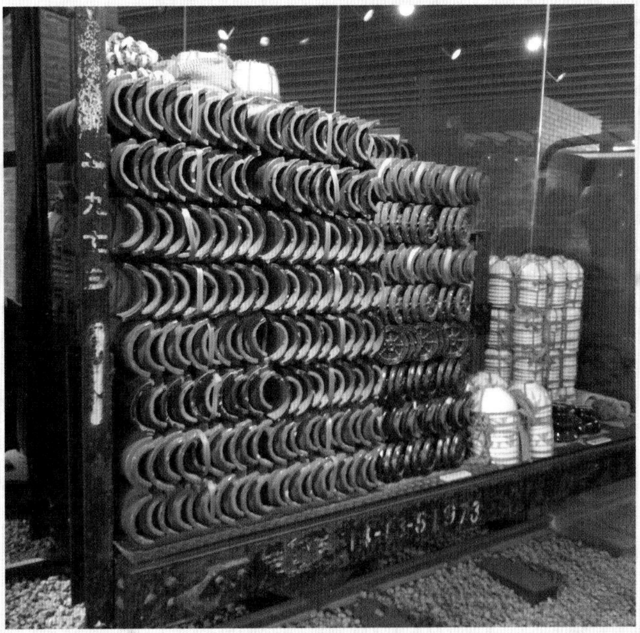

鶯歌陶瓷聚落是台灣建築陶瓷、日用陶瓷的主要供應地

在大陸市場開放之前，香港彩繪窯廠所需求的仿古花瓶白胚，

大多從台灣製造進口，香港師傅彩繪後再外銷歐美。當時白胚的需求量大，鶯歌也有多家窯場全力投入花瓶白胚的代工生產，大量裝櫃外銷的榮景，曾為鶯歌業者帶來忙碌但富裕的生活。

一九七二年引進彩繪技術，開啟鶯歌窯場仿製中國官窯產品，外銷香港、歐美；之後又仿日本古伊萬里、薩摩燒等代工外銷。鶯歌藝術陶瓷的裝飾技術，從傳統的青花、釉下彩、釉上彩、鬥彩、粉彩到各式金彩、浮彩、結晶釉上彩等，各有巧思與創意。裝飾風格也從仿中國官窯、日本傳統風格，到今日創新、新主題創造等，十分精彩。

青花瓷成熟於元朝，明朝時發展至巔峰，瓷中韻味一如中國水墨，淡雅生動。幾年前，周杰倫一首歌，將有著數千年歷史的青花瓷唱進入現代生活中。近日楊莉莉以獨特靛藍釉料，豐潤的線條與沉靜色澤，自由創作描繪風格獨具的「台灣青花」，再度展現光彩。

自一九八〇年代後期，鶯歌陶瓷業歷經產業外移，整體產值下滑，多數窯場和技術人員紛紛尋求新出路，鶯歌地區逐漸興起成立個人工作室，由陶瓷工作者完成所有製作程序；有人表現個人的藝術思維與風格，有人則製作具個人特色的實用陶瓷產品為主，以創造個人獨特性來立足市場。

這裡有外銷量全世界第三的建築磁磚，也有日用陶瓷、衛浴陶瓷、藝術陶瓷與精密的工業陶瓷，可說是琳瑯滿目，大大小小的工廠就有八百多家，而陶瓷藝品店更不計其數。目前的鶯歌陶瓷，可說是「全方位」發展，不囿於少數種類，在全世界仍屬少見。

陶瓷博物館展示的衛浴陶瓷製品

陶瓷博物館內的藝術陶瓷展示

在地之光

鶯歌位於新北市西南方，在漢人墾殖之前，係原住民凱達格蘭族居住、漁獵之地，稱做「龜崙社」。康熙時期將其所屬鄰近區域統稱為「海山地區」。鶯歌北面山脈斜坡有一巨石形如鷹鷲，被稱為「鶯歌石」，遂引為地名。

一九〇二（日明治三十二）年，日人興建鐵路通過鶯歌之前，大漢溪水運與山間步道是居民對外的交通幹道。昔日，大漢溪水量充沛，船運發達，上可接大溪，下達板橋、艋舺及大稻埕。一九一九年桃園大圳完工，大漢溪水量驟減，不利航行，航運完全被鐵路所取代。

台鐵列車正駛入鶯歌站，往南的列車乘客有機會看見鶯歌石

鶯歌石

由台北往南的火車經過山佳站後，緩緩地駛入鶯歌站之前，依著車窗向外看，就可看到狀似鸚鵡的地標「鶯歌石」。鶯歌石為沉積岩結構，在鶯歌石的腹洞內，發現許多蜂巢樣的洞穴，內部並有白色的貝塚遺跡，曾相傳是日本人戰敗後的藏金祕地，更增添鶯歌石的傳奇色彩。

民間傳說有鸚鵡和飛鳶兩隻巨鳥為害鄉里，一日在空中相鬥，吐霧成瘴，民眾爭相走避。相傳鄭成功見之，搭弓射落，死後化為鶯歌石與鳶山（位在三峽），分峙大漢溪兩岸，遙遙相對。另一鄉野奇譚，鄭成功部隊曾駐此地，因瘴氣迷路，被鄭軍以砲射頸，瘴霧隨之消散，得以安全進軍。

聚落亮點

文化路

文化路沿鐵道而行也靠近大漢溪，在河運發達年代，文化路的榮景與今相比不可同日而語，不只陶窯處處，更是鎮上最熱鬧的街道。在舊街道上，洋溢著古宅風華，引人思古幽情，彷彿回到歷史時空。如今這條「文化路」上，最普遍的就是老屋翻修，毫無特色的店舖民宅，老、中、青三代建築同時出現在一條古街上，連最後殘存的兩幢仿巴洛克建築「成發居」也不能倖免。

汪洋居

目前鶯歌老屋保存最完整的非「汪洋居」莫屬，已被列為市定古蹟。一九一六（日大正五）年由余海憨所建，儘管其興建年份較成發居早三年，但保存狀況卻遠較成發居良好。汪洋居綜合許多建築風格：立面受到歐洲建築風格影響，有美麗的泥塑假山牆牌樓、融合中西式紋飾，山頭還立著青葫蘆，儼然仿巴洛克風格。

益成記

同樣位於文化路上的「益成記」，它的女兒牆很特殊，呈竹節筒狀，這種陶瓷的燒法與呈現的黑色，相當罕見。而建造者陳斐然正是「益成記陶器製造所」的組合長，財力雄厚，並請來福州的大瓷手做陶瓷。

[1] 鶯歌文化路上的古蹟建築 [2] 老屋汪洋居 [3] 已改建成高樓的成發居舊址

[1] 陶瓷老街隨處可見陶瓷製品 [2] 尖山埔陶瓷老街是遊客必到之處 [3] 陶瓷老街上的隧道窯

尖山埔路：陶瓷老街

現今同慶里尖山埔路一帶通稱為「陶瓷老街」，是早年漢人移民在今鶯歌國小對面興建十一間房舍，被稱為「11間仔」的地方。一九六〇年代鶯歌窯業起飛，尖山埔路低矮的房舍被改建成販售陶瓷製品門市，大興利市。

一九八八年立案籌畫台北縣（新北市）立陶瓷博物館。二〇〇〇年四月二日商圈再造完成開幕，陶瓷老街重新出發，尖山埔路成為鶯歌最熱門的觀光景點，加上鶯歌陶瓷博物館啟用，每年吸引百萬人潮，帶來不少商機，也擦亮了鶯歌陶瓷老街的招牌。

隧道窯

緊臨老街範圍內的重慶街上，坐落著一座外觀看起來毫不起眼的隧道窯。一般說來，隧道窯大多用來燒製磁磚，窯爐可區分為預熱帶、燒成帶、冷卻帶三階段，長達一百公尺的生長線，且能二十四小時連續燒製而不停火。此窯窯身雖小，但擠陶管、修坯器、獨輪車等製陶工具一應俱全，更能彰顯早期製陶的辛苦。

鶯歌陶瓷博物館

新北市立鶯歌陶瓷博物館是由竹間建築事務所規劃設計，曾獲得台灣建築獎及遠東建築獎的肯定。因應陶瓷媒材的耐候性，建築師簡學義先生以清水模、鋼骨架、玻璃、洗石子等建築語彙營造一穿透性空間，引光入室，使陶博館的空間產生無限延伸和內外風景交錯的層次變化。

「從紛擾的文化路踏上博物館人行道時，除了局部花草之外，迎面而來盡是灰色系的地坪、階梯與高牆，從門洞朝裡望去，建築也都是灰色系。這個無意張揚的灰色美學調性，含不盡的意在言外，是『藏』與『忍』的含蓄表情，誠如t謙沖君子冷靜平穩的內斂性情。」作家陳成家在〈遊「陶」花園〉中這樣描述著。

「穿透性」是陶博館建築最大特色之一，室內與戶外界限並不絕對。在清水模環繞出的小小園城之中，讓自然與人為達到純淨的平衡。因為光的穿透，虛實交替的空間隨處可見；因為水的流動，焦躁疲憊的心靈得以沉澱。

大廳的主體個性清晰完整，光影是其中必然的主角。上下穿走具線性特質的流動，編織著參觀者與空間的對話關係；大廳的空間主次關係明確優雅，單一的巨型空間光影交錯變化，在觀者不覺間移動的視點改換下，顯露出簡潔卻也多元的空間豐富性。

陶瓷博物館

陶瓷博物館外裝置藝術

陶瓷博物館內隧道窯展示

陶博館擁有四千七百坪的樓層面積，包含展覽室、資料中心、陶藝研習室、兒童體驗室等場所。簡單質樸的建築基調，為造形、質感與色彩變化豐富的陶瓷展品，圍塑出一個類似「留白」效果的展示場域。

陶博館後方的陶瓷公園，是鶯歌陶瓷觀光城區規劃的另一項重大建設。占地約十三公頃，規劃有古窯區、陶瓷步道、公共藝術、親子景觀戲水區、陶藝示範和體驗區等。陶瓷公園延續了陶博館的教育功能，展現陶瓷媒材多元藝術用途，並結合自然景觀與親水休閒等生態性設施，成為國內第一座陶瓷主題的大型公園。

一起來想想

- 走訪鶯歌陶瓷之都，思考台灣各地還有哪些以特色工藝產業聞名的城鎮？（舉例三義木雕、新竹玻璃），它們的產業發展變遷有何相似？
- 因應於台灣整體政治經濟與文化思潮變遷，台灣地方特色工藝皆面臨如延續傳統、產業創新、工藝教育、生活應用、國際脈動等共通性挑戰，使得產業面臨轉型與升級之必須。從鶯歌的例子來反思，工藝如何成為城鎮觀光特色？
- 試問「工藝產業」是文化創意產業嗎？若是，在發展文創觀光的過程中，遇到哪些待克服的問題？如何產業升級？朝向「文化產業化」，發展工藝城鎮觀光，為何成為當下文創觀光顯學？又遇到哪些瓶頸？
- 為何新北市立陶瓷博物館能成為鶯歌小鎮觀光的亮點？它的建築與園區有何特色？展示有哪些內容？商店又販售哪些和陶瓷主題有關的衍生商品？

take a break think again

一起來走走地圖 GO

鶯歌陶瓷老街地圖

鶯歌石傳說

清陳培桂《淡水廳志》卷十三有載述傳說：「鶯哥山：在三角湧，與鳶山對峙。相傳吐霧成瘴，偽鄭進軍迷路，炮斷其頸。」雖然明鄭軍隊未曾經過此地，鶯歌石吞雲吐霧、由石頭幻化巨鳥的怪奇傳說也太過駭人，不過也增添了旅客來到鶯歌一遊的想像，其中又與三角湧鳶山對峙，遭遇與鶯歌石相似，《淡水廳志》記述如下：「鳶山：即飛鳶山，在三角湧，偽鄭亦炮擊其尖，斷痕宛然。」

往南火車途經鶯歌火車站附近時，乘客可找找鶯歌石的身影

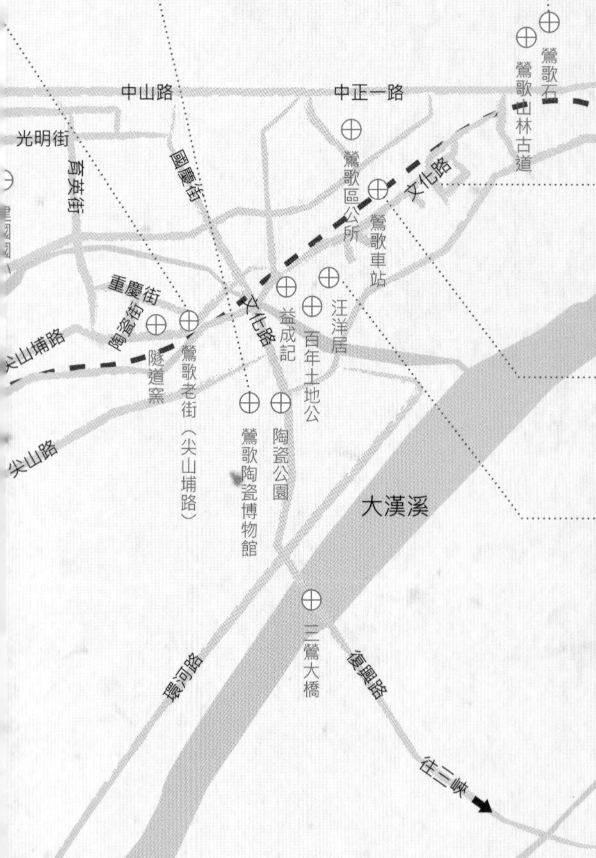

文化路

鶯歌火車站

碩果僅存的汪洋居

古蹟被拆除改建成大樓的成發居原址

鶯歌陶瓷博物館內部

鶯歌陶瓷博物館一景

鶯歌陶瓷博物館外觀

鶯歌陶瓷博物館內部展品

陶瓷老街琳瑯滿目的陶瓷品

陶瓷老街商店

陶瓷老街的隧道窯

鶯歌炭礦

鶯歌與樹林附近山區蘊藏豐富煤炭，並延伸至三峽山區，因地產與地利之便，煤炭也成為早期鶯歌陶瓷窯業所使用的燃材。日大正三年（一九一四）鶯歌士紳陳斐然家族投資設立「成福輕便軌道公司」，在三峽到鶯歌之間鋪設輕便鐵道，鶯歌火車站即為儲炭場與轉運站。

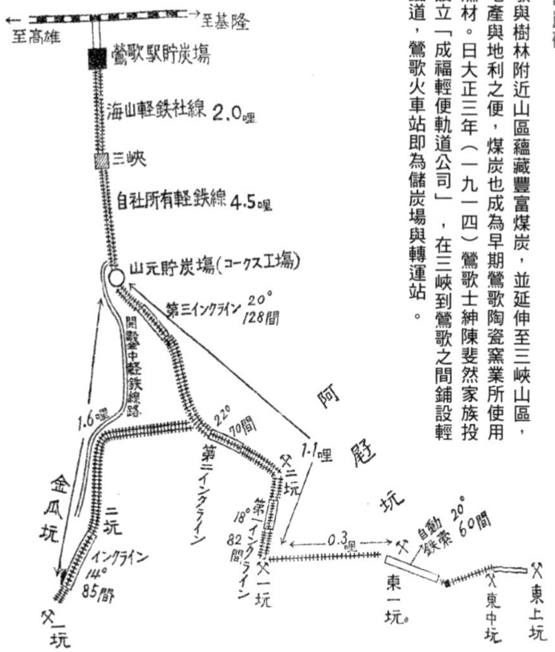

日治時期鶯歌與附近山區轉運煤炭的輕便鐵道示意圖／引自《台灣炭礦誌》（三井物產株式會社台北石炭支部出版）

宜蘭酒產業與蘭陽平原文化風景

Wine industry / Cultural Landscape Of Ilan Plains

歷史風貌

蘭陽平原史話

宜蘭自古以來便是東台灣政經文教重鎮，大約在一百八十年前，曾經建起一座「九芎城」，故亦稱為「九芎埕」或「舊城」。往後，城牆、護城河、官衙、寺廟、市街等，一一俱足。來到宜蘭市，循著各種歷史的痕跡，仍可在大街小巷t中，一步步尋訪這消失已久的古城原貌。

宜蘭原名噶瑪蘭，原是噶瑪蘭原住民居地。蘭陽平原的開拓，始於吳沙率眾入墾頭城，而後逐漸南移。到了一八〇二（清嘉慶七）年，一批以福建漳州人為主的墾民占據了這塊介於蘭陽溪、宜蘭河間的平地，這是漢人移民在蘭陽平原開發的第五個據點，因此命名為「五圍」，也就是今天的宜蘭市。

蘭陽平原最主要的河流是蘭陽溪，原名「宜蘭濁水溪」，是台灣島二十一條重要的河川

日治時期宜蘭台銀前中山路，過去即是重要街道，今位於舊城更新計畫「蘭城新月」的中心軸線 / 胡文青提供

蘭陽平原

之一。由於山高水闊，溪流綿延，加上季風帶來的濕氣，使得宜蘭雨水格外豐沛，年降雨量是台灣地區單位面積之冠，自古即有「竹風蘭雨」雅稱。

火車「丟丟銅」

宜蘭地處台灣東北部，早年因三貂嶺一帶，山巒疊嶂，出入十分不便。清光緒年間，劉銘傳有意籌建南北縱貫鐵路時，便有開闢「淡蘭輕便道」的計畫。此即北宜公路的前身，直到日治時期，宜蘭線鐵道通車，才解決宜蘭的交通問題。

宜蘭地區的鄉親們，當搭乘火車經過全台灣長度數一數二的「草嶺隧道」時，聽著洞壁的泉水滴在車廂上，以致有感而發，並將此情景發展為歌詞，配上古早的宜蘭調，終於傳唱出著名的鄉土小調〈丟丟銅仔〉：

火車行到伊都，阿妹伊都丟，噯喲，碰孔內；
碰孔的水伊都，丟丟銅伊都，
阿妹伊都丟，伊都，滴落來……

幾乎所有離鄉背井，到外地求學就業、謀求發展的遊子，懷念故鄉時，都會情不自禁的哼上幾句。

搭火車到宜蘭，流傳與傳唱最廣的即是〈丟丟銅仔〉歌謠，如今在宜蘭火車站前也有插畫家幾米的作品營造宜蘭火車意象

在地之光

宜蘭酒廠

位於宜蘭設治紀念館不遠處，有大煙囪聳立的是宜蘭酒廠。宜蘭街林青雲老先生的祖先在嘉慶年間，習得安溪老紅酒的紅麴製作法，林氏來宜蘭定居後，取枕頭山下的泉水釀造「安溪老紅酒」，開始小規模釀造紅酒販售，暢銷蘭陽三郡（宜蘭、羅東、蘇澳）。「宜蘭紅酒」遂成為北部有錢人家嗜好的高級酒，聞名全台。一九一〇（日明治四十三）年，集資設立宜蘭製酒公司，主要產品為「紅露酒」，一九二〇（日大正九）年擴大經營，改制為宜蘭製酒株式會社。一九二二年總督府實施酒類專賣制度，禁止民間製造、販賣，遂被收歸，並於一九二九（日昭和四）年，擴增為「台灣總督府專賣局宜蘭分局」。

宜蘭酒廠是以「米酒」和「紅露酒」為主，米酒是民生必須用酒，而紅露酒就是宜蘭在地故鄉酒。紅露酒即草創時期的安溪老紅酒，又稱「甘泉老紅酒」。當時取用「阿蘭城天下第一井」的地下湧泉釀造，純淨甘美的酒香，令老一輩宜蘭人難忘。紅露酒適合燉雞，其成品色澤會因酒質與酒齡不同而分為「金雞」和「黃雞」；品質較好的紅露酒，呈現金黃色澤，故以「金雞」為名，為當時宴客席上珍品。

宜蘭酒廠大樓

宜蘭酒廠酒銀行

宜蘭酒廠

酒文化教室

酒廠對宜蘭人來說，就像一個熟悉的老朋友，除了長年飄著醉人的酒香，歷史建築也見證歲月的痕跡。來到宜蘭酒廠，就像進入時空隧道，舊式建築與廠房內蜿蜒的管線，不禁令人發思古之幽情。在這些充滿歷史氣息與軌跡的空間裡，正標誌著一部宜蘭酒廠的生產史。

一九九八年，宜蘭酒廠利用一座六十多年歷史的閒置的舊倉庫，重新規劃為「甲子蘭酒文物館」。面積約九百平方公尺，一樓為品嚐區，這裡有一天賣超過一萬枝的紅麴香腸；二樓展示酒廠歷史、製酒過程、飲酒文化等。此外廠區還設置台灣紅麴館等主題館，以成為觀光酒廠為目標，開拓地方傳統產業的新風貌，更著力於鄉土產業的推廣教育工作，是宜蘭產業文化的具體代表。

擁有蘇格蘭風情的宜蘭金車噶瑪蘭威士忌酒廠

噶瑪蘭威士忌的蒸餾設備

橡木桶是威士忌酒熟成的關鍵因素，具有風味醇化的祕密

金車噶瑪蘭威士忌酒廠

位於台灣東海岸一隅，雪山山脈的純淨水源，在數百年的守護下涓滴凝結，緩緩釋放無華的清澈，這便是威士忌的生命了。太平洋的海與水氣、雪山山脈的山嵐，不啻是一種恩賜，橡木桶的緩慢呼吸，收納著獨特的山海芬芳，吐露出噶瑪蘭威士忌的迷人韻味。

宜蘭縣員山鄉員山路的金車噶瑪蘭威士忌酒廠，離宜蘭市、羅東鎮大約二十分的車程。位於宜蘭河較上游的員山鄉，水質充沛純淨，被譽為「水的故鄉」。於二〇〇八年底上市，成功地打入頂級烈酒市場，並屢次在國際競賽中締造佳績。酒廠本身分別於二〇一一年和二〇一三年榮獲「年度全球風雲威士忌人氣酒廠獎」，更於二〇一一年和二〇一二年連續兩年奪得ＩＷＳＣ國際葡萄酒暨烈酒競賽「亞太區年度最佳蒸餾廠獎盃大獎」。二〇一二年初，被英國最具聲望的威士忌雜誌（Whisky Magazine）遴選為世界百大酒廠。

金車股份有限公司秉持對品質的要求、細節的專注，配合地理環境的優勢，以打造百年酒廠的精神，一步一腳印成就出屬於台灣宜蘭的生命之水，期許未來全世界皆能共享優質的噶瑪蘭威士忌。傳統與現代、新思維和舊經驗碰撞，在噶瑪蘭酒廠產生交集的火花。特從國外聘請專業的造酒團隊，遠由蘇格蘭引進的蒸餾器，加上現代製管的高科技儀器，嚴密監控酒質變化。在新和舊的交替間，噶瑪蘭威士忌完美演繹出跨時代的意義。

橡木桶的熟成過程，扮演了關鍵性的角色。噶瑪蘭威士忌熱情的金黃琥珀色，醇厚豐富多層次感，都是橡木桶的熟成過程中創造的神奇魔法。氧化、還原、締合，橡木桶讓質醇的原酒和烤焦的橡木桶內的化學物質共舞，不論是雪莉桶的餘香，抑或波本酒的濃郁，都能如同藝術大師為噶瑪蘭威士忌，吸取輕盈果香、穀香和蜜香，去除有稜有角的酒精，使威士忌風味更醇化、酯化、圓潤化。

位於金車噶瑪蘭威士忌廠之旁的「金車酒堡」，遊客在參觀酒廠生產線後，由專業人員引導進入酒堡，提供KAVALAN威士忌試飲與品酩解說。酒堡一樓設有商品部，提供遊客一處方便的購物空間。二樓的伯朗咖啡館，提供遊客一個寬敞舒適的用餐環境。除品質一流現煮研磨咖啡與精緻簡餐外，還供應咖啡調酒系列產品，融合伯朗咖啡和噶瑪蘭威士忌的醇厚口感，讓你體會美酒加咖啡的絕妙風味。

各式威士忌標本

聚落亮點

宜蘭設治紀念館

位於舊城南路與泰山路間，老樹濃蔭的南門林園，圍著一棟純日式建築，它是「宜蘭設治紀念館」。見證著宜蘭政治發展的歷史空間，回溯到噶瑪蘭廳時代（一八一七～一八九五），到宜蘭廳（一八九六～一九四五），再到宜蘭立縣時代（一九四六～），歷代的治理藍圖及建設規劃，以至於影響宜蘭縣整體發展的決策。

宜蘭設治紀念館的前身是歷任宜蘭地方首長官邸，氣勢不凡的日式建築，帶點肅穆的氛圍。始建於一九〇六（日明治三十九）年，包含庭園總共占地八百坪，是宜蘭第一座閒置空間再利用的歷史建築。

宜蘭文學館

附近修復的宜蘭文學館，及宜蘭城的舊紅磚牆，牆上鑲嵌幾幅文章，篇幅長短不一，都是描繪有關

日治時期宜蘭舊街景／胡文青提供

宜蘭設治紀念館園區內

宜蘭的作品。這些構成南門林園的經典歷史建築，形成一重要的文化空間，雖地處市中心新月廣場鬧區之旁，卻有一份恬靜幽雅，是沉澱心靈的好地方。二〇一四年，知名演員金城武繼台東池上鄉的金城武大道後，又一得力作品，打響宜蘭文學館的知名度，慕名遊客接踵而來，一時人滿為患，害得宜蘭文學館被迫限制人數入內參觀，生怕百年老舊建築受到破壞。

宜蘭文學館整修開放後也成為廣告拍攝的知名場景

宜蘭文學館園區

一起來想想

在漫遊宜蘭文學館的同時，想像中華電信4G形象廣告中，金城武優雅地梳理髮鬢、用鋼筆或毛筆寫字、品茶、擦亮皮鞋、靜聽風鈴，留聲機流出音符，最後，金城武挑起一把雨傘，冒雨出門，旁白緩緩道來：身體，往前衝刺；嚮往，開始回頭；世界越快，心，則慢。

思考上述廣告所造成的觀光效益，以及宜蘭文學館因觀光人潮過多，所需要設計的人潮總量管制措施。另思考如何取得文化資產保存與觀光效益的平衡。

宜蘭就是一座博物館，除了酒產業文化，蘭陽平原還有很多文化風景，如國立傳統藝術中心、冬山河親水公園、蘭陽博物館暨多樣性的宜蘭縣博物館家族等等，您已經走訪過哪些？

take a break think again

一起來走走地圖 GO

宜蘭舊城文化地圖

蘭陽平原的政經文教重心——宜蘭市

清嘉慶七年（一八〇二），漢人到蘭陽平原中心地區開墾，當時稱宜蘭市為「五圍」。嘉慶十七年（一八一二）正式設噶瑪蘭廳，並開始在四周圍植九芎樹與土牆，因此又稱「九芎城」。宜蘭舊城區遺留昔日自古以來的特殊產業，例如俗稱打鐵街的武營街；傳統工藝師傅密集的碧霞街。此外，宜蘭特有的傳統食品牛舌餅以及鴨賞等也是值得細味品嚐。

羅東運動公園

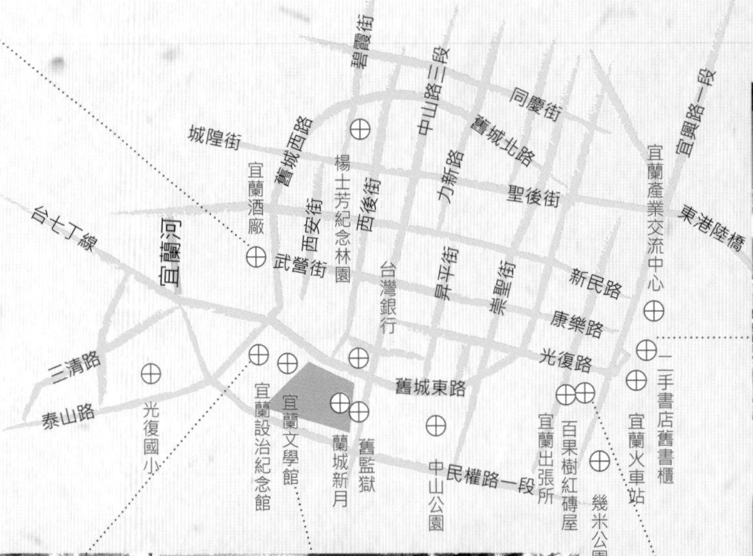

二手書店舊書櫃店內／胡文青提供

宜蘭火車站前鋼鐵森林內的「丟丟銅仔」火車

宜蘭設治紀念館

金城武代言的電信廣告就是從這入口進門

宜蘭文學館院區

宜蘭火車站遇見幾米

幾米主題公園是近年宜蘭火車站旁新興的觀光景點，台灣知名插畫家幾米以原籍宜蘭而回饋家鄉，使得宜蘭火車站周邊的老舊廢棄站房與倉庫充滿插畫風格與趣味，也讓幾米的粉絲或遊客慕名而至，可以在此一路撞見幾米插畫故事中的人物與動物，也讓宜蘭舊城有了截然不同的新意。

宜蘭火車站旁的幾米公園，可看見幾米插畫人物走出到現實世界／莊家泓提供

宜蘭金車噶瑪蘭威士忌酒廠

宜蘭酒廠大門入口

宜蘭酒廠

員山金車酒廠地圖

噶瑪蘭威士忌的連續蒸餾設備

噶瑪蘭威士忌的連續蒸餾設備

噶瑪蘭威士忌的糖化鍋設備

橡木桶是威士忌酒熟成的關鍵因素

噶瑪蘭威士忌酒窖

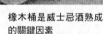

東方美人茶與北埔客家聚落山城

歷史風貌

「膨風」聞名西洋

東方美人茶又名「膨風茶」，此茶頗具客家風情。《茶葉全書》的作者威廉．烏克，譽為台茶經典代表作的「膨風茶」，喝起來宛如蜜香般的甘甜，英國女王暱稱為「東方美人」。此茶是台灣烏龍茶類中一種特殊的品系，又稱「白毫烏龍」，早期還被稱為「番庄烏龍」。但在國際市場上，所謂「福爾摩沙烏龍茶」（Formosa Oolong Tea），確曾專指這聞名遐邇的東方美人茶。

茶葉是北埔重要經濟產業之一，影響北埔百年的經濟發展。姜瑞昌所處的年代正好是日治時期大正末、昭和初期，茶葉從傳統手工業，轉型為機械化生產，以及打出北埔品牌的年代。姜瑞昌和姜阿新是帶動北埔茶業發展的關鍵人物。

姜瑞昌於一九二〇（日大正九）年擔任北埔庄長，在他就任期間，北埔的茶葉種植面積快速擴增，茶葉產量也有明顯增加。這與當時種茶獲利高及日本政府大力進行品種與技術改良的計畫有關，而庄長姜瑞昌的努力推動，功不可沒。

Oriental Beauty Tea / Beipu Hakka Villages

1930 年代 Formosa Oolong Tea 廣告 / 胡文青提供

日治時期台灣茶園採茶一景／胡文青提供

姜瑞昌在一九三〇（日昭和五）年三月成立北埔茶葉組合，同年五月舉辦北埔庄第一次高級烏龍茶品評會。一舉提升北埔茶葉的聲譽，讓各界認識到，北埔庄是茶葉生產與製造的新秀。一九三二（日昭和七）年，姜瑞昌創設北埔茶葉試驗場暨小分林附屬茶園。從品種、土壤、肥料、栽培、採摘、製造等各環節，積極用心研究改良茶葉的製造方法。後來試驗場改為「瑞昌茶工廠」，設於埔尾。

一舉成名天下知

學者吳學明指出，一九三三年六月十二日，北埔舉辦高級茶品評會，審查結果：高級茶的色澤香氣各方面優秀異常，且有百斤千圓的價值。於是當時任職北埔庄役場助役（今鄉公所祕書）姜阿新，於六月十五日把這批茶葉帶到台北，由台北茶商評斷，並交由台灣茶葉共同販賣所委託販售，結果由總督府官員以百斤千圓的價格買去。據說第十三任台灣總督石塚英藏離台前，大肆採購膨風茶，一斤茶葉以當時鄉長二十個月薪水的高價購買，消息傳出後，大家都認為「膨風（吹牛）」，次日各大媒體大肆報導，才知北埔膨風茶之可貴，「膨風茶」也因而得名。

從此大家爭相模仿選取青心大冇茶樹，夏天被蟲咬過的茶菁，以半發酵的方式製作膨風茶。此茶風味關鍵全來自小葉綠蟬（浮塵子）咬食嫩葉後的天然發酵，客家人稱「著涎」，而產生令人著迷的特殊氣息。因此，生態愈自然，草長得愈茂密的環境，蟲就愈多，才有上等茶菁可摘。

金廣福公館正門

金廣福公館的圍牆

被小綠葉蟬蛀過的新芽，芽葉卷曲變黃，停止生長，但也富含小綠葉蟬分泌的物質。要收成這種蟲蛀的新芽並不容易：其一，不可噴灑農藥；其二，要靠運氣，蟲兒並非雨露均霑地照顧每一分地；其三，要有吃苦耐勞的採茶婦女，能在烈日下，精挑細選、曝曬蒸烤。

膨風茶的製造也較繁複，採半遮蔭式，重萎凋。上午採的茶菁晚上炒，下午採的隔天做。炒菁之後要先回軟，用布包裹，小火略炒，等茶菁返潮後再揉捻，等乾燥後就成毛茶。上等的膨風茶，茶芽矮胖肥短，五色分明，白毫顯露；茶湯橘紅色，甘甜而富蜜香。在北埔以青心大有做出來的膨風茶，有一股「青心氣」，商品價值較高。

北埔茶業在姜瑞昌積極倡導下，使得茶農製茶技術益發高超。一九三八（日昭和十三）年，台灣茶業協會舉辦「台灣茶品評會」，北埔庄茶農大獲全勝：姜瑞昌獲得最高榮譽特等獎，姜阿新獲得一等獎，其他同鄉分別獲得二等、三等獎。此次比賽大振人心，因為獲獎除了技術獲得肯定外，茶價勢必水漲船高，無形中大大推動了北埔茶葉的名聲和獲益。

在地之光

北埔姜家

四面環山的北埔鄉，除中央北埔盆地外，大小丘陵錯落，古來即為險要之地。北埔鄉初以「大隘」為名，後改稱「南興庄」，包括北埔、峨眉、寶山等地，是個純樸的客家小鎮，民風保守，仍保留著傳統客家民情與門風。

北埔姜家故事始於一八三四（清道光十四）那一年，淡水同知李嗣鄴，授權姜秀鑾拓墾竹塹城東南方山地（北埔至寶山一帶），並得竹塹城內閩籍業戶合資，共組「金廣福大隘」，率民入墾北埔三鄉。金廣福的命名：「金」取吉祥之意，亦有官方主導的意涵，「廣」代表粵籍出資者，「福」是閩籍投資者。

老姜

姜秀鑾的家族歷史正是新竹客家的歷史縮影。受清廷倚重的姜秀鑾老當益壯，一八四二（清道光二十二）年，雖已年屆六十歲。中英鴉片之役，英艦犯台，他親率團練勇丁一百五十名，到雞籠口參與作戰，並擒獲英兵多人。事後淡防廳同知賞給軍功五品職銜，同赴作戰的長子姜殿邦賞軍功六品銜。一八四六（清道光二十六）年逝世，享年六十三歲。

姜秀鑾去世後，由長子姜殿邦接任金廣福墾首。他在三十一歲時取得武生員身分，是姜家第一位武秀才。墾務方面，他透過「抱隘開墾」的方式，把墾區更往內山拓展，並進一步成為鹹菜甕（今關西鎮）的墾戶，同時又參與銅鑼圈（今桃園龍潭高原、高平村）一帶的開墾，使姜家的影響力，不斷向外擴展。

一八五四（清咸豐四）年，姜殿邦重建慈天宮竣工，姜家見墾務底定，庄內日漸繁榮，遂將姜秀鑾派下原居於九芎林的族人，悉數遷至北埔定居。這二十年兩代人的努力，穩定了竹塹城東南山區，安定了竹塹地區漢人對原住民的惶恐不安，也締造了北埔姜家的傳奇故事。

第二代姜殿邦逝世後，傳到了第四代姜紹基英年早逝，再傳給才十四歲的弟弟姜紹祖。五年後，日人接收台灣，姜紹祖年十九歲，散盡家產廣募丁勇五百名，赴新竹抗日，因寡不敵眾，自盡成仁。電影《１８９５》上演的劇情，就是姜紹祖抗日到最後自盡的事蹟。總計老姜從姜秀鑾以降，到抗日自盡的姜紹祖，共四代人經營六十年，北埔的滄桑演進與姜秀鑾家族脈動息息相關。

北埔慈天宮內

新姜

在眾多入山的人群中，姜秀鑾弟弟姜秀福之孫姜滿堂最為傳奇。正因為姜滿堂及其後代創造了新的姜家繁榮，地方稱之為「新姜」；而姜秀鑾派下子孫則稱為「老姜」，這樣的區分出現在日本時代。姜秀福在兄長遷徙到北埔後仍留在九芎林，姜秀福的兒子姜殿魁繼姜秀鑾之後，為九芎林總理，而姜榮禎（姜滿堂）正是其么子。

地方上傳聞，姜滿堂年輕時很落魄，白天殺豬賣豬肉，晚上就睡市場豬砧上，日子過得像個流浪漢一般。據姜滿堂的孫媳婦杜春蓮口述說，父母去世後跟著大哥一起生活，平常幫忙看牛做農事，但哥哥嫂嫂對他並不好。十八歲時，他想離家獨自創業，開口向哥哥借錢打算做生意，被哥哥拒絕。於是他拿了哥哥一筆錢，留下字條，言明來日必還，往新埔去了。

姜滿堂到新埔經商，不盡如意。聽聞北埔非常發達，機會很多，又有遠房親戚住在那裡，於是就搬往北埔。一開始在市場賣豬肉，也曾在老姜家族當過伙計。結婚後，做生意賺錢發跡，果然派人挑著銀子回來還錢，還大大翻修了母親的墳墓及祖堂。

姜滿堂結婚入贅的對象是鄧登妹，她的父親鄧吉星，在北埔教授漢文維生。鄧登妹自小聰穎過人，由於父親是漢文老師，自幼就學會記帳寫字；除了聰明伶俐，待人接物落落大方。一八八〇（清光緒六）年，她才十四歲，就被父親安排與姜滿堂成婚，姜滿堂足足大她十一歲。他們的婚姻也並非完全入贅，客家人稱「半招嫁」，或稱「抽豬母稅」。是約定長子從母姓，承襲鄧家香火，次子以下均從父姓。

1	
2	3

[1] 展示著鄭南光的攝影作品
[2] 鄭南光攝影身影
[3] 鄧家故居「鄧南光影像紀念館」

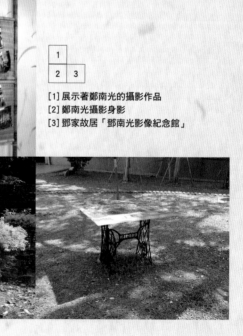

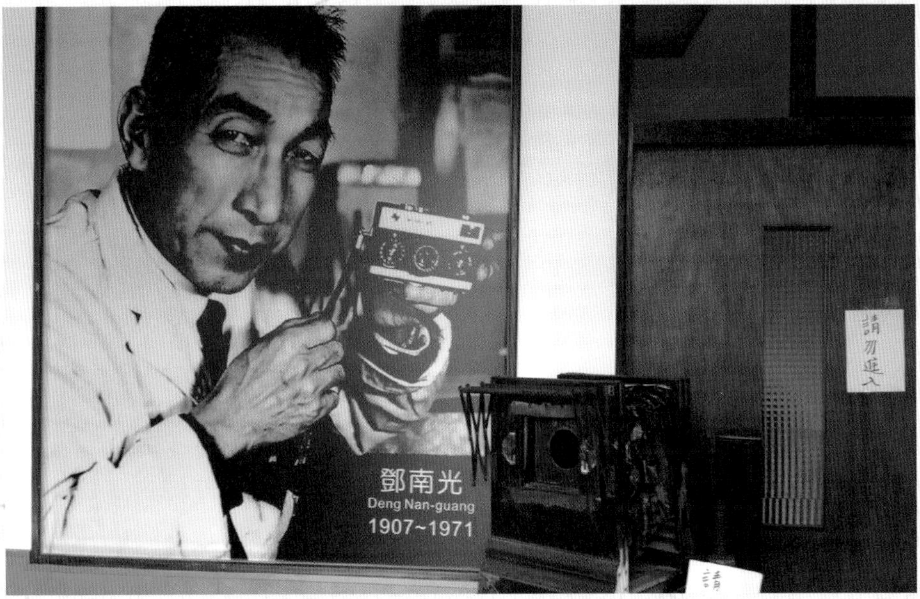

鄧南光影像紀念館

結婚後，兩人在廟口作生意，店名「榮和」。榮和號開店於今北埔街和廟前街交叉口，這個位置鄰近市場，又位於往來慈天宮與金廣福公館間的交通要道，是最熱鬧的街心，也是做生意的最佳地點。開張有成後，他們夫婦又買下北埔上街的兩間店面，叫「和豐號」，交給長子鄧瑞坤經營。

榮和號在日本政府的專賣制度下，穩坐北埔鴉片膏零售商寶座。據說，日治時期全北埔、峨眉只有鄧登妹領有賣鴉片的牌照，連竹東人都會跑來買。榮和號能在日人統治下取得唯一鴉片專賣，除了清末即經營此業外，也可見姜滿堂非凡的交際能力。

姜滿堂與鄧登妹育有四子，依序為鄧瑞坤、姜瑞昌、姜瑞金及姜瑞鵬。其中老大鄧瑞坤從小就跟著父母做生意，日治後，他擔任保正。姜滿堂的次子姜瑞昌就讀師範學校時，就對攝影寫真感到興趣，學習到新式的攝影技巧，他與老姜姜振驤是北埔最早擁有攝影機者。他所拍攝的一張慈天宮廟口的人群，曾經得到東京攝影比賽的佳作。他的熱愛攝影也對侄兒——著名攝影師鄧南光（鄧騰煇、鄧騰釬的么弟）發揮啟發性的影響。

北埔「柑園」，這個曾經是北埔人印象中的鄧世源醫院，即是鄧家故居，如今成為「鄧南光影像紀念館」。在日本與台灣現代化的過程中，北埔早期從農村變成商業重鎮，鄧南光用攝影機記錄下這樣珍貴的史實。

一九二〇（日大正九）年，原先在北埔公學校任教的姜瑞昌被安排擔任北埔庄長。他在庄長任內以推動北埔茶業，尤其膨風茶最為出色。姜瑞昌亦擔任戰後接管時期第一任鄉長，於一九五三年去世。

姜氏家廟

老姜與新姜各擅勝場，而「姜氏家廟」的興築，更象徵了姜氏家族強大的凝聚力。一九二四（日大正十三）年十二月，新竹州姜姓家族以「安放姜世良公派下歷代祖先靈牌永遠由子孫奉祀」的名義所興建的姜氏家廟，正式竣工落成，其樣式富麗堂皇，並在地方上引起轟動。直至今日，它與金廣福公館、慈天宮、天水堂並列為北埔最重要的古建築。除了見證姜家的輝煌歷史，更因極具建築藝術價值，而被列為台灣四大家廟之一。

當時聘來參與興建姜氏家廟的師傅都是一時之選，二次大戰期間，北埔公學校學生疏開到此暫借為教室上課；可惜，在戰爭後期，日軍強行入駐，把姜氏家廟當成倉庫，堆滿了戰爭補級品；戰後，又有大量來自大陸的軍人、眷屬和難民，占用家廟充當住宅。一九六四年，葛樂理颱風吹塌左廂房，一九九九年九二一大地震震毀屋頂。二〇〇四年，公部門力量介入，指定為縣定古蹟，二〇〇七年進行整修，始得今貌。

聚落亮點

金廣福公館

位於北埔鄉中正路六號的金廣福公館，建築外觀極為素樸，是昔日大隘地區的收租及辦公場所。這是一幢有著馬鞍式屋脊的客家建築，經過多次修繕得以保存至今。歷經百年風霜的傳統建築，一九八三年指定為古蹟。

舒國治在《台灣重遊》上說：「北埔金廣福公館何其靜寧悠然立於僻遠山鄉一角，平日不易見到一二遊人；後山的秀巒公園依稀有京都『哲學之道』旁小山風意，這裡雖充滿抗日義舉史事，卻未必替這清麗景致更添光采。」

金廣福公館

天水堂

天水堂是北埔聚落內最大的民居建築，位於金廣福公館之旁。建於一八三二（清道光十二）年，為一堂六橫的三合院的客家民宅。在風水上十分講究，屋前開闊、屋後靠倚秀巒山，正符合「前敞背實」的原則，更是開拓北埔大功臣、首任金廣福總墾首姜秀鑾的故居，因姜氏的郡望堂號為天水郡，故名「天水堂」。

天水堂以秀鑾山為靠山，形勢穩定優美，門樓為燕尾造型，各階為特大台面，號稱全台最美麗的門樓之一。內埕以石板鋪成，外埕就地取材，以鵝卵石鋪就。至今仍保持完好，目前尚有姜氏第六代子孫居住，遊客觀賞時，只能隔著圍牆從旁瀏覽，想見往昔的昌隆。

天水堂現仍為私人宅第，謝絕參觀

姜阿新古宅

位於金廣福公館與天水堂之鄰的姜阿新古宅，是一座北埔少見的氣派洋樓。建於一九四六年，昔日用來接待國外賓客。採用巴洛克式樣，屋外石材均採用最堅硬的青石，陽台的設置與圓拱窗，都散發著濃濃的典雅風格；雖然外觀洋派，但內部裝潢陳設則走傳統的中國風，用老烏心石原木，刨光後還會透出溫雅的光澤，極富高雅氣派。日治時期，姜阿新以茶葉起家，成為北埔超級富商。現為金廣福文教基金會所在地，前往參觀須事先申請。

整修中的姜阿新古宅

慈天宮

慈天宮位於北埔秀巒山麓，座落在北埔聚落的中央，是大隘地區最具規模與富麗堂皇的廟宇，也是居民的信仰中心，更是地方人士集會議事之處，以及民俗活動的展演場所。這座已有一百五十年以上悠久歷史的古蹟，不僅香火鼎盛，同時也是市集要地，北埔的市街發展，即以慈天宮為主街端點。

慈天宮雖主祀觀音佛祖，也供奉媽祖，所以除了中元普渡外，「迎媽婆」遶境活動卻是全北埔最盛大的祭典。竹塹的開發有許多是閩客共墾，絕大部分同祀媽祖，且維持正月到北港請神的習俗，融合閩南、客家信仰。媽祖則成為正月春祭的主角，這樣極為光彩的「副神」媽祖信仰，在其他客家地區非常罕見。

北埔慈天宮是大隘三鄉的信仰中心，中元祭典是年度大事，許多住在山區終年勞動難得出門的婦女，會在這兩天結伴前來看拜拜和大戲。而且各式各樣的小販隨著人潮而來，各個占好了據點做生意。

北埔老街

北埔老街大致上以慈天宮為中心，向兩旁對稱發展，周邊散落著許多古蹟與曲巷。慈天宮正前方的北埔街，清朝時稱為「上街」，它與下街，是當時北埔最熱鬧的商業中心。現今兩旁街屋仍是「大正式」牌樓建築，拱形的紅磚立面依舊保留著舊時風貌。

北埔初墾時，聚落規模很小，這段路被稱為「上街」，是以與南興路交叉口的西城門為界，城門以內叫上街，城門外叫下街。北埔聚落在清朝道光年間，發展出東南西北四個城門。西門往外通往埔心、埔尾、峨眉、寶山，北埔街是其他庄民前來北埔必走之路。一八八九（清光緒十五）年，街肆突破西門往外延伸，於是把城門拆除往外移，而有了「下街」。

秀巒公園

北埔街東方，有一小山崗可俯視林肆，遍山林木蓊鬱，櫻、梅和杜鵑花點綴林間，時逢春季，千紅萬紫，競豔爭妍；山北豎有一「北埔百年紀念碑」，用以頌揚金廣福墾首姜秀鑾的功績，該座青山便取名「秀巒山」。山色優美，遂被選入新竹縣八景十二勝之一，美名「秀巒春曉」。

3	1
4	2

[1] 北埔信仰中心：慈天宮
[2] 北埔老街一隅
[3] 靠近慈天宮的北埔老街
[4] 秀巒公園內的開拓大隘紀念碑

一起來想想

問 新竹縣政府每年六、七月間會舉辦「北埔膨風節」活動，台灣各地有許多產業節慶？這些節慶多數會包含什麼內容？試著以活動策劃者（活動策展人）的角度，思考如果您主辦北埔膨風節等相關特色產業節慶，您會想要提出什麼節慶主題？

問 何謂客家人？《客家基本法》定義客家人指「具有客家血緣或客家淵源，且自我認同為客家人者。」台灣客家族群的分布在北部以桃園縣、新竹縣、苗栗縣為主；南部則以高雄市與屏東縣六堆地區為主；中部之台中市、南投縣、彰化縣、雲林縣；及東部之宜蘭縣、花蓮縣、台東縣部分鄉鎮亦有聚落，桃竹苗（北客）和高屏六堆（南客），仍是高密度客家人口區。常言道：艱困的生活使得客家人養成了所謂的「硬頸精神」，刻苦耐勞、勤奮努力、獨立奮鬥、不屈不撓等精神特質。「硬頸精神」被視為客家人精神核心。聽一首來自南台灣美濃的音樂創作者林生祥〈我等就來唱山歌〉，體驗美濃反水庫的硬頸精神，思考為何客庄是台灣文化多樣性不能或缺的一環。

問 從大歷史到小歷史，十數年來，台灣各地設置不少人物紀念館，鄧南光先生一生致力台灣寫實攝影，開啟五〇年代後寫實風格主軸，紀錄斯土斯民，對台灣攝影發展貢獻有其功績。新竹縣文化局應用「地方文化館計畫」等相關經費，經整建開設鄧南光影像紀念館，詮釋或延伸閱讀鄧南光的影像藝術。您知道經文化部統計（二〇一四年），全台灣已經七百多座的大大小小博物館、文化館群嗎？您去過哪些？

take a break 問 think again

一起來走走地圖 GO

北埔客家聚落地圖

北埔信仰中心：慈天宮

金廣福開墾

「金廣福」乃金、廣、福三字合組，其中字首起頭取「金」字，為商賈取名習慣，期望能有財源廣進、多財多金之意；「廣」代表廣東，「福」則代表福建，展現早期閩、粵籍族人融合並攜手開墾的重大意義。不過當漢人往山區拓墾，相對的也擠壓原住民的生活空間，因此衝突時有發生，於是漢人廣設隘守、銃櫃，以武裝防衛沿山的開墾地。

淡水廳沿山各隘圖中的金廣福大隘位置／引自《台灣慣習記事第五卷第七號》（《淡水廳志》「淡水廳沿山各隘圖」）

蒙塵古蹟：忠恕堂

北埔老街接近慈天宮一隅

北埔事件

一九〇七年十一月十五日，新竹廳北埔支廳轄內部分庄民、隘勇及賽夏族原住民，共同襲擊支廳及駐在所，殺害支廳廳長、郵電局長、日警等五十六人及台灣人巡查補一人。事件發生後震驚各界。台灣總督府聞訊派兵至北埔鎮壓，並恫嚇北埔居民。為安撫日軍，北埔望族姜家出面願意負責日軍在北埔的開支費用，同時協助招撫抗日人士。事件平息後日軍警逮捕百餘人，首從共有九人被判處死刑。

傳統閩南建築風的公車停車站

金廣福公館的內院

金廣福公館一隅

北埔老街一隅

北埔老街街景

鄧南光紀念會館

The Hakka Tung Blossom Festival / Sanyi Wood Carving Festival

中台灣

Lukang Township, Changhua County / Traditional Folk Craft

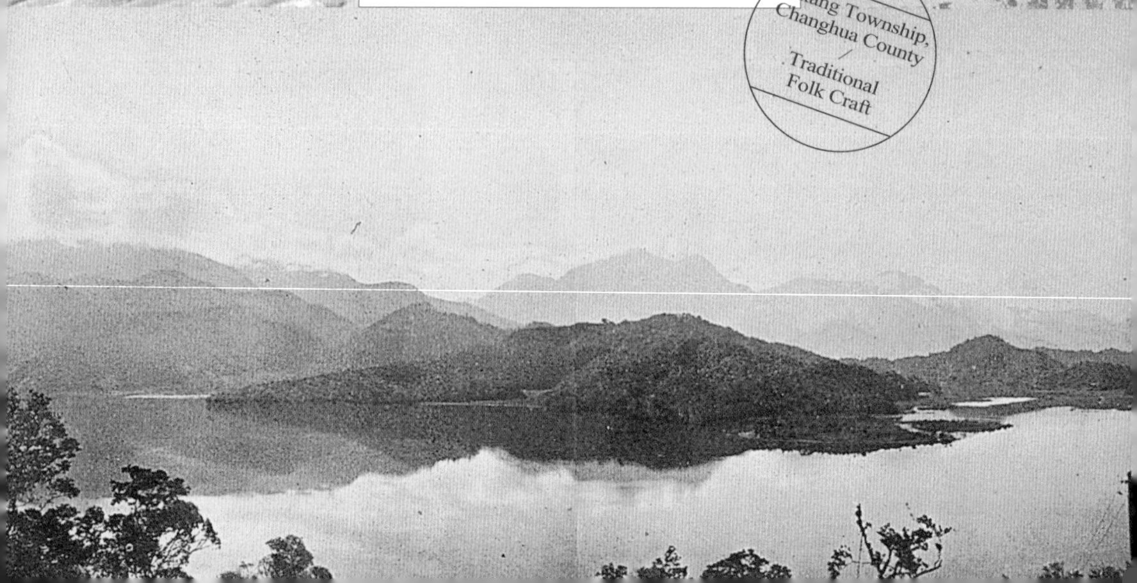

Yuchih Township, Nantou County
Taiwan…s tea culture

…Moon Lake
/
…nichi railway

Taichung City
Calligraphy Greenway

桐花祭與三義木雕文化

歷史風貌

風景霧中山城

作家方秋停〈霧裡雕刻〉提及：「白霧領著油桐，紛飛出一季季夏日雪景。西南方的火炎山與東方的三角山和關刀山脈遙遙對應。霧起，旋飛，相思樹與樟樹林蔚成綠色隧道，這四百公尺高的山城，隨處都有雕刻的身影和因緣。這舊稱三叉河的霧城如磁場般，吸引新舊雕刀齊聚一堂，一刀一斧鑿出來越來越光彩的神雕名聲。」

三義鄉地處苗栗西南一隅，自日治時期即以木雕文化馳名於世。三義以「木雕產業特色觀光」的概念領軍，搭配舊山線鐵道、客家文化等，展現了三義提升國際觀光服務能量，具備向全世界推廣旅遊的優勢條件。在二〇一〇年，經過一連串的評分後，勇奪「台灣最具特色觀光小城」的封號。

木雕產業

三義一帶由於山多平地少，再加上陰濕多霧的天氣和酸性土質，適合樟樹生長。鄰近山麓樟木最多，嗅聞那自土壤中孕育散發出的材香，是得天獨厚的雕材。回顧過往，在大量

1930 年代的山線鐵道與蜿蜒的公路比較起來，可想見穿越山區的鐵道工程非常浩大 / 胡文青提供

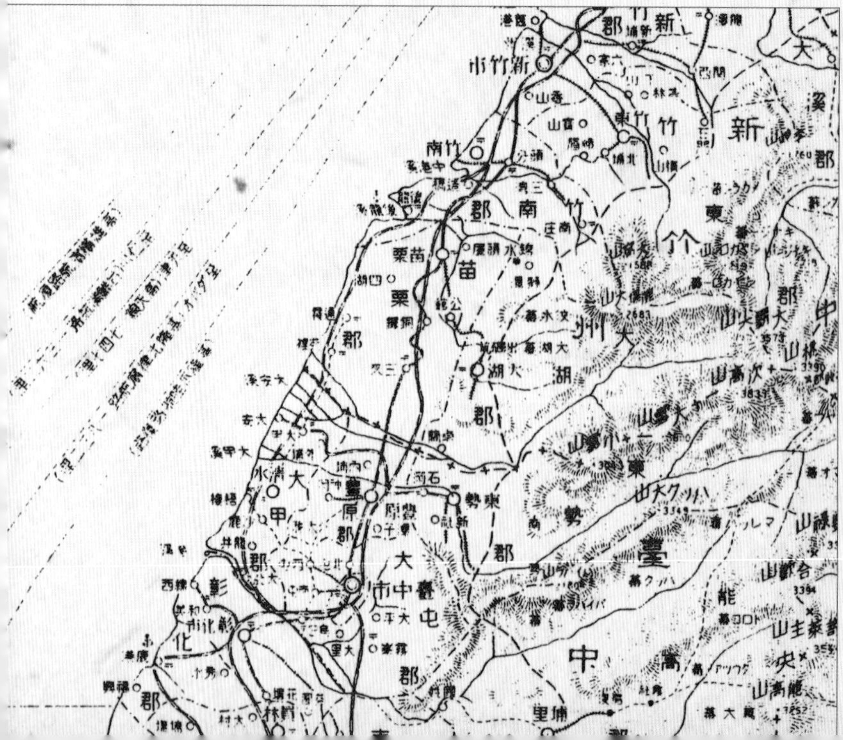

[1] 油桐花被喻為五月雪，賞桐已是每年的著名花季 / 胡文青提供 [2] 三義鯉魚潭的湖光山色 [3] 三義的創意木雕

砍伐樟木林後，剩下布滿山野的樟樹頭，這些埋在地下的樹根，歷經風吹雨打形成天然的奇木造型。

樟木因氣味芬芳具有防蟲功效，且木質優良，製成的藝品、家具均大受歡迎，日本人採購數量相當可觀。隨後太平洋戰爭發生，交易中斷。戰後五〇～六〇年代，雕刻工業已由家庭加工型態轉為企業化經營，引進機械複製量產，接受大批訂單，外銷日本、東南亞、歐美等地，此時三義鄉半數以上鄉民以木雕為業。

三義的木雕工藝並沒有完全承接傳統式中國雕刻如廟宇木作、神佛造像、神龕家具，而純粹是因為天然的林場使之成為台灣的木雕藝品之鄉。日治時期，偶發散落於林間的奇形樹頭，而成為木雕產業的發軔。五十多年來，人才的匯入、匠師的用心、市場的需求，以及三義活潑自在的氣氛、繁榮熱絡的景氣，得以創造出自由、無拘、創新的作品，形塑出台灣最大的木雕工藝聚落。

懷念舊山線

由三義到后里的台鐵舊山線，是文化部選定的世界遺產潛力點。勝興車站更是此一鐵路的最高點，也是早期台鐵上行與下行列車交會處，包括勝興車站及龍騰斷橋，皆被指定為縣定古蹟。舊山線不僅是一段鐵路，也是一段近百年歷史發展的縮影，讓大家可以窺見特殊的山線文化。

王昭湄說著：「舊山線是一條非常特別的鐵路，它擁有台灣鐵路史上最大的坡度、最大的彎道、最長的花樑鋼橋、最長的隧道群。」舊山線上的每一座隧道、鐵橋、車站，都記載著一段台灣鐵道與世界接軌的過往歷史，它的完工，不僅展現當代最高明的鐵道工程技術，也為人類留下一步超越自我的經典之作。

舊山線上海拔最高的勝興車站

舊山線三義到泰安間的勝興車站

鐵路局自一九八四年起著手分階段改善沿線的坡度、曲率半徑、橋梁載重、截彎取直、鋪設雙軌，以提高列車交通運輸。一九九八年九月雙軌鐵道完工，新山線於焉誕生。一九九八年九月二十三日，對鐵道迷來說，是個令人感傷的日子。就在這一天晚上九時十分，當西部縱貫線最後一班列車車次一六七號南下停靠後，新、舊山線完成切換儀式，舊山線就在眾人的道別聲中，吹上熄燈號，光榮地走入鐵道歷史，供人憑弔。

由於新山線鋪設雙軌後，不但列車容量提高，截彎取直後也縮短了三・八公里，山線全長減為八五・五公里，使得往來山線的列車行車時間最多可節省四十分鐘。而新山線在三義至后里站之間路線大幅西移，因此在東側留下了一段長約二十三公里的鐵道，這就是所謂的「舊山線」。

在地之光

作家劉克襄〈搭高鐵看桐花〉中說道：「每年四、五月春夏交替之際，油桐花盛開的季節，滿山白花翻飛，片片花瓣隨風飛揚的景象，常讓身處油桐樹林中的賞桐者，彷彿置身於童話般的美麗林中。這時桃竹苗丘陵的森林彷彿覆蓋著一層白雪。而常見的相思樹，也是這個時候盛開，黃花滿樹，重疊了油桐花季。兩種樹群夾雜，黃白相間，更衝擊春日的繁華，也把桃竹苗丘陵低海拔最大的美麗，全部都在這時迸發出來。」

浪漫的花季翩然來到，沿著台3線分布的油桐花是北台灣客家庄的守護神。早年油桐樹曾是客家的經濟產業，桐油、桐木、油桐子各有用處，現在則轉為另一項觀光風貌。盛開的時節，樹梢上的白花嬌巧可愛，一陣山風吹過，花瓣彷彿從天上灑下的雪花，絲毫不輸日本花見的「櫻吹雪」盛況，那漫天落櫻繽紛的春雪美景，主角換成了桐花，同樣令人悸動不已。

藝術家蔣勳說道：「桐花像雪，撲天鋪地，漫無邊際地飛舞。我把花接在手掌上，細看花的形狀。桐花五瓣，白而透明。花蕊很細，中心深處一點淺紅，是為了使蜂蝶容易辨識，前來傳花粉的吧！我手中拈著一朵落花，五片花瓣，被一個綠色小小的蒂承接著。也許花朵落下或留在樹上，是用不同的方式完成了自己，我所知有限，常常徒自驚恐哀傷。雌花要結成果實，強韌地留在枝頭

油桐花開的季節／胡文青提供

上；雄花交配完成，紛紛墜地。生命完成，離枝離葉，其實並不哀傷。」

春夏時節，盤踞在山城的幾條古道，是賞桐的最佳祕境。賞桐據點大部分集中在勝興車站附近，包括挑柴古道與位於車站北側的飛雪小徑。另外在木雕博物館旁的四月雪賞桐步道也是賞桐熱點；到恬靜的小西湖畔漫步，湖面桐花映照，令人驚豔；甚至循著先人的足跡，踏上挑炭古道，只見那飄落滿山徑的油桐花，思古之情油然而生。

桐花很美，但它最美的時刻並非於枝頭綻放的時候，而是落下遍布滿地如雪一般的樣子。油桐花離枝後的美，與客家人硬頸精神相似，就算落地還是要美到最後一刻。桐花是視覺的鄉愁，每年春夏之交，更像情定人間一般，綻放在台灣北部客家庄頭，也戀在客家心頭。桐花彷彿就是客家，以內化的族群象徵，外顯就成為客庄的地標。

近年來，油桐又變成台灣的搖錢樹，但賣的卻是油桐花，桐花之美被發掘出來，已成為客家族群之花。到了四月下旬~五月初時，桐花的花況最盛。空氣飄著淡淡的花香，花朵隨著春風、穀雨，飄落鋪成白色地毯，就如同下著一場「四月雪」、「五月雪」。

二〇〇二年行政院客家委員會開始在苗栗、台中、新竹、桃園等客家生活圈舉辦「桐花祭」，並以客家族群過去在山林間，賴以維生的香茅油、樟腦、木炭、蕃薯、玉米、生薑、茶等農作物向土地、山神、天神祝禱祭拜，感激與崇敬山林大地，也提醒依偎山林而居的客家人，以再造鄉土與人文榮景。朗誦客語詩、演奏八音、三腳採茶戲等，表現客家傳統與現代生活，凝聚客家族群意識，桐花祭遂成為一年一度客家人大團圓的日子。

聚落亮點

三義木雕博物館

位在三義廣聲新城內的「三義木雕博物館」，前身為「苗栗木雕藝術展示館」，於一九九五年正式啟用，為全台唯一以木雕為主題的公立博物館。以蒐集、展示、典藏、研究、教育、推廣木雕藝術為宗旨，全館的展示空間分成六個樓層，內容涵蓋雕刻藝術的起源、南島民族木雕、中國雕塑歷代風貌、三義木雕的源流、木雕藝術特展室、建築與家具、寺廟宗教、複合媒材及當代藝術等。蒐藏範圍涵括古今中外、多元且深入，表現木雕的特質，引領參訪民眾了解與欣賞木雕美學。

「木雕博物館」的建築本體也如一件木雕藝術品，且獲得「二〇〇三年台灣建築首獎」的肯定。俐落的切割線條呼應內部的清水模極簡風格；透空的玻璃，猶如鑿取出木屑，去蕪存菁，空間內縮於無形；大塊植入的木頭實體，結實地穿牆而入，彰顯出現代木雕藝術中，多媒材植入的新穎觀念。

廣聲新城

博物館所在位置的廣聲新城，又稱為「神雕邨」，是一處文藝氣息濃郁、並因社區總體營造理念而形成的景點。為三義地區除水美路（木雕街）外，另一木雕重鎮，有別於水美路的商街以展示販售為主，神雕邨多為木藝師傅的工作室，創作為主、販售為副，堪稱個個臥虎藏龍、身懷絕技。

由於是工作室，個人色彩濃厚、創意十足，特色更加明顯，少了許多商業氣息。每件作品充分展現其獨樹一幟的個性和風格，所謂「內行看門道，外行看熱鬧」，這兒正是行家佇足流連的地方。現場往往可看到師傅們專注地雕琢木頭的認真情境，會讓你覺得不虛此行。

水美老街

充滿濃厚木藝氣息的水美木雕街，可謂全台木雕藝術最大的集散地。高速公路下三義交流道與台13線水美街相接，趁勢打造了新的木雕集中地，並且成為三義迎接外客的重要門面；這波成長的力量同時也以水美街為中心擴散出去，範圍包括廣聲新城、伯公坑（雕刻南街）、勝興、二十份（裕苗社區）等處。

整個水美街總長不過五百公尺，卻塞滿了二百多家木雕藝品的展示空間，琳瑯滿目。水美街前稱「舊街」，是三義最主要的木雕交易中心。交易的木雕藝品種類繁多，除了觀賞用藝品、實用的桌椅、家具、擺飾外，又以神像為大宗，觀音、達摩、關公等神像都相當受歡迎。沿著水美街一路走來，目不暇給，由此可見三義木雕藝術之盛。

3	1
4	2

[1] 三義木雕博物館 [2] 三義木雕博物館展品 [3] 神雕邨街景／陳義郎提供 [4] 三義ㄚ箱寶創意木雕

三義丫箱寶

民國六〇年代，住在三義舊街的大人小孩，共同記憶著家中那段「木鴨工廠」代工的日子。那個年代木鴨的製作與狩獵脫不了關係，獵人們在水塘上放置木鴨作為「誘鴨」，以獵獲野鴨。它的前身是雙峰企業，後來改名為「雙峰木鴨工廠」，專門製作外銷歐美各國狩獵用的「誘鴨」。栩栩如生的彩繪木雕鴨也成了許多人的收藏品。但在保育意識抬頭後，狩獵風氣逐漸降溫，訂單減少，後來在觀樹文化教育基金會的協助下，轉型成為觀光工廠。藉由木雕藝術展現對台灣土地的關懷，同時以國內特有生物為靈感，設計出台灣黑熊、八色鳥、藍腹鷴等木雕藝術。由於造型可愛，線條樸拙，手感獨特而深受喜愛。

四月雪賞桐步道

位在木雕博物館旁有條幽靜的山林小徑，歷經一段雜草叢生的歲月，整頓後以「四月雪賞桐步道」名稱迎人，一階階古樸厚實的枕木引領遊客上山，夾道除了已有樟樹、相思樹提供陰涼遮蔽外，步道中段長達百餘公尺的油桐樹，總是帶來片片花雨，將步道鋪成一條柔軟的白色地毯。

西湖渡假村

中山高速公路三義交流道之旁，以歐式景觀花園聞名的西湖渡假村就在眼前。人稱「桐花故鄉」的西湖渡假村占地約六十公頃，約有三分之二的面積廣植油桐樹，偌大的園區綿延著雪白桐花與翠綠山林；每年四～五月的桐花季節裡，落花繽紛如雪，夜宿西湖，最能欣賞桐花盛開之美。清晨，桐花滿滿灑落一地，晨曦穿過樹梢，調皮地在林間跳躍，似乎生怕踩著了一地雪白落花。

小西湖步道

此湖原稱「拐子湖」，一九五九年更名為「德興湖」，由於風景秀麗，就像小一號的杭州西湖，故以三義「小西湖」稱之。拐子湖畔是散步的好地方，茂密的林子裡傳來的鳥叫蛙鳴是最好的天然音響，偶而還會撞見從林間突然竄出的飛羽……。造訪小西湖，初夏正是最美的季節。無波的湖面映襯著起伏的山巒，開滿桐花的林梢覆蓋著層層白雪，循著湖畔步道繞行，深情感受山嶺青翠、湖水靜謐。

挑炭古道

三〇～四〇年代，火炎山山區燒木炭行業興盛，大批木炭商人深入福興及大坑山區購買，並就地僱請挑夫，肩挑到三義火車站裝運輸出。當時生產的木炭，主要靠這條步道，故稱「挑炭古道」。七〇年代隨著天然氣普及，木炭產業走向沒落。而山區農路開闢增多，對外交通大量改善，經濟效益較高的香茅也取代了木炭。挑炭古道在多重開發的影響下，乏人問津，未幾便消逝於荒煙蔓草中。

一些熱中探訪古道的山友，緬懷昔日汲汲於此艱苦挑炭時光，在荒蠻的山林上，重闢昔時古道，終於讓這條古道重見天日，如今成為民眾尋幽探古的健行路線，桐花時節更是熱門步道。

4	1
5	2
6	2
7	3

[1] 三義丫箱寶 [2] 三義丫箱寶工作室內手作產品 [3] 四月雪賞桐步道
[4] 西湖渡假村 [5] 西湖渡假村內自然步道 [6][7] 小西湖山光水色

勝興車站的木構造

勝興車站

勝興車站

詩人陳千武詩作〈旅程〉：

靜謐　靜謐的　霧雨迷茫
迷茫於山峽的小驛站
明暗裡一幅現代印象畫
畫出唯一的月台
老站長又扳下了黃昏的轉轍器

詩中的小驛站就是舊山線鐵路著名的景點「勝興車站」，原名「十六份驛」，位於關刀山麓，是以當地蒸餾樟腦的爐灶數量來命名。勝興車站還保留著一九一二（日明治四十一）年所建的近百年木造站房，用福州杉所搭建的平房，其樑柱的銜接完全不用鐵釘，堅固牢實。依然完整保留著往昔風貌，展露拙樸古意，令鐵道迷回味再三，為全台灣最古老的木造建築之一。

勝興站是台灣縱貫鐵道的最高點，海拔四〇二・三二六公尺，站前還立有一紀念碑，說明了勝興車站在台灣鐵道史所扮演的角色及意義。在早期蒸汽火車行駛年代，從三義經勝興到泰安的這段路線坡度平均高達25/1000，對行駛此地的火車是一大考驗，因此常常需要加掛機車頭由後推，一拉一推才爬得上坡；有時，因下雨天鐵軌與車輪間的摩擦力不足，需要灑下滑沙才爬得上去。

一九九八年舊山線停駛後，勝興站便走入歷史中，本以為廢站後的勝興車站會因此寂寞而無人聞問。沒想到，懷念舊山線、慕名而來的遊客不減反增，而附近的店家也因遊客日多，一家一家接續開張，形成熱鬧市集。每逢假日車水馬龍，成為觀光熱門景點。

不到百公尺的勝興街上，盡是以客家擂茶為號召的茶藝館。熱鬧的盛況，想必在舊山線停駛前也沒這麼風光。「擂茶」是農業時期客家人招待訪客的一種穀類茶飲。走出車站，左邊緊貼著山壁建築了一旁屋舍，是昔日伐木工人休息住宿的「牛車寮」，曾聚集了許多旅館、小吃店、小酒館、雜貨店等。如今，在街上還可看到掛著「牛車寮」的招牌，紀念著當年的風光歲月及商店街的起源。

龍騰斷橋

被譽為台灣鐵道藝術極品的「龍騰斷橋」，又稱為「魚藤坪斷橋」，一九〇五年完成，

一起來想想

回溯台灣地方特色工藝產業之興衰，與整體政治經濟大環境之歷史脈絡密切相關，在「內銷市場」上，台灣人民消費型態與消費品味之改變，加上非當地產業如日本進口貨、大陸水貨的惡性競爭，使得台灣傳統工藝產業面臨前所未見的挑戰，旅行的當下，換位思考，如果您是工藝產業工作者，要怎樣突破挑戰？

台灣地方工藝產業在延續傳統與創意設計之間大都有過渡困難之危機，近期產業朝向產業文化觀光之思潮成為共識，並加入觀光產業需求，使台灣地方特色工藝正朝向工藝觀光轉型。從旅行現場找尋台灣有哪些「特色工藝」，關注其與文化觀光之關連。

UNESCO世界遺產常是人類的普世價值表徵，更常成為一個國家觀光象徵，對文化觀光產業影響甚大。台灣並非沒有符合世界遺產條件之遺產，但因台灣不是聯合國一員，所以無法簽屬條約。台灣究竟有多少處符合「世界遺產」的認定標準呢？台灣現有列出台灣世界遺產潛力點十七項十八點，進行相關推動，您知道是哪些點嗎？「台鐵舊山線」也是其一喔！

take a break think again

日治時期之魚藤坪（龍騰）鐵橋 / 胡文青提供

是山線鐵路最高的一座橋樑。若在斷橋橋底仰望，更會震懾於此橋擎天般的雄偉，也因磚造砌成，更會驚嘆此橋當時工程之偉浩。一九三五年，關刀山大地震，將此磚砌橋樑震毀只留下北端六個及南端四個殘缺的橋墩，依舊屹立在魚藤坪。由於震毀的磚橋修復困難，工程人員只好在斷橋的西側重建了一座約十二層樓高的鋼樑鐵橋。從斷橋孔遠望鋼橋上疾駛而過的列車，是攝影聚焦的所在，如今舊山線停駛，此種畫面已成絕景。

2	1
3	

[1] 日治時期關刀山大地震後魚藤坪（龍騰）鐵橋已呈扭曲變形 / 胡文青提供 [2][3] 今日所見之龍騰斷橋

一起來走走地圖 GO

三義木雕文化地圖

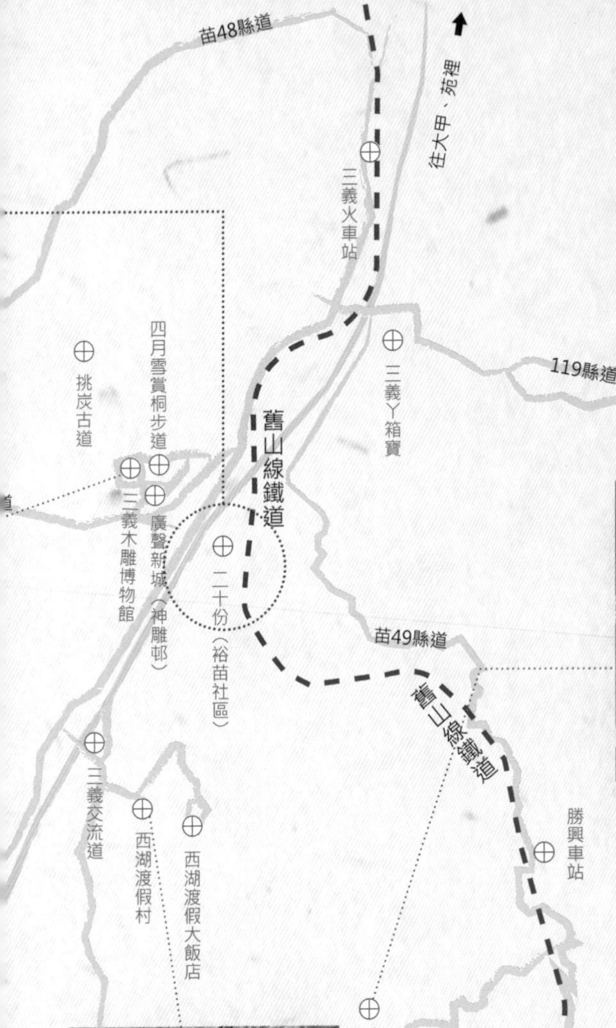

十六份桐花村就在勝興車站前，是觀光客經常造訪的商店

西湖渡假村內步道與樹林綠蔭

西湖渡假村也有侏儸紀公園

龍騰斷橋

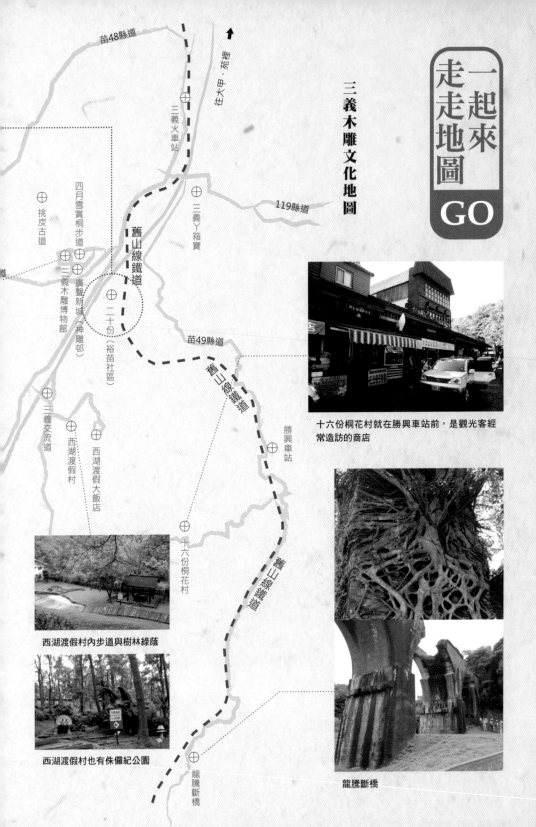

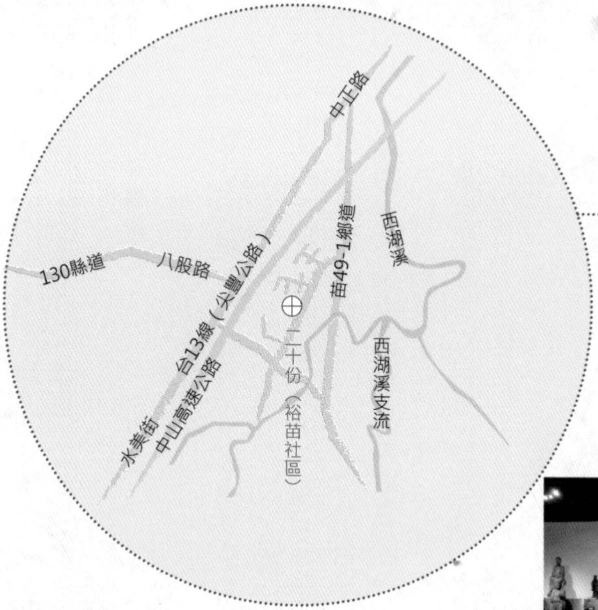

三義木雕博物館內展品

三義木雕博物館 ／陳義郎提供

三義神雕邨

「神雕邨」經社區總體營造規劃為神雕一街及二街，一街店面大多是從事木雕藝術與陶藝創作的工作者，社區內並有木雕博物館設立。藝術家陳義郎也是神雕邨一員，在一系列「文字獸」創作中領悟文字符號的深層意涵，他說：「我享受著去探尋這些字的原始意象，也好奇這些原始意象是如何被簡化成『符號』，幾根線條就傳達了先民對天地萬物的觀察以及當時的生活方式與文化禁忌。」因此作品往往結合文字遠古的原始意象，挑戰習以為常的認知，創作出張力十足的木雕藝術。來到三義，不妨順道走訪神雕邨，細細欣賞各家工藝作品。

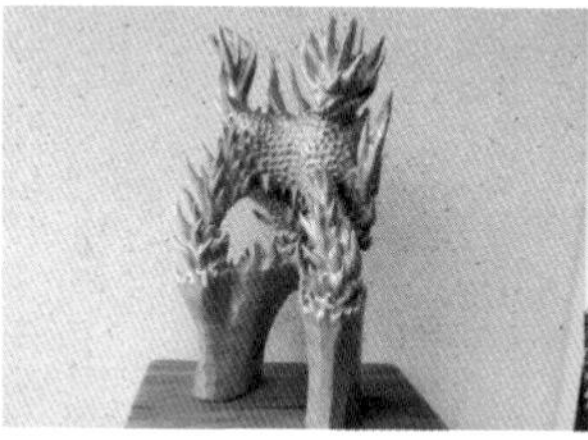

木雕邨木雕藝術家陳義郎「文字獸」系列作品／陳義郎提供

木雕邨木雕藝術家陳義郎作品「小龍」／陳義郎提供

木雕邨內有許多木雕、陶藝藝術家駐點開店／陳義郎提供

台中閃亮的綠腰帶草悟道

歷史風貌

台中市早在十九世紀末，就在都市計畫發展中保留了環繞城市中心最寬的一條綠帶（Green belt）：台中綠園道。在繁忙的市中心提供市民活動，而不需擔憂安全的休閒空間，不僅是現代化城市的重要指標，更能建構城市生物的多樣性，保持雨水涵養與氣溫調節的功能。後來台中市規劃的綠帶共有十三處，而最早開闢的就是這條全長一・七公里的經國園道（綠園道），也就是後來延伸約三・五公里的「草悟道」。

主持草悟道整建設計的環藝工程顧問公司表示：「草悟道汲取『行草』書法的千變萬化，有懸針、有滴露、有臨山、有波浪，有感悟於自然而後形之的空間美學。由書畫飛舞、筆刷運行，延伸都會綠帶概念；由行草揮灑，縱情於實、虛景致交錯的字藝與綠意之間，踏一步，

Taichung City / Calligraphy Greenway

1
2

[1] 草悟道廣場夏日風情 [2] 全長三・五公里的草悟道起點

看見一座城市的兩種藝術，往前、往後，行草悟道，全然感受兩種藝術襲來的五感樂活之美。」

科博館孫維新館長說：「草悟道串起了台中科學與藝術的兩大場館，從台灣大道至公益路之間嶄新的藝術造景，包括水霧光廊、水幕小亭、綠毯地景、音符之丘、活氧森林、水韻廣場等，吸引遊客駐足留影；沿途商家特色各異其趣，散發歐洲城市的優雅風情。草悟道本身就是景觀藝術的展現，這裡值得花時間來尋訪、體驗，屬於你自己與草悟道的美麗邂逅。」

在地之光

草悟道園道行進的路程，兩旁多樣的土地利用呈機能性分布：從科博館附近的科學氛圍，到跨越台灣大道的車水馬龍；再由全國飯店、勤美誠品、Hotel the ONE、以及商店林立的商圈區段；經過台中市區內最大的綠地草原；向南是住宅集中的高品質社區；國美館前後街廓的大型藝術雕塑森林；南端是特色餐廳、藝文空間集結的生活街道，琳琅滿目，融合各式各樣的生活、藝文機能。

國立自然科學博物館

科博館是行政院公布的國家十二項建設的文化建設計畫中，三座科學博物館最先實現的一座，一九九三年落成啟用。科博館全館占地八七二七六平方公尺，後來台中市府又將五十四號公園預定地面積四四八五六平方公尺，委由科博館規劃設計為植物園，於一九九九年開放參觀。此時，科博館共有三棟主要建築，包括最早建立的科學中心與立體劇場，主展演區的展示廳及太空劇場，以及一座由透明玻璃建構的圓形建築植物園。

目前本館內區分為：「科學中心」：以鼓勵民眾動手操作並

台中國立自然科學博物館

主動參與為目的；「生命科學廳」：以演化的概念介紹大自然的奧祕為主題；「人類文化廳」：以古代的中國人、漢人的心靈生活、台灣南島語族及大洋洲等為主題。

另在一九九三年八月開幕的「地球環境廳」，除設有太空劇場、鳥瞰劇場、立體劇場及環境劇場外，還包括微觀世界、芸芸眾生、台灣的自然生態及礦物等四個展示主題。地球環境廳堪稱世界最大型的生態造學展示，展場將北半球依緯度高低分為七個生態造景：加拿大凍原、中國東北溫林帶、東非稀樹草原、婆羅洲紅樹林、加拉巴哥海岸、美國索諾蘭沙漠和哥斯大黎加雨林。

[1] 植物園是由 6 組塔柱擲抗空間桁架的結構型態，緊扣七層環樑的玻璃屋
[2] 植物園及其門前的珠光鳳蝶意象
[3] 仰望溫室屋頂，叢叢綠葉間交錯著橫亙的鋼樑
[4] 猛馬象是科博館內巨大標本之一

國立台灣美術館

草悟道南邊的端點是國美館，為北美館的一・六倍大，也是亞洲最大的美術館，總樓板面積三・八萬平方公尺。由玻璃、鋼筋等環保建材蓋築而成的超現代建築風格，並以方正寬敞的概念展現出簡潔幾何的機能美感，除了展品外，整個館內外都充滿時尚品味。國美館館舍空間包含地下一層及地上三層，部分空間挑高近六米，採東西向延伸成列。

國美館的三樓展覽室屬於典藏品為主的常設展示空間，觀賞者可以從回顧台灣美術史的角度欣賞、研究典藏精品；二樓以各項主題展、資深藝術家或具潛力創作者的作品展為主；一樓展覽室則做為呈現當代藝術脈動的展示空間。

除此之外，還增設有兒童繪本區、兒童遊戲室、影音藝術廳、影音平台、教師資源室以及各項學習、休閒空間。美術館以視覺藝術為主導，典藏並研究台灣現代與當代的美術發展特色。一九八八年成立的資料中心是一個美術專門圖書館，主要收藏國內外美術相關的圖書、期刊、電子資料庫及多媒體資料。藉由精心設計的閱覽空間與資訊平台，提供各界人士參考利用，為台灣美術發展的研究重鎮。

鎮館之寶為前輩畫家林玉山的傑作〈蓮池〉，是一九三〇年得到第四屆「台美展」特選第一名的作品。那是二十三歲年輕的畫家，趁著星夜尚未散去，背著畫具，前往嘉義山上的蓮花池畔，他凝神等待，想了解造物者的神奇。當曙光乍現的那一剎那，花苞舒展，他彷彿聽見蓮花綻放的細微聲響，那個神奇聲音一直繚

國美館園區內的碑林

國美館外觀

繞不去，畫家告訴自己「我要畫出蓮花開放時動人的聲響」。一九九八年，一位日本買家想以新台幣二千萬元向收藏家買下〈蓮池〉，國美館知道消息後，不惜動用年度預算及募款，搶下這幅國寶〈蓮池〉，免得讓重要的文化資產流落海外。

美術館由於周邊腹地廣大，擁有寬敞的中庭廣場、綠地，又刻意闢為雕塑公園，更成為民眾假日前往休閒、漫步、健行的活動空間。園區內的碑林，蒐集五十位台灣先賢的墨寶，包括鄭成功、沈葆楨、劉銘傳、于右任、吳稚暉等，再以現代吹沙技術精工鐫刻而成。美術館把精緻文化帶入群眾生活，使景觀與藝術結合，自然而然形成一個供大眾教育、遊憩和培養精神生活的園地。

2	1

[1] 國美館內的螺旋樓梯
[2] 國美館廣場步道間展示各種雕刻作品

[1]行草之舞廣場是草悟道的開端[2]公益路上勤美誠品外 / 胡文青提供
[3]「允執厥中」是台中市的標誌

聚落亮點

行草之舞廣場

位於台灣大道路口的兩側，搭配特殊設計的LED燈和水景霧雕，水幕投影呈現科技和藝術結合的公共藝術空間，白晝與夜晚截然不同的感受，是草悟道的開端，成為台中的地標景點。

水韻廣場

水韻廣場包含水霧光廊、水幕水景、綠毯地景、音符之丘、休憩之林、水簾水景等。佇足欣賞噴泉舞動，夜晚搭配LED燈，顏色的變幻與此起彼落的韻律，節拍自成一格。

允執厥中

一九八九年，台中市建市百週年，商請國立故宮博物院中國古代美術史家楚戈先生，設計建市百年紀念碑「允執厥中」。從曲線雕刻的「中」字草書，形如神龍騰空，象徵台中之「中」，三度空間的立體銅雕，從四面八方各個角度都有不同的神韻。

閱讀之森

到了公益路之間，利用地景設計成階梯式休憩空間，鄰近誠品書店，成就最大書香藝文氛圍的戶外休閒廣場「閱讀之森」。同時建有戶外休憩涼棚，簡約的造型與環境融成一體，閒坐此地，可沉思、可賞景、可閒聊、可閱讀。

台中人文生活美學特區（CMP-Block）

位於草悟道旁的勤美誠品與全國飯店之間的一塊尚未完整開放使用的空間，於此可以強烈地感受到周遭充滿著台中市民的閒散、有機而自在的城市生活。其間的「勤美術館」（CMP-Block Museum of Arts）是無牆的有機美術館，仿造國外街區美術館的模式，以街區為單位，大環境便是天然的舞台。街區內所有的人、景與建築，都是一場靜態和動態相互交錯的流動演出。將藝術融於生活中的美學方式，讓藝術成為一種生活態度。

勤美誠品

原位於公益路上，面對著市民廣場的一棟老舊停車場及廢棄商場，蛻變而成綠建築的「勤美誠品綠園道」。「植生牆」在國外已行之多年，無論工法如何，大多以裝飾及立面的處理為主，但勤美誠品的植生牆的運用，則希望賦予空間上意義，有其可觀、可居、可遊的活動內涵。藉由植生牆綠色裝置藝術、自然採光等設計元素，造就出建築與自然相

3	1
4	2

[1] 勤美術館，全台唯一的生態美術館 [2] 穿上彩衣的樹木 [3] 勤美術館的展示空間 [4] 國美館廣場步道間展示各種雕刻作品

融，讓勤美誠品綠園道旗艦店呈現一種充滿自然的時尚人文風格。

走進室內，挑空的植生牆從地下二樓延伸至三樓，乘坐手扶梯滿眼綠意。不同於其他誠品的設計，它擁有更鮮明的形象，將建築融入自然元素，「綠」成為空間主要的設計語彙，這個傳遞人文與環保的綠建築，已成為台中醒目的新生活地標。作家徐璐說：「當你一路沿著草悟道走著，走向爬滿綠色植物的誠品，在溫煦的陽光下，你走著走著，訝異著自己過去竟然從沒有發現這個城市有這種迷人的韻致。」

市民廣場

作家楊靜宜的〈與心情最接近的浪漫綠園道〉驚喜言道：「市民廣場上，雖非花開季節，卻有成排的木棉花道迎接每位路過的行人。我喜歡一個人坐在樹蔭下，享受被滿園綠意包圍的溫馨……，陽光和綠意讓心上塵灰抖落，恣意躺在市民廣場偌大草坪上，聞著草香，這樣的偷閒往往勝過被窩裡的昏睡，更令人感到清新振奮。」

泡沫紅茶

春水堂三十年前從第一杯泡沫紅茶開始，到現在成為華人飲品的代名詞，各家群起仿效的珍珠奶茶，春水堂可說是伴隨了許多台中人學生時代的回憶。草悟道旁的春水堂，特別結合了插花、掛畫、音樂的人文風格，讓寧靜樸實的空間和園道美學相互應和。

勤美誠品挑空的植生牆從地下 2 樓延伸至 3 樓，乘坐手扶梯滿眼綠意

勤美誠品

市民廣場綠草如茵

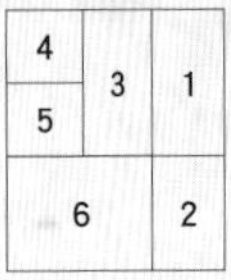

[1] 市民廣場旁的春水堂 [2]The One Hotel 前的犀牛親子雕像 [3]The One Hotel 外觀，是目前台中市的最高建築 [4] 美術園道 [5] 美術園道有非常多的異國料理餐廳 [6] 東海書苑的招牌文案隱含深意

泡沫紅茶用的是西式調酒意念。以搖器（Shaker）來撞擊紅茶與冰塊，製造出泡沫的效果，予人一種輕飄、除膩的爽朗口感。使得原有的冰紅茶更精緻、更順口，賦予紅茶一個全新風貌。

Hotel the ONE

市民廣場最醒目的莫過於KPF建築事務所所設計的四十六樓Hotel the ONE，它最大的特色，就是向上延伸、飽含著銀藍色調的外貌，以流線圓弧的造型高聳入天。在晴朗蔚藍的日子，滿牆玻璃帷幕上，流動的雲團輕飛而過，整棟大樓展現了畫布的千變萬化，現代建築藝術美學盡在此刻顯現。

美術園道商圈

美術館前一帶商圈是台中知名的餐廳區，從「京華煙雲」、原住民的「咕嚕咕嚕」音樂餐廳到中東料理的「伊斯坦堡」。作家舒國治曾這樣形容「甚至連小吃店大元意麵也開具自己風格，簡直是吃飯餐聚的美樂地。」

五權西路一帶，原先為台中地區美軍與日僑居住區域，庭院別墅林立。後來美軍撤出、日僑遷走之後，腦筋動得快的生意人刻意將其改裝成異國風味的餐飲中心，各自以不同主題空間與餐飲類別，重新妝扮此一園道，自此獨樹一格，備受年輕朋友歡迎。

這裡的建築幾乎都是雙併式別墅，屋前有小花園，門外是紅磚道，是庭院咖啡的最佳場域，原先的四～五家，現已成長至二十～三十家。且每家爭奇鬥豔，外觀都經過精心設計：普羅旺斯庭園風、愛琴海希臘風、義大利式及法式等，不勝枚舉。

一直以來，美術園道商圈獨樹一格的文化氣質，吸引著中外遊客，成為造訪台中必遊的朝聖景點，沒有太多的商業氣息，反倒是一派輕鬆愜意，短短不到一公里的林蔭園道，異國料理店林立，商家不但比店內的美食超群，更要比店外的景觀吸引人，這些創意餐廳自主性的融入社區環境，成就了美術園道的特殊性。

美術園道除了異國料理外，也陸續加入服飾、樂器、瓷器等各行業，商圈範圍也慢慢往五權路、美村路延伸。而「忠信市場」也從廢棄的舊市場搖身一變，成為聚集許多藝術家工作室和展覽的生活美學空間。附近的獨立書店「東海書苑」可找到許多冷門的藝術人文書籍；「百二歲」將喝茶、蔬食與藝術融合成人文空間。美術館附近商圈最適合鑽到巷弄漫步。華美街、中美街、美村街、存中街等都是適合漫步尋寶的街弄。

一起來想想

- 一九二〇年代當時台中州知識菁英們在林獻堂的領導下展開各式運動，台灣文化協會、台灣民眾黨、台灣農民組合、台灣地方自治聯盟總部等皆在台中相繼成立，群英匯聚，自此台中有了「文化城」之美名，思考日本時代至今台中城的時空背景與文化流轉。
- 一九七七年行政院頒布第十二項文化建設政策，每一縣市設立文化中心，包括圖書館、博物館及音樂廳，並開始在北、中、南、東部地區，興建國家級大型的博物館與美術館。一九八六年開館的國立自然科學博物館與一九八八年成立的台灣省立美術館（現國立台灣美術館）正是此一文化政策標的產物，思考全台灣各地還有哪些博物館和文化政策有關？您有去過這些館舍嗎？
- 美術館是博物館嗎？不用懷疑，其實美術館就是藝術博物館（Museum of Art）？台灣有哪三大公立美術館？它的定位特色與其他美術館有何不同？您知道還有哪些地方有城市美術館，或是正在籌備的美術館呢？
- 台中市科學與藝術的兩大場館皆在當紅的草悟道上，又如近年受注目的范特喜微創文化利用台中市美村路、中興街閒置老舊建築，以綠建築的概念進行空間改造後，引進微型創業創作者，共同營造生活創意聚落。除了范特喜以外，漫步草悟道，細數沿途周邊有哪些公共藝術、文創店家、獨立書店與人文風景？

take a break think again

一起來走走地圖 GO

台中草悟道綠園道地圖

植物園前長滿水生植物的池塘

科博館內展示著古代中國科學儀器的發明

侏羅紀進行曲，深受孩童喜愛

台中的空間再生

近年台中有一批有志之士利用閒置的老舊建築重新進行空間改造後，引進微型創業者或文創工作者，一起營造不同於以往的生活創意聚落。如范特喜微創文化綠光計劃或中區再生基地的中區再生計畫等，都想找回舊城往昔的風情與屬於城市獨有的魅力。

新手書店

國美館外觀

國美館廣場內的碑林

「允執厥中」

《書・大禹謨》載：「人心惟危，道心惟微，惟精惟一，允執厥中。」雖然台中地名與中庸之道無關，但以「允執厥中」形塑意象，仍看得出為治理經營台中所擘劃的文化理想，永遠將市民放在首要的位置。

台中市的標誌「允執厥中」

草悟道起點地標

草悟道內的公共空間裝置藝術

綠園道中穿上彩衣的樹木

勤美術館的展示空間

誠品書店

惠來遺址

最早於台中市西屯區惠來路與市政路附近的台中衣蝶百貨大樓興建工程基地發現。已出土的惠來遺址包括四個文化層，由古至今分別為牛罵頭文化層、營埔文化層、番仔園文化層以及漢人文化層，年代距今約一百年到三千六百年間。

惠來遺址小來公園／胡文青提供

勤美誠品植生牆一片綠意，連貫草悟道的綠與美

南投魚池與台灣紅茶文化

Yuchih Township, Nantou County / Taiwan's tea culture

歷史風貌

優雅的紅茶文化

一提到紅茶就會聯想到英國。茶在一六六〇年代引進英國，是葡萄牙公主凱薩琳（Catherine of Braganza）嫁給查理二世時的嫁妝之一。一六八九年，廈門的英國商人直接向中國購買茶葉運往倫敦。歐洲最初幾乎都是進口綠茶，當時沒有見過茶園和製茶場的歐洲人，以為綠茶和紅茶是從完全不同的茶樹摘下的茶葉製成，但其實都是採自同一種茶樹，只是製法不同，風味不同罷了。

紅茶是屬於發酵程度八〇～一〇〇%的完全發酵茶。摘下新鮮茶葉後，製造過程中須經過萎凋、揉捻、發酵、乾燥而成。在英國是最受歡迎的飲料，以Black Tea之名風行全世界。到了十九世紀，英國飲用紅茶的習慣擴及一般庶民百姓，僅向中國購買已無法滿足國內對紅茶的需求。此時已經控制印度、爪哇、錫蘭的英國，因而開始思索在這些殖民地種植茶葉的可能性。

但無論經過多少次的努力，中國茶樹苗仍無法在印度的土地

魚池茶改場的茶園遍植紅茶品種

生長，唯獨大吉嶺地區，中國茶樹苗活了下來，得以繼續生長。即使在今日，大吉嶺紅茶和其他印度產的紅茶相比，仍有著不同的風味。而在英國，甚至全世界，大吉嶺紅茶都得到特殊的注目，廣受消費者喜愛。

在印度阿薩姆成功栽種茶樹的英國人，繼續尋找其他可以種茶樹的地方。他們把目光對準了錫蘭島，即今日的斯里蘭卡。經由蘇格蘭人詹姆士·泰勒執著於茶樹種植與製茶方法的改良，成就錫蘭紅茶高品質、風味佳的評價。

十九世紀的紅茶史上，還有一個不可或忘的人物，那就是被稱為一代紅茶王的湯瑪士·立頓。袋裝紅茶經由湯瑪士的宣傳為袋裝紅茶帶來很大的成效，使這種袋裝紅茶販賣法，很快就被多數茶商仿效，成了固定販賣模式。

一八九〇年夏天，他在錫蘭買下十分遼闊的土地經營茶園。立頓所擁有的錫蘭茶園紅茶，全部集中於首都可倫坡，在那裡設有立頓紅茶的包裝工廠，並以此為據點向世界各國輸出，普及世界各地，世人因此認識了立頓紅茶。

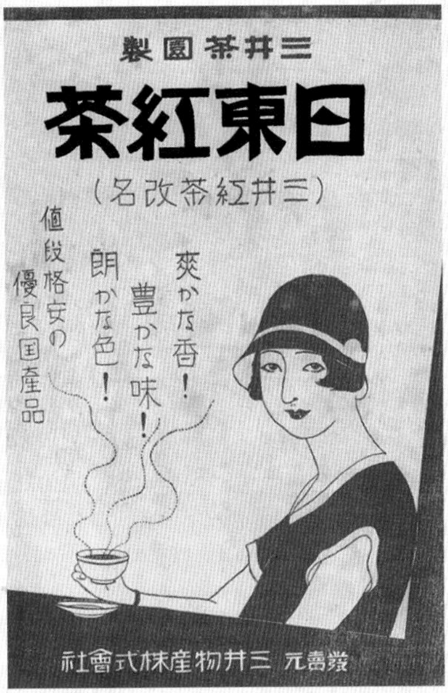

日東紅茶廣告 / 引自 1934 年 9 月號《台灣婦人界》

享譽國際的台灣茶

清末一八六五年，英國茶商杜德來台調查茶葉產銷狀況，認為台茶有很大的發展潛力，是生產茶葉外銷的最佳產地。於是自福建安溪購進大量茶籽、茶苗，勸導茶農種植；對茶農辦理「茶葉貸款」，促進茶葉增產。獲利後，在台北萬華設立精製茶廠。不久，再用「福爾摩沙茶」（台灣茶）的名稱，運到紐約出售，大受歡迎。

一九二〇年爆發金融風暴，台茶發展受到極大打擊。日本統治者面對台茶危機，決定推動紅茶生產。投下巨資，援助業者改良茶樹品種、闢設大規模茶園、創建新型機械製茶工廠，直到一九二八年後，台灣所產的「日東紅茶」，漸能在英美市場與印度、錫蘭紅茶分庭抗禮，從此台灣茶業多了紅茶這一支生力軍。

早先在台灣，是用本地小葉種製造紅茶，但滋味不夠香醇，為了改善紅茶品質，日本「三井物產株式會社」特別於一九二五年引進印度大葉種阿薩姆茶來種植，並於魚池、埔里、水里等地試種。由於大葉種所製成的紅茶，水色灩紅清澈，香氣甘醇濃郁，品質媲美原產地印度和錫蘭的紅茶，因而異軍突起，為台茶寫下光榮的一頁。

在地之光

位於南投縣中央位置的魚池鄉，不僅占地遼闊，還有一個聞名遐邇的湖泊——日月潭。延伸許多旅遊景點，遂使魚池鄉成為觀光聖地。不僅境內名勝多，又以魚池三寶：紅茶、香菇、蘭花草聞名。日月潭美景馳名中外，九族文化村更是後起之秀，還有全台中低海拔森林保持最完整的天然林：蓮華池，每年吸引不計其數的遊客。而魚池鄉的阿薩姆紅茶早在日治時期就很出名，到目前依然是最大宗的台灣紅茶產地。

貓囒山步道

日月潭北側的貓囒山，海拔高度一〇二〇公尺，是俯瞰日月潭全景與觀賞日出的好地點。從水社碼頭附近一條產業道路進入，兩旁阿薩姆茶樹老欉成為行道樹，翠綠景致讓人神清氣爽。

茶改場魚池分場

台灣總督府中央研究所之所以選擇貓囒山來設立試驗支所，並推展製茶產業有其因素，除了在魚池庄司馬鞍山發現台灣野生茶樹，並於蓮華池試驗支所建立母樹園外，日月潭地區受洋流影響少，沒有鹼雨之苦，多乾旱但不缺水，氣候濕潤但不炎熱，風速也不大，屬於中部山地溫暖氣候，是栽培茶樹的最佳位置。

半山腰是茶改場魚池分場的辦公室，室前視野遼闊，居高臨下，日月潭湖光山色盡收眼底。茶業改良場創立於一九三六年一月，原名叫「紅茶試驗所」，屬台灣總督府中央研究所農業部。同年六月由蓮華池移來阿薩姆茶樹的栽培、製造等試驗研究改良

[1] 茶改場旁茶園 [2] 貓囒山步道 [3] 在晨曦中的茶改場木造舊茶廠

與繁殖推廣工作後，改隸總督府農業試驗所，改名「魚池茶業試驗分所」。一九六八年正式定名為「茶業改良場魚池分場」，其主要業務仍以研究改良紅茶栽培與製造技術，促進台灣紅茶事業發展。

辦公室後方有一棟日治時期留下來、風味特殊的舊茶廠，上黑下白三層樓木造建築，典雅古樸，在台灣茶業發展史上，具有重要指標價值。現為日月潭茶業文化展示館，分地下一樓、地上二樓，館中亦陳列茶改場老建物模型。

位在茶改場左邊的山谷坡地，遍植阿薩姆紅茶茶樹，景色相當迷人。舊茶廠右側步道前往山頂、貓囒山稜線氣象站，路旁一排壯碩的橄欖樹，長約一百多公尺。夏天是綠色隧道，秋冬時節化身為浪漫紅葉步道，紅色枯葉落滿路面，異國風情濃厚，景色浪漫有加，常讓首次造訪的遊客驚豔不已。

阿薩姆紅茶

目前魚池鄉所種植的紅茶種類：有別名「阿薩姆紅茶」的台茶8號、台茶18號「紅玉」，以及台灣原生茶種「台灣山茶」。台茶8號是印度大葉種，茶湯顏色赭紅，帶淡淡焦糖香，滋味濃郁。

魚池鄉之所以成為阿薩姆紅茶主要產地，固然是因為位於海拔六百四十公尺，土質屬於磚紅壤，適合紅茶栽培，但最主要還是得歸功於茶改場積極推動茶樹育種、茶樹栽培、茶園土壤肥料改良、茶園水土保持、坡地茶園機械的改進等。這理念推動者正是被譽為「台灣紅茶之父」的新井耕吉郎，他看上了紅茶的國際市場，積極發展此一事業，除了研究台灣山茶樹紅茶製成技術，還引進數種阿薩姆茶樹。

遠眺茶改場旁的山谷坡地紅茶種植區

茶改場魚池分場

茶改場茶園

紅玉

台茶18號，別名「紅玉」，由行政院農委會茶葉改良場魚池分場改良完成。台18號屬大葉種茶樹品種，茶湯具有天然肉桂香外，尚有淡淡的薄荷香，此迷人香氣源自於台灣野生茶種，曾被紅茶專家譽為台灣特有「台灣香」，在眾多世界知名紅茶中，屬於極為獨特的品種，其香氣獨到，每每讓人品嚐後久久無法忘懷。

茶改場的紅茶品種茶園

台茶18號的母本是緬甸大葉種和父本為台灣野生山茶之配種，歷經五十年試驗研究選出適製的優良紅茶品種。於一九九九年六月經前台灣省農林廳審查通過，正式命名為台茶18號，且於二〇〇三年茶業改良場一〇〇週年，票選名之「紅玉」。

台灣省農林廳除了選定台茶18號為主要栽培品種外，並全力推廣紅茶的飲茶文化藝術，讓消費者品嚐「紅茶之好」與認識「紅茶之美」，並與觀光休閒產業結合，期讓「日月潭紅茶」一詞成為台灣生產馳名世界高級紅茶的代名詞。

日月潭紅茶上市後一炮而紅，廣受消費者歡迎，不僅造成日月潭遊客爭相搶購，價格也節節攀升，帶動了台灣紅茶新生命，魚池鄉早已休耕的茶園又重啟新氣象，此一深具台灣特色的優質紅茶，就像日月潭的山明水秀，讓人著迷，令人陶醉。

森林紅茶

九二一地震後，卻是另一回產業重生的開始。茶改場、鄉公所、農會，以及有心茶農結合歷史文化，朝無毒和有機栽作邁進。經過五~六年的努力，產銷班第六班所復耕的茶園已欣欣向榮，產品亦經農委會茶改場評鑑分級，並以自創品牌「森林紅茶」，深獲消費者喜愛。森林紅茶一直以「有機」與「高品質」為生產原則。目前已獲得「MOA有機認證標章」，在農會舉辦的紅茶比賽中也都獨占鰲頭。

日月老茶廠

台灣的日月紅茶曾經與錫蘭紅茶、印度大吉嶺紅茶齊名。從日治時期開始，日月潭一帶就是台灣最大的紅茶產地，但因包種茶、烏龍茶當道，紅茶產業萎縮，日月潭變成台灣紅茶產業最後堡壘。其中農林公司所生產的日月紅茶、農林紅茶在市場上占有一定的比例，但隨著紅茶業沒落，魚池茶廠則凋零閒置。

一九五九年興建的魚池農林公司茶廠，二〇〇四年中，農林公司請來設計師，斥資將茶廠二樓萎凋廠房徹底改造，隔出一半空間三百坪，做為茶館與餐廳。為了保留老茶廠原始風格，餐廳的檜木樑柱、窗櫺磨砂玻璃予以保存；萎凋槽用來做包廂隔間，屋頂鏤空加裝透明隔板，使日光自然傾瀉而下。農林公司並將魚池茶廠改名為「日月老茶廠」，目的在突顯魚池茶廠的歷史氛圍，除了廠房內發酵、揉茶、乾燥等設備，廠外尚有面積寬闊的有機茶園，遊客來此除悠閒品茗，還能了解紅茶製作流程。

1	
2	3

[1] 日月老茶廠廠區 [2] 日月老茶廠園區 [3] 日月老茶廠創新品牌，重新擦亮老茶廠的招牌

聚落亮點

三育基督學院

踏入三育基督學院草坪，極目四望，前方一排是高聳林木構成的綠色隧道，正前方校舍建築隱約錯落於樹林裡，左方有條道路直通教學大樓。不論哪一方向，綠意從四面八方包圍，恣意地闖入眼底，直達心肺，舒坦無比。

綠色隧道一百五十公尺長，蓊鬱蒼翠。被枝葉篩落的午後陽光十分柔和，微風拂面而過，帶給人們幸福的感覺。出了隧道，綠意仍一路相隨。綠，不只在草地，綠在枝頭，也綠在遠山。另有一條綠色隧道更長，但樹木更換成榕樹。一棵接一棵，粗壯樹幹分出的枝椏相互交頭接耳，濃密的綠葉把柏油路換成它的蔭影。

基督教復臨安息日會的「三育基督學院」，校園面積廣達五十甲，原是日人經營的「中野農場」，戰後由農林公司接管，放租給農民種植茶葉及果樹。後來由來自新店的復臨安息日教會購得成為校地。

三育基督學院創立於一九五一年，當時稱為「台灣神道書院」，是基督教復臨安息日會在全球各地五千多所教育機構之一。一九八一年改稱「三育基督學院」，主要以弘揚基督教義、服務社會及克盡救世濟人為宗旨。學院也與台安醫合作成立健康教育中心與教育探索中心，提供住宿、健身、餐飲、運動等休閒活動。

目前學院設有大學部及中學部，學生不多，建築物少且分散各處，加上綠地綿延，仍保有開闊無垠的視野；花木扶疏，彷如一座大公園。曾有電視廣告在校園內拍片，令人驚豔，口耳相傳，遊客慕名而來，絡繹不絕，儼然成為魚池鄉觀光的新景點。

1	3
2	

[1] 三育基督教學院的教堂 [2] 三育基督教學院園區內 [3] 三育基督教學院園區步道

一起來想想

問 雲門舞集林懷民老師在台北申辦二〇一六世界設計之都國際競標影片中有言：「今天我們喝 Cappuccino，喝 Espresso，可是我們仍然最愛茶。」為何「茶」成為我們的文化標的之一？甚至可以當成國際文化特色訴求。

問 茶、咖啡、可可被稱為世界三大無酒精飲料，思考不同文化背景在飲品選擇方面是否有各具特色的偏好？全球化又對年輕世代產生了哪些影響？

問 Formosa Tea/ Formosa Black Tea 在日本時代曾經國際化，外銷歐洲與美洲等地，今日台灣十大名茶一般指凍頂烏龍茶、文山包種茶、東方美人茶、松柏長青茶、木柵鐵觀音、三峽龍井茶、阿里山珠露茶、台灣高山茶、龍潭龍泉茶、日月潭紅茶等十種知名度較高的茶。您都有品味過嗎？台灣茶藝與國際間各種品茶方式（比如日本茶道）有何不同？

問 茶葉蛋、泡沫紅茶、各種茶點心、麵包、蛋糕、連鎖茶飲店品牌多樣，甜度冰度客製化。而珍珠奶茶，也早已成為台灣意象之一。想想生活中有哪些不同形式的茶？有無影響您的生活？

take a break 問 think again

台灣紅茶之父——新井耕吉郎

一九二六（日大正十五）年到台灣任職的新井耕吉郎，先服務於平鎮茶葉試驗支所，一九三六年魚池紅茶試驗支所成立，舉家遷往魚池，投入錫蘭紅茶的種植與研究，並協助成立紅茶工廠。戰後新井留任茶場，卻因瘧疾病逝台灣，被譽為「台灣紅茶之父」。

日人新井耕吉郎紀念碑

魚池紅茶文化地圖

水社碼頭停泊的遊艇

水社碼頭旁的環湖自行車道

水社碼頭

日月老茶廠聞名的茶葉產品

三育基督教學院

台灣農林公司魚池茶場

日月老茶廠紅茶工廠，已成為買茶遊客的觀光景點

日月老茶廠廠區

茶改場茶園景觀

貓囒山步道旁的舊日式房屋

日月潭水力發電與集集線鐵路

Sun Moon Lake / Chichi railway

歷史風貌

台灣水力發電工程

日月潭水力發電是台灣重大經濟建設之一，包括大觀發電廠（大觀一廠）、鉅工發電廠、明湖抽蓄發電廠（大觀二廠）、明潭抽蓄發電廠、水里發電廠等，都是利用日月潭為發電水源，所提供電源對台灣經濟奇蹟締造，居功厥偉。

濁水溪是台灣最長的河流，源自中央山脈，涓滴成河，流經一七八・六公里，灌溉台灣西部大地。日月潭原本只是一個由盆地蓄水而成的內陸湖泊，不在濁水溪主流流域範圍，但在日本人規劃施工下，將濁水溪水流引注到日月潭，並建兩座水壩，即水社水壩與頭社水壩，用以堵住缺口，形成貯水庫。日月潭由原來潭面面積約四・五五平方公里增為七・七三平方公里。

日月潭第一發電所（門牌潭發電所，即後來的大觀一廠），是這一系列發電設施的第一個成立電廠。後來又因台灣全島電力不敷使用，一九三五（日昭和十）年增加了日月潭第二發電所的建築工事。這是再利用第一發電所的放水，經過四千四百多公尺長引水隧道，以有效落差一百多公尺的水力發電，可得到四三五○○千瓩電力，其發電尾水再經由銃櫃溪回注水里溪。

日治時期日月潭老照片／胡文青提供

戰後日月潭發電廠

二次大戰，日月潭第二發電所遭美軍戰機猛烈轟炸，機組設備受創嚴重。戰後，台電員工在物質材料奇缺的狀況下，克服萬難，日夜趕修，發電機組才得以恢復運轉，併入系統供電，推動台灣戰後重建及經濟發展。一九六三年正式改名為「鉅工發電廠」（今稱明潭鉅工分廠），一九六〇年代肩負南北電力系統聯結中樞，將橫跨中央山脈東西聯絡線的東部電力系統，匯集於鉅工開閉所，肩負系統電力的地方調度，重要性不言可喻，在台灣頗具盛名。

電力系統產生的電力無法儲存，唯獨利用抽蓄方式將電力轉換成水位方能加以儲存。抽蓄原理即利用系統在離峰時間（深夜）之剩餘電能，自下池將存水抽儲於上池，至尖峰時段（白天及傍晚），再由上池放水發電，流入有三百八十公尺落差的下池貯存，如此循環利用，因而將低價值電力轉變成高價值電力。此與其他尖峰電廠發電的方式不同，抽蓄發電除可提高大容量火力及核能發電廠組織效率外，更對於電力系統供電之可靠性、穩定性及運用彈性有所助益。

抽蓄發電又稱「揚水式發電」，發電廠必須具備一般水力電廠設備，以及抽蓄功能和儲存能量設施。除可增加尖峰電力，提高供電品質、穩定電源，又可降低發電成本，增進效益。一九七九年，台電明湖抽蓄發電廠（今稱大觀二廠）於一九八一年四月開工，一九八五年九月完工。

2	1
3	

[1] 日治時期日月潭第一水力發電廠／胡文青提供 [2] 發電廠的綠色大鋼管 [3] 台灣水資源館集集攔河堰管理中心

明湖水庫

位於南投縣水里鄉，攔蓄濁水溪支流水里溪水源，它也是國內第一座抽蓄電廠（大觀二廠）的下池（上池是日月潭）。明湖水庫是混凝土重力壩。水壩內碧水粼粼，景致宜人。若登臨壩頂遠眺，可見下游左岸大觀一廠的五條綠色大鋼管，由上直沖而下，剛強有力，線條優美。台電公司在水庫岸旁廣植花木，碧草如茵，加之群山環繞，獨攬山水之勝。

明潭水庫

位於水里鄉水里溪及頭社溪會合口下游，也同樣是混凝土重力壩，明潭發電廠的下池（上池也是日月潭）。明潭水庫竣工後，為有效利用水庫之尾水，於水壩下游再興建電廠一座，一九九二年四月完工啟用，此即水里發電廠，一九九九年改稱「明潭水里機組」。

[1] 大觀發電廠五條綠色大鋼管明顯可見 [2] 大觀發電廠

在地之光

集集線起於西部縱貫鐵路上的二水站，沿著濁水溪畔向東深入風光明媚、好山好水的南投縣境。途經源泉、濁水、龍泉、集集、水里而至終點站車埕，全長二九點七公里。沿途視野所及盡是綠色的田野風光及林蔭道路，火車就像精靈般在原野穿梭，引領遊客進入這一大片山水之間。

一九二一（日大正十）年，台灣電力株式會社為了興建日月潭發電所，特別興建了專用鐵道為運送建造電廠所需的建材，這段鐵路就是集集線鐵路前身。一九二二年開始客貨運輸營運，一九二七（日昭和二）年，台灣總督府鐵道部收購這條鐵路，稱

日治時期日月潭第一發電廠 / 胡文青提供

為「埔里線」成為官營鐵道之一，戰後為國府接收，改由台鐵經營。

集集線鐵路是目前台鐵僅存的三條客運支線鐵路之一。一九八〇年代末期，本因虧損連連，險遭拆除，後經地方人士爭取，得以敗部復活。集集線在一九九一年，一躍成為台灣鐵路觀光化先驅指標。日式木造結構的集集車站、綿延數公里的樟樹隧道，一時間成為拍攝廣告影片的熱門據點，本是默默無聞的集集線，頓時聲名大噪，遊客不絕。

一九九九年九二一大地震，位在震央附近的集集線毀損嚴重，集集火車站傾圮了。在距車站十一～十二公里處地表隆起，鐵軌及路基嚴重扭曲變形，成為最特殊震災遺跡景觀，深具教育、紀念意義及觀光價值，因此被指定為「國家地震紀念地」。

二〇〇一年春節期間，集集線再度通車，成為全國矚目的焦點。如今集集車站每逢假日，人山人海、熱鬧異常。從二〇〇七年開始，台鐵集集線舉辦「南投火車好多節」，是國內一年一度的火車盛會。二〇一二年的火車好多節發動國寶級蒸汽火車CK124及DT688，讓遊客免費預約搭乘，一次可以搭到兩種不同類型的蒸汽火車，讓鐵道迷們趨之若鶩。活動期間的每週六、日的下午有一班往返濁水至車埕間。充滿歷史感的蒸汽火車行經集集線沿途的各個歷史悠久的小火車站，更顯得懷舊況味十足。

曾經奔馳在集集線的蒸汽機關車

車程站老照片 / 胡文青提供

聚落亮點

二水站

一九四一（日昭和十六）年，日本學者鹿野忠雄在〈山、雲與蕃人〉文中，對二水火車站的描述：「窗外稻田水盈盈，映照著夕陽金黃色的餘暉，黃昏時分，火車緩緩駛入二水站。我選一家很誇張地叫做中央大飯店的小旅館過夜。二水是台灣縱貫線的一個小站。從這裡有二條支線伸向南投和水裡坑的外車埕。這裡只有一條小街，蟬鳴吵雜，木瓜結實纍纍……。」

二水火車站創建於一九〇五（日明治三十八）年十月，最初以「二八水驛」為站名，開始營運，一九二〇（日大正九）年站名改稱「二水驛」。原係木造站房，一九二二年重新擴建，一九三五年拆除木造站房，另以鋼筋水泥興建。站體採用一種較具現代風格的折衷式建築，在簡約方形建物上賦予圓弧形四柱迴廊，點綴性圓窗，讓車站流露出線條美。前面還種有三棵椰子樹，增添亞熱帶風情。

綠色隧道

奔馳而過的火車，穿梭在集集線濁水至集集這段「綠色隧道」，是南投經典畫面之一。綠色隧道長約四・五公里，位在濁水站附近16號省道上。平緩的鐵道與優美的公路大致比鄰平行，公路兩旁種植六十多年老樟樹，枝葉茂盛、綠蔭遮天，形成天然的綠色隧道。

坐在火車上的乘客可以坐享滿窗綠意的視覺饗宴；而在公路的人們騎著單車，一面追著火車，一面跟火車乘客擺手打招呼；或是在樹蔭下觀景台乘涼，一面看著火車通行，這也是這條綠色隧道另一個吸引人的地方。根據在地耆老表示，當年為了慶祝日本開國紀念，政府規定家家戶戶都要種植三棵樟樹，且必須詳加照顧，不可枯死。事隔多年，竟成了這條綠色隧道，成了一場獨裁政策下一個美麗意外。

1 2 3

[1] 二水火車站 [2] 二水站旁的蒸汽機關車 CT278 [3] 樟樹的綠色隧道

集集站

建於一九三〇（日昭和五）年的集集車站，係純檜木搭建的日式車站，造型古樸典雅，極富鄉村氣息，因此吸引許多廣告影片以此為拍攝場景。九〇年代一部以集集車站為場景的廣告引起大家注意，影片中的老車站，以典型和洋混合式木構建築，在劇情烘托下，讓處在水泥叢林的人們一下子跌回時光隧道，至此小站聲名大噪。它也是二〇〇一年台灣歷史建築百景，票選高列第三名。

不幸的是，這座集集鎮精神指標，在九二一大地震中受創嚴重，整棟建築樑柱傾斜斷裂，為了保存這座富有歷史意義的老車站，台鐵決定原地重建，並盡量恢復原貌，於二〇〇二年二月完工。重建後的日式紅檜木造車站，依舊是遊客攝影焦點，為集集鎮的觀光事業注入生機。

位在車站旁的集集鐵路文物博物館，是旅客認識集集的第一步，木造展示空間、鐵軌造型走道，相當具有地方特色。館內展示著小鎮模型、集集支線歷史、九二一震後景況，以及紀念品販賣店。

[1]集集站前火車意象[2]造型古樸典雅的木造集集站

集集線火車從水里開來，緩緩駛出山洞，豁然開朗，讓車埕車站柳暗花明，猶如世外桃源

水里站

四面環山的水里，舊名為「水裡坑」，境內有濁水溪主流，及其支流水里溪、陳有蘭溪等三條溪匯流；又有海拔超過二千公尺的高山盤踞於後；蜿蜒河道與起伏山巒，造就了風光明媚的水里。早年丹大林場伐木時，位於丹大林道起點的水里，也是附近香蕉、鳳梨等農產品集散地，因而萬商雲集，酒店、旅舍林立，可謂夜夜笙歌，熱鬧非凡，故有「小台北」之稱。它不僅是集名勝、小鎮風光的旅遊勝地，也是轉往東埔、日月潭等地之交通中繼站。

從水里鎮上仰望高山，有兩條巨大鐵管並列，趴在那裡已八十年了，早已成為水里最特殊的地標。大鐵管下就是發電廠，發電能源來自日月潭水力。

在車埕的水里農會各種特產賣場

水里蛇窯

崁頂村距離火車站約兩公里，有座創立於一九三一（日昭和六）年的「水里蛇窯」，其陶窯依山勢由低而高建立，外觀如蛇之長窯，因而得名。初期名為「協興製瓷工廠」，以燒製的大水缸因品質優良，享譽全台。

近年來，水里蛇窯名聲特別響亮，陶業主人林國隆特將此地規劃為蛇窯陶藝文化園區。他將陶藝與生活結合，最後轉變為今日文化創意產業。園區內不但全以樸拙陶製品裝飾布置，環境古意，遊客可循遊園路線沿途觀賞練土、成形、上釉到燒製的整個製陶過程。此外，也可親自動手DIY，享受捏陶、拉坏之樂，且設有茶藝館、文物館，是一處兼具休閒、教育、文化之旅遊景點。

車埕站

集集線終點車埕，原稱為「牛車寮」，是牛車運送蔗糖聚集處。四周山林環繞，中有水里溪穿越，是一風景綺麗、純樸小村落。清末因伐樟熬腦產業興起，逐漸形成聚落。一九一二年，為了運送埔里糖廠所產的蔗糖，開設輕便車鐵道，並兼營客運，致使許多輕便車聚集此地，故名「車埕」。

一九三七年電廠完工後，工程人員撤離，使得車埕這繁華一時的小山城，頓時黯然失色，趨於沒落。直到一九六〇年振昌木業公司在此營運，車埕再度復興，一躍成為南投木材集散地。振昌木業創辦人孫海在此建立

1
2

[1] 由檜木重建的車埕火車站
[2] 新建的車埕火車站月台

木業王國，於一九六〇～一九七〇年代盛極一時。明治神宮鳥居、靖國神社、奈良東大寺也都採用孫家木頭。

然而隨著環保意識抬頭，森林政策轉向禁止伐木，工廠只能走向歇業關閉一途，徒剩貯木水池與天車，車埕漸趨沒落。往日榮景雖然不再，但碧水悠悠，相映一旁的天車，美麗景緻依舊。日式木造辦公廳舍及斑駁的手押輕便台車軌道殘跡，依舊遺留在這座寧靜小村落中，有一種繁華落盡的蕭瑟氛圍。

劉克襄在〈走出山谷的木材小鎮〉中寫著：「車埕的車站，由於九二一大地震的絕對破壞……，現在的車站重新搭蓋一座現代化的木屋，彷佛是旅遊遊憩中心，遙遙呼應著集集檜木車站的繁榮。」為了維持車埕特有產業聚落風貌，蒸氣火車時代的加煤平台、加水塔、深水井、機關車庫等仍完整地保留。車站完成後，社區居民將新落成的車站，布置成小型露天「車站博物館」。

位在車站附近的車埕酒莊也是重要景點。它以水里鄉盛產的梅子製酒，且皆以鐵路為主題命名，如鐵道公主、列車長、鐵軌等。製酒的發酵區、蒸餾區、包裝區皆設在一樓，遊客可透過玻璃，在專人解說下，了解梅酒生產過程。

作家吳晟在〈車埕小站〉中誦吟著小詩：

懸吊木材的天車

每一個揮別的手勢
都在轉述山城的沒落滄桑
傳遞純樸的溫情與寧靜
在我的心中低迴……

車埕火車站車軌上陳列著展示的火車以及供民眾玩樂的輕便車

車埕酒莊外觀

一起來想想

為何日月潭又稱為水沙連？過去平埔族稱居住於山裡的原住民為「沙連」，而內山以日月潭一區為最大積水盆地，故日月潭舊稱又為水沙連。您知道是哪一原住民族居住於此嗎？

日月潭是台灣第二大湖泊（僅次於曾文水庫）及第一大（半）天然湖泊兼發電水庫。景色優美，「雙潭秋月」為台灣八景之一。二○○○年交通部觀光局設立「日月潭國家風景區」，日月潭有哪些節慶活動？您有參加過「日月潭萬人泳渡活動」、「日月潭花火音樂嘉年華」或「九族櫻花祭」嗎？

思考環境生態保護面相，許多宗教團體買了很多種外來魚，來日月潭進行放生活動，殊不知外來物種容易傷害原生物種的生態，如放生的玻璃魚其主食是奇力魚（kiluat）的卵，對奇力魚繁殖出現很大危害。這類事件在台灣各地層出不窮，如何增加生態保育觀念？

日月潭環潭自行車道榮列二○一二年全球十大最美單車道，包括有：「湖濱鐵馬行」（三十公里日月潭環湖公路）、月潭自行車道、頭社自行車道、水社向山自行車道等。更有甚者，鐵道旅行（如集集線）加上單車旅行更蔚為風潮。日月潭加上集集觀光，成為南投小旅行的亮點行程，思考為何近年單車風潮與鐵道觀光在國內外盛行？

take a break think again

一起來走走地圖 GO

日月潭環潭發電廠與集集線地圖

九二一大地震

九二一大地震（集集大地震），是時間發生在一九九九年九月二十一日凌晨一時四十七分十五．九秒，地區在台灣中部山區的大地震，餘震持續一〇二秒，有二四一五人死亡，二十九人失蹤，一萬一千餘人受傷，超過五萬間房屋全倒，五萬三千餘間房屋半倒。可說是戰後台灣全島最重大的傷亡與損失。當時集集火車站木造站房因地震而嚴重傾斜，最後於二〇〇一年依原貌重建完工並通車。

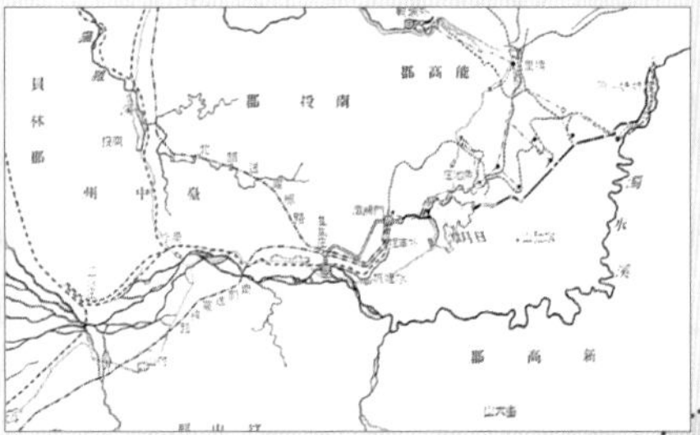

1930年代日月潭水力電氣工事計畫圖 / 胡文青提供

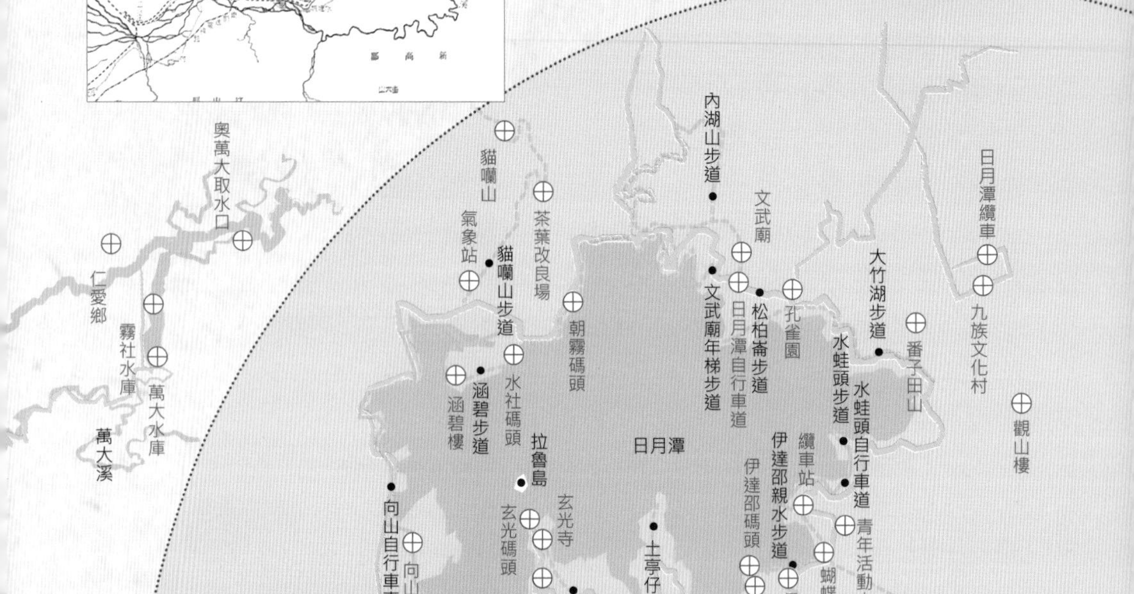

水沙連

「日月潭」之名首見於清道光年間台灣府北路理番同知鄧傳安《蠡測彙抄》一書中〈水沙連紀程〉所描寫：「……過水裡社，望見日月潭中之珠仔山；藍鹿洲東徵集所紀之水沙連即此…」，書中另一篇〈遊水裡社記〉則提到日月潭壯闊的景色：「……其水不知何來，瀦而為潭，長幾十里，闊三之一。水分丹、碧二色，故名日月潭。珠山矻立潭中，高一里許……」。文中知其潭中有「珠仔山」（今拉魯島），傳說是邵族祖靈的居駐地，早期在島上曾有聚落。

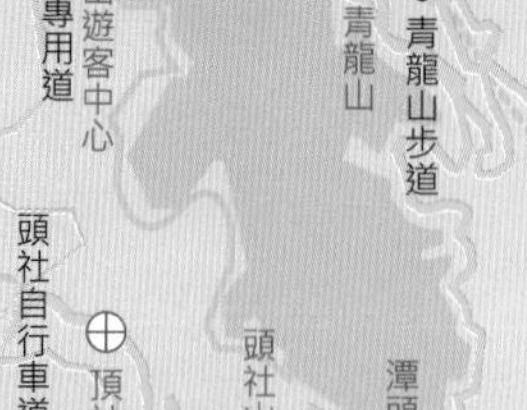

日月潭邵族杵音 / 胡文青提供

懸吊木材的天車

新建的車埕火車站月台

位於濁水站附近 16 號省道，
樟樹構成的綠色隧道

停駐在二水站旁的
蒸汽機關車 CT278

日月潭水力發電被評選
為「十大土木史蹟」

鹿港小鎮與傳統民俗工藝

Lukang Township, Changhua County / Traditional Folk Craft

歷史風貌

鹿港位於彰化平原西邊，原是平埔巴布薩族馬芝遴社的活動領域。往昔梅花鹿成群，社民與漢人移民從事鹿皮等貨物交易，這也是「鹿仔港」名稱由來。一七〇九～一七一九（清康熙四十八～五十八）年間，彰化平原已成為閩粵移民新天地，移民大多由鹿港上岸，終於造就鹿港登上台灣開發史的舞台。周璽《彰化縣志》：「鹿仔港，煙火萬家，舟車輻輳，為北路一大市鎮。西望重洋，風帆爭飛，萬幅在目，波瀾壯闊，接天無際，真巨觀也。」

一七八四（清乾隆四十九）年，開鹿港為台灣與大陸泉州外港蚶江通商，是第二個官方設立正口。由此鹿港與泉州往來頻繁，使鹿港一度設有八個行郊。康乾年間，無論政治、軍事、經濟、文化、藝術，都有蓬勃發展，使得鹿港一躍成為僅次於府城的重要港鎮。然而道光年間，濁水溪幾次氾濫，海岸變幻莫測，造成商船停泊困難。咸豐年間，鹿港失去航利，商機日益衰頹，萎靡不振，昔日榮景難以挽回。日治時期及戰後的鹿港，人才大量外流於台灣南北。

1930 年代鹿港市街 / 胡文青提供

1930 年代鹿港街略圖 / 胡文青提供

[1] 鹿港龍山寺是必訪的景點之一 [2] 鹿港老街 [3] 在鹿港街上有非常多的神像、神桌、佛具製作店家 [4] 位於鹿港老街木雕大師李松林的松林居

在地之光

循著彰鹿公路進入鹿港市區，路旁神轎、祭神器具的商家林立，充分感受出鹿港是台灣傳統民俗工藝重鎮。一九八五年，由教育部舉辦的「民族藝術薪傳獎」，全國三十六位薪傳獎得主中，鹿港就有六名；二〇一一年文化部提報七項八位「重要傳統藝術暨文化資產保存技術保存者」（俗稱人間國寶）中，就有三位來自鹿港。

木雕

來到鹿港埔頭街松林藝術雕刻中心「松下齋」的客廳，不妨觀摩一下松林師的傑作〈人生四暢〉，很難不被他們的造型、神韻所吸引！伸腰、掏耳、撚鼻、搔背，細膩的情愫表露無遺，極為逗趣討喜。

李松林（一九〇七～一九九八）獲得首屆「民族藝術薪傳獎傳統工藝類：木雕」類。他於一九三三（日昭和八）年參與鹿港天后宮三川殿的雕花工程，展現出個人在雕刻方面的才華。松林師的作品呈現在員林福臨宮、鹿港龍山寺、三峽祖師廟等。

另一位獲得同樣的「民族藝術薪傳獎傳統工藝類：木雕」獎的是，一九九二年第八屆的施鎮洋。一九六四年，他隨父施坤玉受聘於大甲鎮瀾宮重修神龕，並展露其雕刻才華，後來陸續完成大甲鎮瀾宮、里港雙慈宮、彰化太極恩主寺等木雕。

神像

得到「民族藝術薪傳獎傳統工藝類：神像雕刻」獎的鹿港人有二位：分別是一九八七年第三屆的吳清波及一九九四年第十屆的施至輝。吳清波是鹿港小西天神像雕刻的第五代傳人，屬泉州派技法。開設施自和佛具店的施至輝十六歲隨其父學藝，深得其父雕刻之精髓，並加以發揚光大。

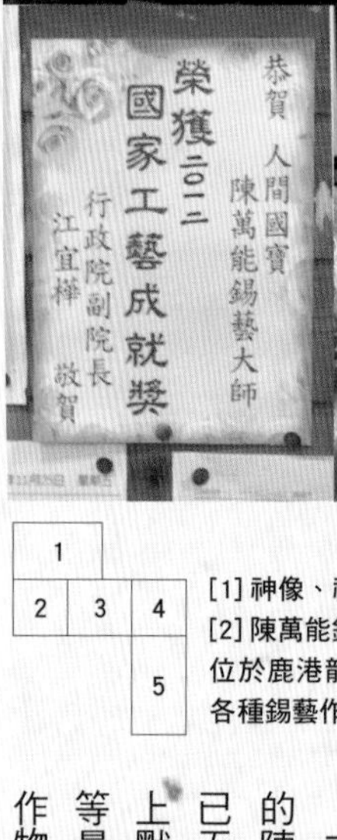

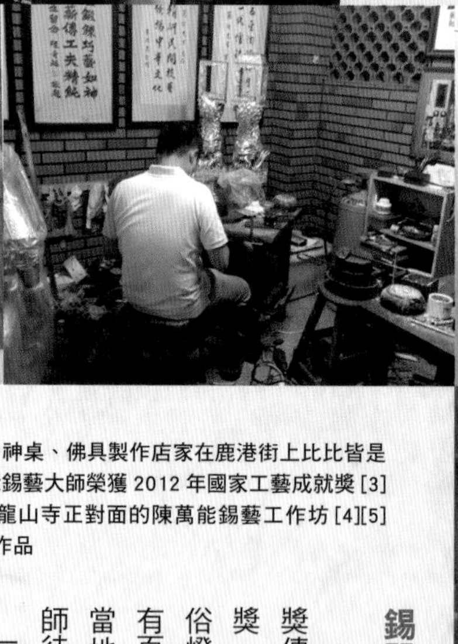

[1] 神像、神桌、佛具製作店家在鹿港街上比比皆是 [2] 陳萬能錫藝大師榮獲 2012 年國家工藝成就獎 [3] 位於鹿港龍山寺正對面的陳萬能錫藝工作坊 [4][5] 各種錫藝作品

錫器

一九八八年第四屆「民族藝術薪傳獎傳統工藝類」，也有兩位鹿港人得獎，分別是錫器類的陳萬能，以及民俗燈籠的吳敦厚。錫器工藝在台灣已有百年歷史，鹿港更是全台知名重鎮，當地的車路口甚至出現「錫坊街」，師徒相傳，盛況可想而知。

二〇一一年被指定為「人間國寶」的陳萬能，十四歲時隨父習藝，迄今已五十多載，始終在傳統錫藝製作路上默默耕耘。他讓錫器與一般藝術品等量齊觀，成為收藏品，另外就是創作物件的巨大化，為其創舉。

燈籠

來到中正路上的「吳敦厚燈鋪」，看那色彩繽紛、畫龍繪鳳、造型多元的傳統燈籠，總是情不自禁地進入瀏覽一番。二〇〇九年登錄為彰化縣無形文化資產、「傳統藝術工藝美術類」獎的殊榮。此外，台灣發行的愛國獎券、郵票、明信片也常採用他的作品。

[1] 薪傳獎傳統工藝類得主吳敦厚的燈籠作品
[2] 垂掛於店門口的燈籠作品

聚落亮點

鹿港文武廟

鹿港文武廟包括文祠、武廟、文開書院，三棟建築並立，占地寬闊。前埕碧草如茵，綠樹掩映。文開書院是一八二四（清道光四）年興建，名為「文開書院」旨在紀念明末儒者沈光文。沈光文字「文開」，因颱風漂流至台灣而從事教育工作，被譽為「開台文化之父」。清朝道光至光緒百年間，鹿港文開書院曾經孕育出八位進士、十六名舉人和百餘位秀才，開啟鹿港文風的輝煌時期。故有「青雲有路，文開為梯」的盛譽。

日治時期，北白川宮能久親王曾率軍駐紮書院。一九四三

鹿港文武廟入口

（日昭和十八）年，日人將文開書院改為「北白川宮能久親王紀念館」。一九九九年九二一大地震再度受損，於二〇〇二再度重修，迄今現貌。書院建築坐西朝東，格局方正，形式典雅，被指定為古蹟。

鹿港文祠即「文昌祠」，主祀文昌帝君。與文開書院為鄰，文昌祠內的「拔社」是鹿港早期的義學與詩社。武廟主祀關聖帝君，文祠與武廟之間有一口古井，稱為「虎井」，水質甘美，夙有「蓬萊第一泉」之美稱。

[1] 文祠正門 [2] 文開書院、文祠、武廟三棟並立，一字排開，宏偉壯觀 [3] 文開書院側邊走道，紅磚夾道，書聲不絕於耳 [4] 文開書院正門

鹿港龍山寺

國定古蹟的鹿港龍山寺，創建於明末清初。根據王蘭佩〈重修龍山寺記〉碑文所載：「其廊腰漫迴，其檐牙高啄，其禪室深幽，其山門宏整，其前後空潭印月，時寫禪心，悠然有上方之勝焉……」，形容龍山寺的壯觀宏偉。

一八五九（清咸豐九）年，從寧波打造一口銅鐘，高二公尺、口徑達一・二公尺，是龍山寺鎮寺之寶。據說當時鐘聲可傳數里之遙，號稱全台最大，因此〈龍山寺鐘〉自古就是「鹿港八景」之一。

[1] 鹿港龍山寺正殿 [2] 鹿港龍山寺內的正圓形拱門 [3] 古色古香的鹿港龍山寺拜殿後觀

寺門月落曉風輕，春夢驚回天未明；
隱約數殘百八下，悠揚猶雜誦經聲。

一九〇四（日明治三十七）年被改為日本本願寺分寺。戰後，龍山寺左右兩廊充作軍隊及教職員房舍，雜陋不堪。一九七四年，由漢寶德教授主持兩廂廊重修；一九八三年經指定為古蹟；一九八六年進行全面修復工作；一九九九年九二一大地震，嚴重受損，由鹿港人寶成國際集團總裁蔡其瑞昆仲全額捐資修復龍山寺經費，為鹿港龍山寺近百年來最大的修復工程。

鹿港龍山寺以建築藝術的光芒，在台灣古蹟群中一直擁有極高的知名度，甚至有「台灣紫禁城」的美譽，地位隆崇獨尊。這座保存了清朝道光年間閩南泉州風格的古建築，其宏偉壯闊且完備的建置，為台灣五座龍山寺中絕無僅有。因此被國際旅遊美食權威米其林公司，評為三星級必遊景點。

鹿港古蹟保存區

鹿港古蹟保存區是台灣第一個以古市街保存的範例。其範圍包括埔頭街、瑤林街、後車巷、大有街、泉州街、金盛巷及中山路等數百棟精緻民宅。經一九八六年內政部整體規劃，恢復傳統建築的歷史性風貌。

九曲巷

鹿港古街道形成彎曲的小巷，係早期聚落發展時，居民沿著河道興建屋舍而自然而成的曲巷。鹿港古街道從泉州街、埔頭街、瑤林街、大有街（暗街仔、低厝仔）、金盛巷、杉林街等均屬於九曲巷的範圍。曲巷具有防風、防沙功能，冬日走在蜿蜒的九曲巷中，溫暖如春。〈曲巷冬晴〉也是鹿港八景之一。〈鹿港竹枝詞〉亦吟：

鹿江曲巷聞茗酒，冬日偷閒試一臨；
十月風沙吹不入，九天霜雪凍難侵。

意樓

中山路一一九號的後方九曲巷中的「意樓」，原是廈郊中最大的商行。於光緒年間出售施姓人家，一九一八（日大正七）年，由鹿港街長的陳懷澄將房舍購回，奉養其母親吳氏，並依其母意，將房舍取名為「天遺室」。有著淒美傳說的意樓，夏天茂盛的楊桃樹蔭，幾乎遮住了圓形花窗，光影下反而另有美感。

[1] 具有防風、防沙功能的九曲巷，俗云「十月風沙吹不入，九天霜雪凍難侵」[2] 引人遐思的意樓 [3] 改建後的意樓正門 [4] 意樓旁的巷弄

十宜樓

鹿港慶昌號全盛時期，自意樓至十宜樓，皆為昔日陳家產業。十宜樓也位在九曲巷之金盛巷內，又稱為「跑馬樓」，係慶昌陳家宅第。十宜樓意指「宜琴、宜棋、宜詩、宜酒、宜畫、宜花、宜月、宜博、宜菸、宜茶」，鹿港竹枝詞有云：「九曲巷中風不到，十宜樓上士閒吟」，說明十宜樓為昔日詩人墨客聚會之所，十宜樓的〈宜樓揳月〉添為鹿港八景之一。

[1] 騷人墨客吟詩作對的十宜樓 [2] 樓板下的十宜樓顯得古樸寒嗆

半邊井

由瑤林街進入，首先映入眼簾的是王家宅第圍牆邊上的「半邊井」。半邊井並非半邊，其實是一口完整的井，早年並非每戶人家都有能力開鑿水井，王家鑿井於圍牆邊，一半可供鄰居使用於圍牆外，而不干擾居家生活，另一半在自家院子內使用，發揮敦親睦鄰的效果。〈半井思源〉被認為是鹿港十二勝之一。

王家宅第的半邊井

鹿港天后宮

一七八六（清乾隆五十一）年，林爽文事件發生，隔年八月乾隆皇帝特命大學士、陝康總督福康安將軍統領水師於鹿港登陸。福康安念所率水師能安抵台灣是媽祖保佑之故，於是奏請乾隆皇帝，由朝廷賜金於台灣府城及鹿港兩地敕建天后宮，以茲感念媽祖聖靈。一七八八年，官建的媽祖廟落成，是為「新祖宮」。位於九曲巷內的興安宮卻是鹿港最早的媽祖廟。

鹿港天后宮（鹿港人稱舊祖宮）原為三進一院建築，曾遭美軍轟炸，三川殿炸毀。一九五九年重建後殿（凌霄殿）；一九七二年於正殿前方興建拜殿。一九八五年經指定為古蹟；一九九二年成立「媽祖文物館」，展示媽祖文物及鹿港天后宮相關文物。一九九七年香客大樓落成，帶動鹿港觀光人潮。也被評為米其林二星級旅遊景點。

鹿港天后宮前殿藻井

鹿港天后宮前殿

[1] 日茂行成列的旗桿座，可見當年的宏偉壯觀 [2] 鹿港泉郊第一大商行「日茂行」

日茂行

日茂行是鹿港泉郊中最大的商行，自清乾隆到道光年間為鹿港首富。一七六五（清乾隆三十）年，林振嵩由泉州永寧渡海來台經商，定居於鹿港，經營船頭行，創立日茂行，後由其三子林文濬接手經營。隨著鹿港河道淤塞，影響船運，日茂行商務逐漸沒落，終歸於平淡。

從日茂行三進二院的建築格局仍可一窺當年宏偉壯觀的面貌。雖然目前僅存門廳與正廳，但前埕地面鋪設的泉州石板，廣場尚留磚石數顆，係昔日的旗桿座及酬神演戲的戲台石，由此可見一斑。二〇〇〇年日茂行被列為縣定古蹟，於二〇〇五年完成古蹟修復工作。

不見天街

清代鹿港文人洪棄生對「不見天街」有深刻描述：「樓閣萬象，街衢對峙，有亭翼然，亙二、三里，直如弦，平如砥，暑行不汗身，雨行不濡履，一水通津……。」生動地描述不見天街的情境及特色。

鹿港的「不見天街」，清代稱為「五福大街」，分別為南段的長興街、泰興街；中段的合興街和北段的福興街及順興街，形成鹿港市街的主軸。由於街域的街道上方建有屋頂，往來行人可避免日曬雨淋，因而稱為「不見天街」，俗稱「無天厝」。綿延長達一公里，是鹿港開埠以來最具特色的建築。

[1] 鹿港老街以遮陽棚遮蔽陽光，也像早期的不見天街

[2] 日治時期鹿港不見天 / 胡文青提供

後車巷

清代鹿港大街有另一特色，即是人車分道的設施。外地貨物送到鹿港固定的集散地後，改以人力車送至「後車巷」後，再由挑夫將貨物挑送至大街。所以後車巷的地板鋪設堅硬的花崗石材，以利人力車通行，而行人徒步的不見天街，則鋪設紅磚，形成人車分道的空間規劃。詩人莊太岳在〈鹿江竹枝詞〉亦吟：

幾處柴門半掩開，遊人陣陣此徘徊；
煙花三月後車路，新貨搬從草厝來。

後車巷人車分道，頗有「煙花三月後車路，新貨搬從草厝來」之意境

隘門

鹿港早年約有五十餘座隘門。隘門的設置為鹿港設下重重的防禦設施，目前僅有後車巷隘門留存，位在後車巷內，建於一八三〇（清道光十）年，門楣上書「門迎後車」，亦為縣定古蹟，添為鹿港八景之一。

清時各籍移民的械鬥時常發生，因此，每個街段都自設隘門防衛，隘門的設置既利於防衛外來敵人的侵擾，同時也能排除或減少內部間的磨擦。當爭端發生時，關起隘門，自行解決而避免侵入對方的隘門圈子，這也是鹿港舊諺所謂的「怙惡不過隘門」。

碩果僅存的後車巷隘門，門額題字「門迎後車」

後車巷

玉珍齋

玉珍齋是一棟現代主義風格的建築，建築本體規模宏偉，保存完整，已成為鹿港糕餅茶點的代名詞。第五代經營者黃一彬說：「百年歷史的鹿港糕餅，最大特色就是九成以上原料都是米磨成的細粉，加上蔗糖，是傳統米食的體現，呈現了傳統文人的優雅飲茶文化。」像顏色如雪、俏如媚眼的鳳眼糕，入口即化，製作過程繁瑣，過去是大富人家才吃得起的點心。

百年歷史的玉珍齋，以鳳眼糕馳名全台

丁家大宅

鹿港丁家古厝是目前台灣僅存清朝三間店面內套四合院的建築案例。創建在道光、咸豐年間，隨後於光緒年間、日治時期，各進行一次局部改建，形成三個不同歷史階段的精美建築。從中山路進來依序為店面、深井、照廳、中井、大廳、ㄇ型合院所組成，前後均著道路，文化價值頗高。

丁家大宅內部空間結構

丁家大宅庭院

鹿港民俗文物館

鹿港民俗文物館共分二棟建築。一是具有二百年歷史的傳統閩南式建築「古風樓」；另一是文藝復興風格紅磚洋樓建築，它是辜顯榮於一九一五（日大正四）年在鹿港家鄉興建的官邸。承日本統治當局派遣總督府名設計師設計規劃，洋樓的外觀有文藝復興時期的柱式，馬薩爾屋頂造型及位在兩旁的塔樓，是鹿港日治時期最精緻的豪華建築，地方人士均稱此豪宅為「大和洋樓」。

一九七三年，辜顯榮之子辜振甫成立財團法人私立鹿港民俗文物館，這是台灣第一座私人成立的民俗文物館。收藏有六千餘件文物，以前清中葉至民國初年的民俗器物為主。文物館占地一千四百多坪，具有九個展覽廳，分別展示相關文獻、古照片、服裝佩飾、戲曲樂器、宗教禮俗、餐飲器皿及書畫書法等文物。

一起來想想

- 「假如你先生來自鹿港小鎮，請問你是否看見我的爹娘？我家就住在媽祖廟的後面，賣著香火的那家小雜貨店。」一九八二年《鹿港小鎮》發表，然而寫歌時羅大佑根本沒去過鹿港，卻刻劃鄉鎮青年到繁華城市歷經的現代化虛無的遊子心情。回溯一九八〇年代鹿港的小鎮，流行歌曲如何為時代下了註腳？
- 鹿港是台灣傳統民俗工藝重鎮，有多位「人間國寶」的「重要傳統藝術暨文化資產保存技術保存者」？您知道有哪些位鹿港藝師獲得這樣的榮譽嗎？
- 鹿港文風鼎盛，文開書院與鹿港古蹟保存區皆有可觀。而鹿港龍山寺、天后宮更是台灣文化資產超級明星。行腳鹿港就是走在露天古蹟博物館裡，算一算您造訪了多少個國定古蹟、縣定古蹟或歷史建築？
- 鹿港糕餅最著名的品牌首推玉珍齋，其茶點的精緻度，正顯現鹿港的文化古風傳統，然而不僅只有玉珍齋，台灣很多傳統老舖皆面臨品牌創新的問題與挑戰，想想還有哪些案例？

take a break think again

2	1	
5	4	3

[1] 鹿港民俗文物館正面，為混和式三層紅磚洋樓，鹿港民眾習稱「大和洋樓」[2] 民俗文物館的展示空間 [3] 鹿港民俗文物館 [4] 民俗文物館側面的耀星樓 [5] 民俗文物館側面塔樓

一起來走走地圖 GO

鹿港小鎮文化地圖

鹿港天后宮正殿

鹿港城隍廟

彰化八景

清代年間，文人雅士曾將「鹿港夕照」和「鹿港飛帆」評選為彰化新舊八景之一。除《彰化縣志》對「鹿港飛帆」曾有生動描寫，雍正年間彰化知縣秦士望即有詩〈鹿港夕照〉歌詠：

海濱世界洗洪荒，瓦縫參差映夕陽。
羈刻遠投冠蓋里，落霞低襯水雲鄉。
漁舟鼓浪醒詩眼，牧笛眠風破酒腸。
返照山城煙樹晚，畫圖指認色蒼茫。

擴來熙往的鹿港老街

鹿港民俗文物館俗稱「大和洋樓」

由二樓陽台俯視前庭景觀，視野極佳

鹿港龍山寺的牌坊

文開書院正殿

武廟正殿

文祠正殿

新祖宮的文武官員下馬碑

鹿港泉郊第一大商行，日茂行

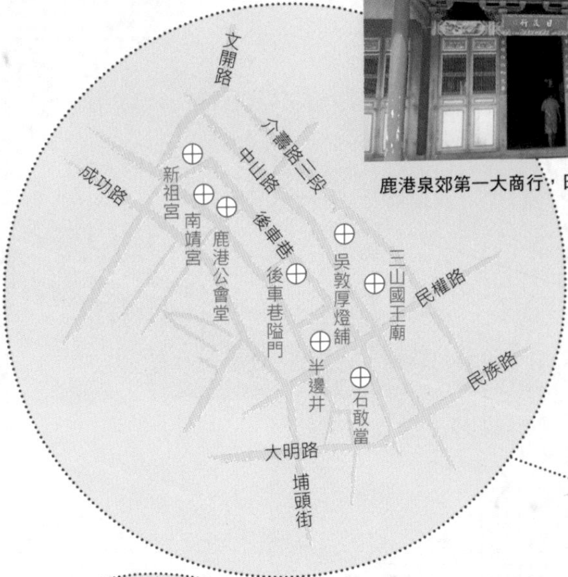

後車巷人車分道，「煙花三月後車路，新貨搬從草厝來」

具有防風、防沙功能的九曲巷

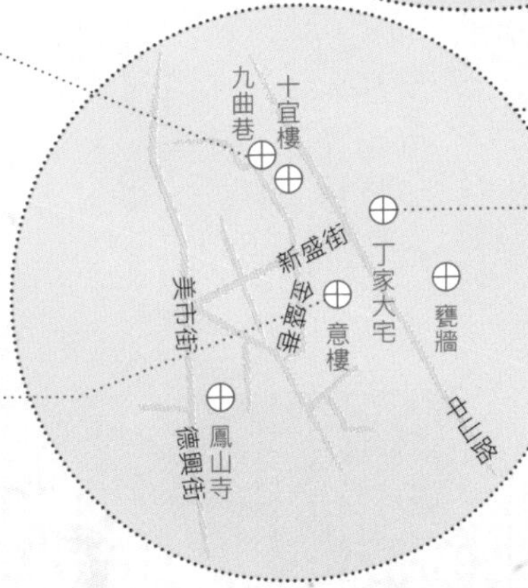

丁家大宅

意樓，庭院深深深幾許

鹿港八景十二勝

鹿港八景十二勝之八景為曲巷冬晴（九曲巷）、隘門後車（隘門）、宜樓搊月（十宜樓）、甕牖斜陽（甕牆）、興化懷古（興安宮）、新宮讀碑（新祖宮）、鐘樓擷俗（鹿港民俗文物館）、北頭晚霞（北頭漁村）；十二勝包括意樓春深（慶昌古厝）、金廳迎喜（菜園黃宅）、樓井雕欄（鹿港舊式樓房內）、鎗櫃風雲（十宜樓）、石碑敢當（石敢當）、半井思源（半邊井）、日茂觀石（日茂行）、古渡尋碑（敬義園）、浯江煙雨（金門館）、　威靈謁刀（威靈廟）、榕樹對弈（新祖宮）、勝亭惜字（龍山寺）。八景十二勝皆有鹿港鹿歷史文化的深度上彩，是鹿港旅遊的好選擇。

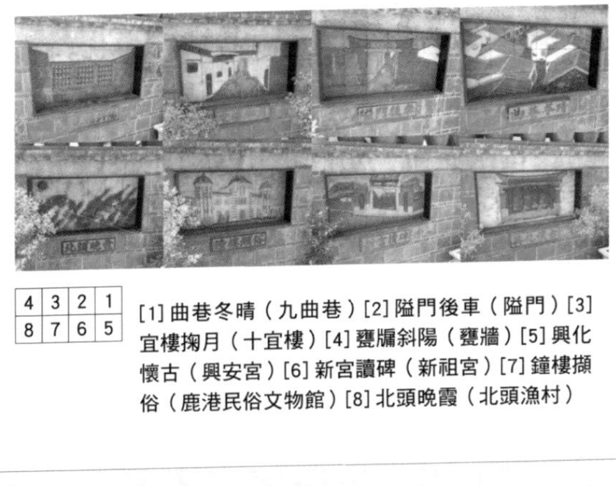

4	3	2	1
8	7	6	5

[1] 曲巷冬晴（九曲巷）[2] 隘門後車（隘門）[3] 宜樓搊月（十宜樓）[4] 甕牖斜陽（甕牆）[5] 興化懷古（興安宮）[6] 新宮讀碑（新祖宮）[7] 鐘樓擷俗（鹿港民俗文物館）[8] 北頭晚霞（北頭漁村）

Yacht industry
Asia New Bay Area

Salt Culture
Chiku Lagoon

Forestry Culture
Alishan
Forest Railway

南台灣

The Fly's Harbor
Cultural Area
Hi-An Boulevard
Tainan City

Paiwan's Beads Culture/ Sandimen Township, Pingtung County
Taiwan Sugar Culture & Ciaotou Sugar Refinery
Hamasen, Takao / The Pier-2 Art Center

林業文化與阿里山森林鐵路

歷史風貌

台灣山林之島，從平原到高山都覆蓋著豐富的林相。一九一一（日明治四十四）年五月，阿里山開始伐木，一九一二年二月，阿里山森林鐵路從嘉義至二萬坪之間六十七公里的本線完工營運，將木材運下山到嘉義製材所加工。二萬坪是伐木第一線，隨著伐木更往內山推進，鐵道本線與支線也隨之延長，一九一四年，本線延長到沼平（阿里山舊站），全線完工。

隨著阿里山林場的開發，隨後八仙山、太平山林場也相繼開採，與阿里山林場並列為日本殖民統治時代三大林場。二次世界大戰末期，日本戰力已進入強弩之末，遂將伐木事業移讓給「台灣拓殖株式會社」經營。戰時物質匱乏，加上政府無心林政，森林產業混亂不堪，最後更為了挽救日益衰敗的經濟，不惜竭澤而漁，每年砍伐超過一百萬立方公尺的原木，於是進入濫伐黑暗期，對台灣的森林生態，造成相當大的衝擊與破壞。

戰後，公民營林場經由國府接收，一九四九年國民政

Forestry Culture / Alishan Forest Railway

[1] 日治時期阿里山森林中的神木 / 胡文青提供
[2] 阿里山鐵道嘉義站 [3] 整修後的林務局俱樂部

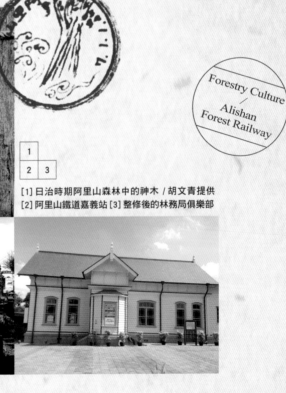

府退守台灣，小島在短期內湧入大量人口，使得原本的民生供應完全失衡。大筆的人事開銷造成極大的民生負擔，往常的農業經濟早已不夠支付，政府轉而對原始豐富的自然資源下手，由此，台灣的森林又擔負起經濟支持的角色，再度慘遭濫砍濫伐毒手。

到了一九七〇年代中期，國際趨勢讓台灣資源保護政策方向已非常明確，幾個大型林場逐漸轉型為森林遊樂區，將經營重心從農牧業轉到觀光遊憩事業上。一九八四年，台灣的第一個國家公園，墾丁國家公園正式成立，將台灣森林遊憩事業更往前推進。國家公園不僅是戶外休閒場所，同時也是自然風景、野生動植物與人文史蹟的保護區，以及推動生態環境保護概念的自然教室。

在地之光

阿里山森林鐵路

阿里山向來是台灣最富盛名的觀光景點之一，更是聞名中外的風景勝地。阿里山的神木、日出、雲海、晚霞與森林鐵路，並稱為阿里山的「五奇」，五奇中又以森林鐵路最出名，沿途隨著氣候差異衍生的多變林相，小火車慢速行駛林間，時而環繞山頭，時而迂迴前進，車頭看似在前，轉眼間又轉接在後，可謂國寶級的文化資產。

日治時期阿里山森林資源 / 胡文青提供

阿里山鐵道蒸汽火車 / 吳漢恩提供

阿里山鐵路為了適應森林與登山兩種特殊環境，因此具備了四項罕見的特色：傘形齒輪直立式汽缸Shay蒸汽火車、獨立山螺旋登山路段、之字形登山鐵路以及U-turn（將近一百八十度的大轉彎）。從平地到高山，終至行駛於雲海之上，是亞洲最高的窄軌登山鐵道（海拔二二七四公尺）。

從竹崎站以上的登山路線，橋樑與隧道之多不可想像。不少山洞是以鑿岩的方式挖掘而建；橋樑則利用現地出產的木材逐段接層。往往火車才一跨過山澗的彎橋，馬上又鑽進山洞裡去，鬼斧神工，令人稱奇。

戰後，阿里山鐵路交由林務局經營管理，阿里山森林鐵路也朝向觀光轉型。尤其阿里山的Shay蒸汽火車，更引人入勝，許多外國遊客都指名搭乘這種特殊的蒸汽火車登山。

阿里山林業藝術園區：火車修理廠

一九一〇（日明治四十三）年嘉義至竹崎的鐵道通車，火車修理廠在同年也開始營運，負責各式火車頭、台車、車廂、集材機、製材機等的養護、拆解、組裝，是阿里山鐵路營運的重要命脈。具有百年歷史的修理工廠，目前屬第二代建物，在伐木時期，曾仿製美國進口蒸氣集材機，成功的製造生產，提供太平山、八仙山林場使用，風光一時。戰後，修車廠的老師傅們於一九九九年成功修復古董級的26號蒸汽火車Shay復活行駛，冒煙鳴笛重駛於山林之間，轟動全球的鐵道迷，寫下歷史新頁。

1
2
3

[1] 日治時期阿里山鐵道 / 胡文青提供 [2] 嘉義車站內的阿里山森林鐵路嘉義站起點 [3] 停駐在修理工廠前的小火車

木雕作品展示館

興建於一九一三（日大正二）年的動力室，是台灣最早的火力發電廠。隨著阿里山林場停止伐木，遺留下來的動力室也閒置不用。二〇〇二年動力室與竹材工藝品加工廠、媒料儲存庫及乾燥庫房共同登錄為嘉義市「原嘉義製材所」歷史建築。為使歷史建築活化再利用，至二〇〇九年七月將動力室裝修再利用為木雕作品展示館，於二〇一〇年十二月十九日開館。讓原為製材動力來源的動力室，成了原木及文化留存的藝術基地。

動力室改裝而成的林產工藝品展示館

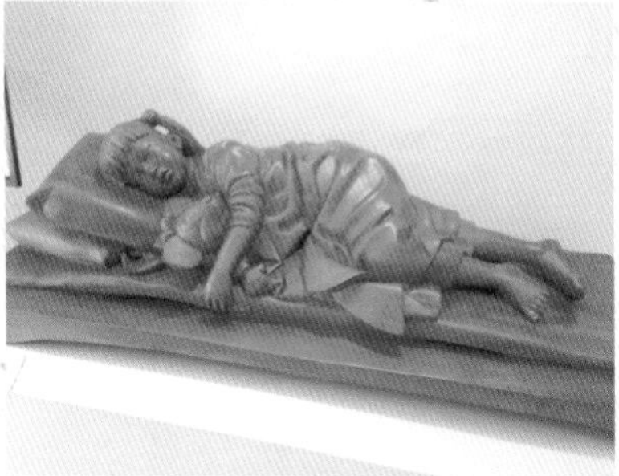

林產工藝品展示館所展示的木雕藝術品

杉池

儲木池俗稱為「杉仔池」，池岸裝有美國製可移動式塔型鐵索捲立機，當時甚為罕見且聞名，各地遊客莫不來此拍照留念。杉池四周種樹，垂柳映池，綠蔭處處，池中檜木飄香，偷閒垂釣，相映成趣，素有「嘉義八景」之一〈檜沼垂綸〉的美名。隨著木材產業蕭條，貯木池功能喪失，光芒盡褪。水域經填土闢地，為目前嘉義市文化局之所在，並保留一小口「杉池」以資回憶紀念。

[1] 日治時期嘉義儲木池 / 胡文青提供
[2] 現今的儲木池樣貌

北門車站

北門驛自一九一〇年起即擔負客貨運輸功能。一九九八年五月半毀於大火，半年後再整修恢復原貌。目前為嘉義市市定古蹟，門前還豎立一個標誌牌，上面寫著：「海拔三十一公尺」。北門驛為日式木造車站，全部使用阿里山特有的紅檜建材。北門驛目前能做為車站使用，驛前廣場與周邊設置有「呼喚的地標」、「時空走廊」、「生態藝術牆」等公共藝術造景，藉以凝聚鐵道文化的「集體記憶」。

玉山旅社

位於北門驛廣場前的一排日式二樓木造建築，靠近車站的第一間即為「玉山旅社」，建於一九四九年。建物仍保留當時原始外貌，充滿古意。玉山旅社是當時搭乘阿里山森林火車，等待班車的暫時落腳處，也是山區民眾進出嘉義城的臨時住處。一九五〇～一九六〇年代，生意盛極一時，隨著木材產業的沒落，旅社生意大不如前，一度淪為做黑仔的「貓仔間」風月場所，建物老舊敗破，一九九〇年代熄燈歇業。

二〇〇九年一月，洪雅文化協會承租玉山旅社，整修六十年老房子，保留其原始樣貌，讓老旅社再現生命力，重新開張。目前由志工經營，提供單車族、背包客住宿。住在玉山旅社，「遠遠看著火車吹煙號響，停頓的過往，又在眼前。」它也販賣「公平咖啡」，舉辦藝文、音樂展演活動，再造北門驛新文化。

4 3 | 1 | 2

[1] 北門車站前的海拔標誌
[2] 北門車站
[3] 玉山旅社 / 胡文青提供
[4] 玉山旅社咖啡

檜意森活村

檜意森活村占地面積三．一五公頃，範圍涵蓋共和路、北門街及北門驛南側青葉寮一帶，為日治時期營林事業的官方宿舍區域。附近大量的木構建築群，也都用阿里山檜木為建材，整個區域仿如檜木村，當時稱為「檜町」戰後改名「檜村里」。

檜意森活村主要打造「木材藝術街區」和「農業精品區」。前者意圖將日本時代的歷史建築，內化為有趣的木作產業與木業體驗場，並提供旅客休憩、觀賞、展演、住宿空間；後者以阿里山烏龍茶「一心二葉」為設計概念的建築物，已在林森東路、忠孝路口完工成立，並定位為農業精品中心，展售雲嘉南地區精緻農業的特色產品。

1
2
3

[1][2] 檜意森活村
[3] 檜意森活村森林書店

阿里山鐵道一站一站

獨立山螺旋線

螺旋線（Spiral route）是登山鐵路的五種工法之一，也是阿里山鐵路現今繞圈數最多的路段。若從標高海拔八百四十公尺的獨立山頂往下俯瞰，可以看到上山火車以順時針方向，螺旋兩圈升高，再以8字形方向離開獨立山。就這樣火車已由熱帶林駛入暖帶林，而海拔也上升了三百多公尺。

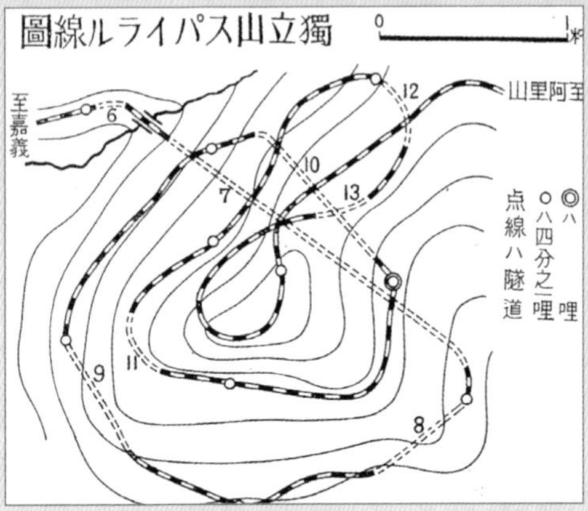

獨立山螺旋線鐵道圖 / 胡文青提供

獨立山站 / 吳漢恩提供

日治時期獨立山鐵道風景 / 胡文青提供

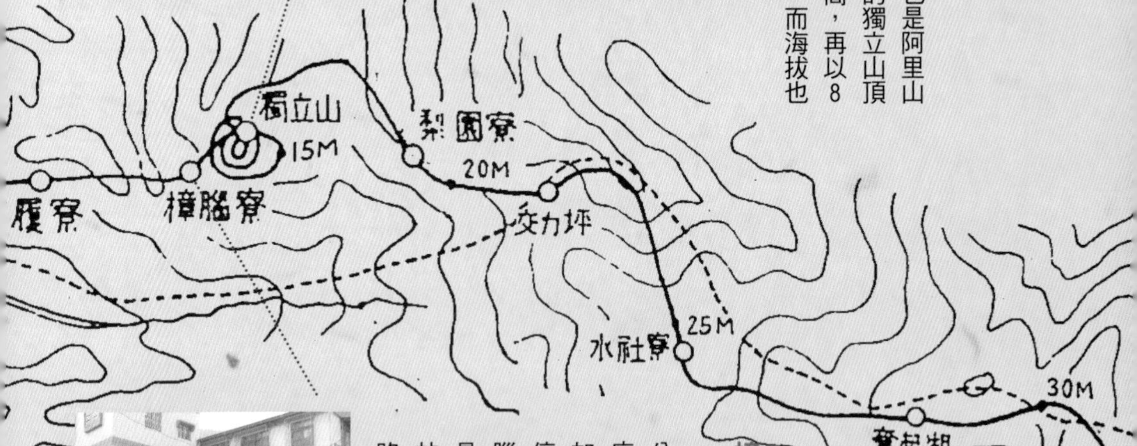

樟腦寮站

樟腦寮站海拔五四三公尺，站旁有民居和商店，早期有供蒸汽機車加水用的水鶴，不過已停用。本站曾以出產樟腦樹與樟腦油聞名，也是現存完整的折返式車站，獨立山的登山步道路口也在此站。

[1] 樟腦寮站 / 胡文青提供 [2] 樟腦寮站牌 / 胡文青提供

[1] 竹崎站 / 胡文青提供 [2] 竹崎站候車室 / 胡文青提供
[3] 北門站候車室內的售票口 [4] 阿里山鐵道起點嘉義站

竹崎站

竹崎舊名「竹頭崎」，是阿里山鐵路的登山起點。竹崎車站原建於一九一〇年，一九五二年曾整修改建為今日模樣，雖然已年齡過百，感覺仍單純簡約，吸引不少有情人拍照留念。

北門站

北門車站海拔三一公尺，為一木造車站，已是嘉義市區阿里山線旅客上下車及知名的觀光景點，站外停業已久的玉山旅社，近年也重新整修成為一文藝青年的打卡景點。

嘉義站

嘉義站是阿里山鐵道的起始站，與台鐵共用一號月台，早期亦為兩條糖業鐵路嘉義線、朴子線的嘉義站，但已廢線。阿里山森林鐵路包括主阿里山線（神木線、沼平線）以及支線眠月線及祝山線，阿里山車站與眠月線皆毀於九二一地震，二〇〇七年阿里山新站重新啟用，為一檜木車站，而眠月線仍未修護完成。

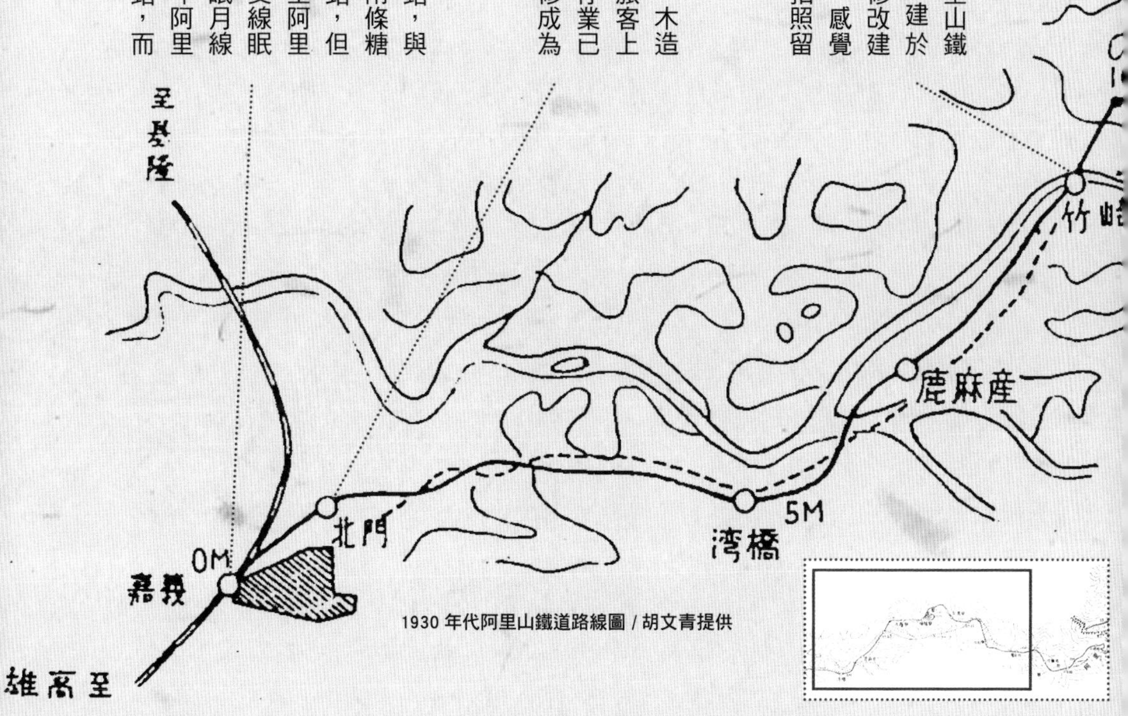

1930 年代阿里山鐵道路線圖 / 胡文青提供

往神木站列車 / 胡文青提供

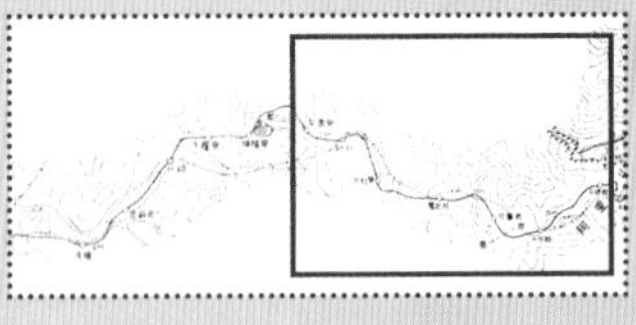

神木站

阿里山神木是阿里山最重要的地標。一九〇六年十月，為嘉義廳技師小笠原富二郎巡視阿里山時發現。當時推測樹齡近三千年，樹高五十三公尺，周圍二十三公尺，約要二十多名孩童才能環抱，因此敬之為「神木」。

一九三〇年代日治末期，在神木旁設站和房舍，由於神木位於鐵道旁，隨著搭乘火車民眾日益增多，途經該地望而敬畏，隨之盛名遠播。神木車站被團團巨木林所包圍，車站採木造設計，造型簡單。通往阿里山的小火車在此停靠，並折返，名為第三分道。

一九五六年六月七日下午，在一場黃昏大雷雨中，神木不幸遭雷擊，起火燃燒，雖經林務局極力搶救，回天乏術，樹木內部被大火燒成中空、焦黑，高度也僅剩三十五公尺。一九九七年七月一日的一場豪雨，兩株合抱的神木不幸龜裂半倒，為了避免意外，終於在一九九八年六月二十九日將其放倒。神木在一片婉惜聲中走進歷史，而成為阿里山永恆的記憶。

之字形登山線

之字形登山線就是俗稱的「阿里山碰壁」。阿里山鐵路過屏遮那之後，為克服地形無法迴旋的問題，採用之字形的登山鐵路方式，彷彿一個「Z」字形或「之」字形，英文名稱為「switch back」。這種設計在其他國家的登山鐵道，經常可以看到。阿里山鐵路的之字形折返點共有四處：包括第一分道、第二分道、神木站及阿里山站。這種奇特的登山方式，讓旅客時而前進，時而後退，也是阿里山森林鐵路的賣點之一。

之字形登山線第一分道 / 吳漢恩提供

奮起湖站

奮起湖鐵路便當

奮起湖站

奮起湖站海拔一四〇三公尺，舊名「畚箕湖」。小小的火車站，月台間矗立一隻題著醒目「奮起湖之旅」的大畚箕；簷下的原木招牌，標示著距離阿里山還有二五・六公里。奮起湖除了是阿里山鐵路登山路段的中點外，尚有公路一六九線通過，北可通太和、豐山、來吉等地，南可經石桌接阿里山公路，交通十分方便。

往昔，奮起湖以便當和四方竹聞名。火車到來，讓原本幽靜的山城沸騰起來，上下車的遊客、便當的叫賣聲讓奮起湖站熱鬧滾滾，直到火車離去，奮起湖喧囂的嘉年華，嘎然而止，像一縷蒸汽飄向空中。一九七〇年代最興盛時，一天上下各五班。耆老回憶當年盛況一天可賣二千~三千個便當。

這裡的便當好吃，不見得菜色多麼特別珍奇，是剛好身體夠累、肚子夠餓，聞到熱騰騰的飯菜香，入口的自然全是極品美味。奮起湖因地處阿里山鐵路中段，當年火車行至此，需要進行加水、添煤作業，停留時間拉長，車上的旅客也需要休息或吃飯，因此造就當地店舖林立，販售便當的店家尤多，「奮起湖便當」遂漸打響名號。短短的一條老街，長約五百公尺，就有多家便當品牌各自招攬，各家的菜色雖有不同，但都主打懷舊風格，講究傳統風味。

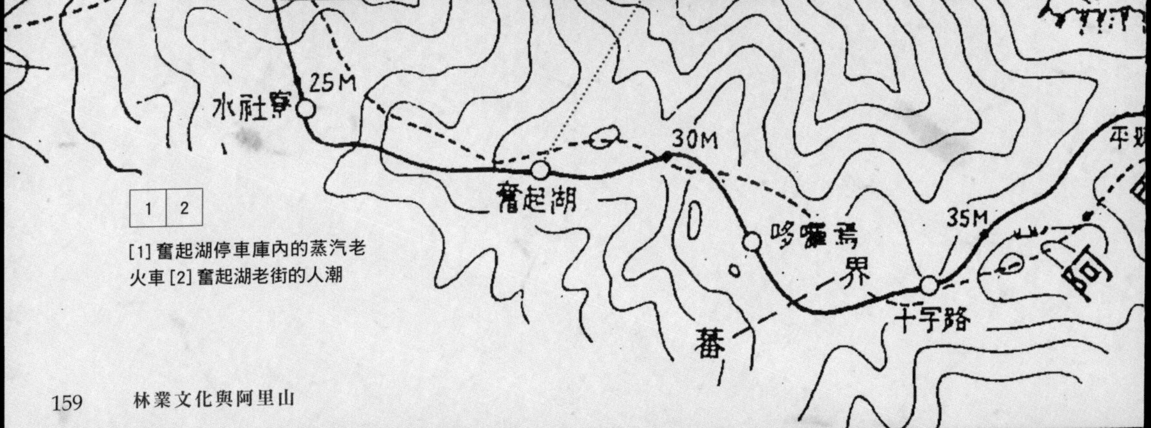

1 | 2

[1] 奮起湖停車庫內的蒸汽老火車 [2] 奮起湖老街的人潮

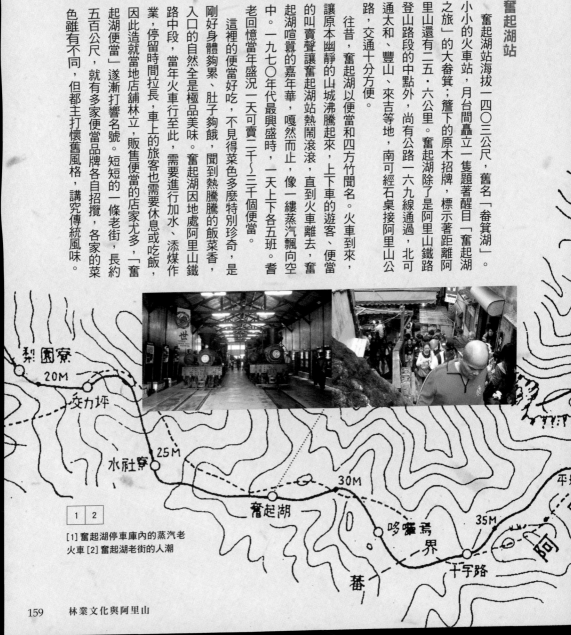

二萬坪

鐵道專家蘇昭旭先生說：「長久以來，二萬坪站前方的『塔山夕照』，是欣賞如國畫般壯麗塔山山壁的絕佳景點，尤其在花季櫻花盛開時節，二萬坪站前的吉野櫻，讓人流連忘返；若逢午後雷陣雨，驟雨初歇西天放晴，遙望嘉義方向，光崙山、大凍山盡收眼底，落霞暮色，美不勝收；若逢細雨綿綿，大霧瀰漫，山前雲海浪花飛舞，波濤洶湧，令人驚嘆！」

十字路站

十字路車站恰好是阿里山鐵、公路最靠近的地方。從十字路站下車後，朝右邊階梯往下走就是阿里山公路，不但可轉搭公車，還可眺望達邦及特富野等鄒族原住民部落，山景極為幽美，尤以楓紅時節，格外搶眼。鐵道旁也設有一座木造觀景台，登臨可見夕陽，眺望塔山雲海，浪漫氛圍，不可言喻。

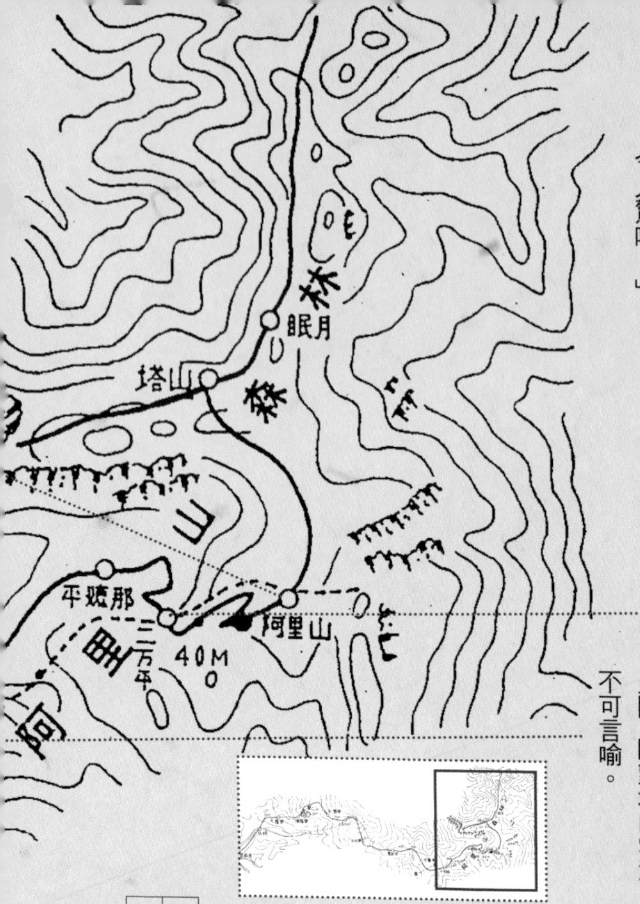

2 | 1

[1] 日治時期十字路站 / 胡文青提供
[2] 二萬坪 / 吳漢恩提供

奮起湖站

奮起湖鐵路便當

奮起湖站

奮起湖站海拔一四〇三公尺，舊名「畚箕湖」。小小的火車站，月台間矗立一隻題著醒目「奮起湖之旅」的大畚箕；簷下的原木招牌，標示著距離阿里山還有二五・六公里。奮起湖除了是阿里山鐵路登山路段的中點外，尚有公路一六九線通過，北可通太和、豐山、來吉等地，南可經石桌接阿里山公路，交通十分方便。

往昔，奮起湖以便當和四方竹聞名。火車到來，讓原本幽靜的山城沸騰起來，上下車的遊客、便當的叫賣聲讓奮起湖站熱鬧滾滾，直到火車離去，奮起湖喧囂的嘉年華，嘎然而止，像一縷蒸汽飄向空中。一九七〇年代最興盛時，一天上下各五班。耆老回憶當年盛況一天可賣二千～三千個便當。

這裡的便當好吃，不見得菜色多麼特別珍奇，是剛好身體夠累、肚子夠餓，聞到熱騰騰的飯菜香，入口的自然全是極品美味。奮起湖因地處阿里山鐵路中段，當年火車行至此，需要進行加水、添煤作業，停留時間拉長，車上的旅客也需要休息或吃飯，因此造就當地店舖林立，販售便當的店家尤多，「奮起湖便當」遂漸打響名號。短短的一條老街，長約五百公尺，就有多家便當品牌各自招攬，各家的菜色雖有不同，但都主打懷舊風格，講究傳統風味。

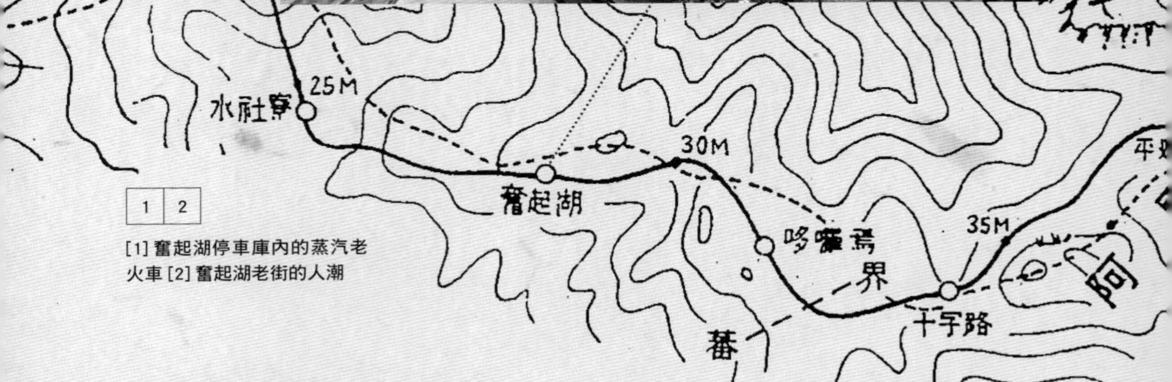

1	2

[1] 奮起湖停車庫內的蒸汽老火車 [2] 奮起湖老街的人潮

二萬坪

鐵道專家蘇昭旭先生說：「長久以來，二萬坪站前方的『塔山夕照』，是欣賞如國畫般壯麗塔山山壁的絕佳景點，尤其在花季櫻花盛開時節，二萬坪站前的吉野櫻，讓人流連忘返；若逢午後雷陣雨，驟雨初歇西天放晴，遙望嘉義方向，光崙山、大凍山盡收眼底，落霞暮色，美不勝收；若逢細雨綿綿，大霧瀰漫，山前雲海浪花飛舞，波濤洶湧，令人驚嘆！」

十字路站

十字路車站恰好是阿里山鐵、公路最靠近的地方。從十字路站下車後，朝右邊階梯往下走就是阿里山公路，不但可轉搭公車，還可眺望達邦及特富野等鄒族原住民部落，山景極為幽美，尤以楓紅時節，格外搶眼。鐵道旁也設有一座木造觀景台，登臨可見夕陽，眺望塔山雲海，浪漫氛圍，不可言喻。

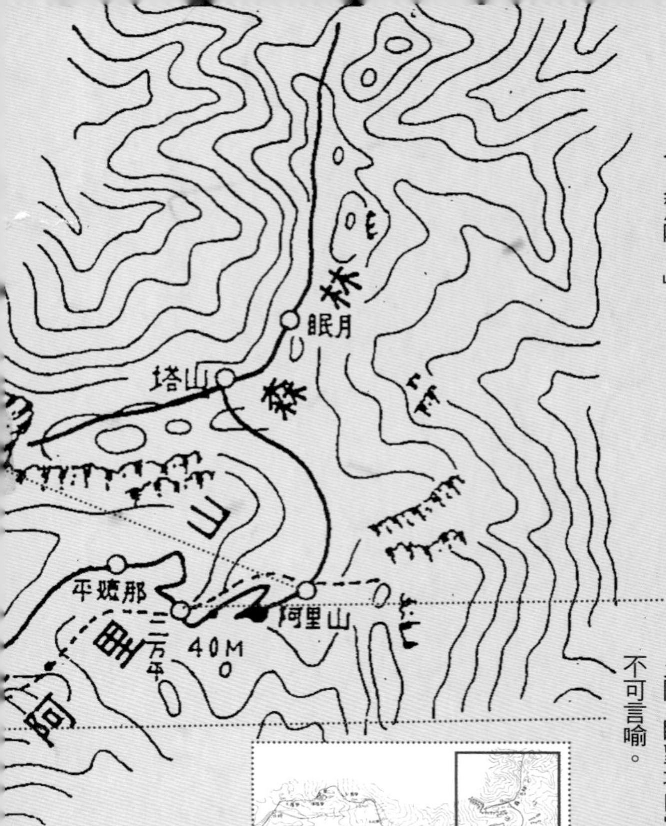

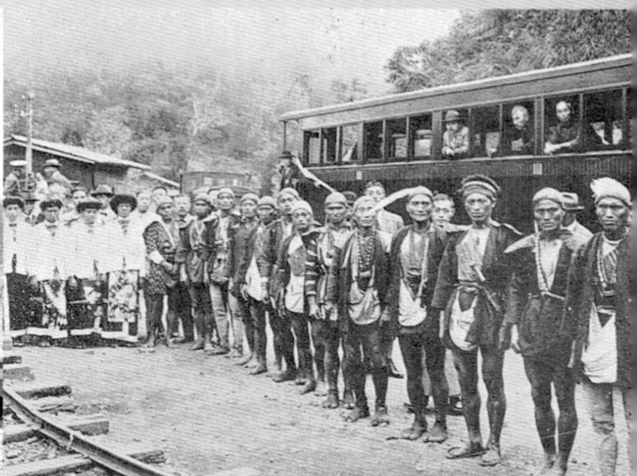

[1] 日治時期十字路站 / 胡文青提供
[2] 二萬坪 / 吳漢恩提供

阿里山站

現今的阿里山站是阿里山登山鐵路的終點，標高海拔二二一六公尺，它同時也是阿里山森林鐵路支線（祝山線、眠月線）的起點。阿里山站原是森林鐵道的「第四分道站」，但因一九七〇年代觀光客激增，沼平地區腹地不足，並為了擴大阿里山森林遊樂區，故於一九七七年八月開工興建。車站為一典型中國宮殿建築，稱為「阿里山新站」。

一九九九年九二一大地震，阿里山地區由於鄰近震央，鐵道沿線損失慘重，阿里山新站也未能倖免，後因安全因素予以拆除，使用時間只不過短短的十八年。二〇〇〇年一月一日，祝山線搶修通車。二〇〇三年林務局直接在阿里山車庫旁興建新的臨時車站，並於二〇〇七年九月正式落成新阿里山站。

1 / 2 [1] 難得復駛的阿里山蒸汽火車 / 吳漢恩提供 [2] 第三分道點是耳熟能詳的阿里山火車碰壁之一 / 胡文青提供

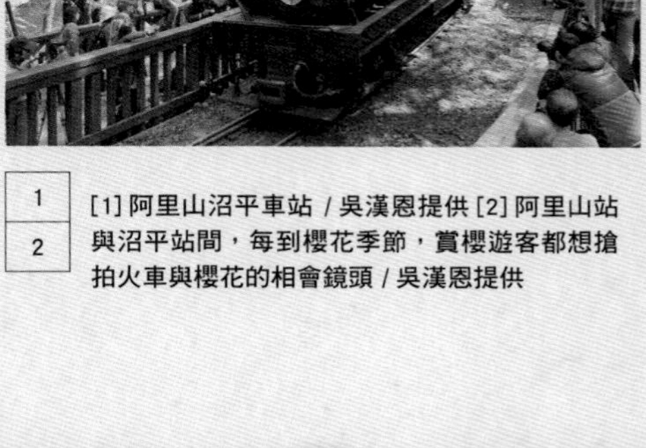

1 / 2 [1] 阿里山沼平車站 / 吳漢恩提供 [2] 阿里山站與沼平站間，每到櫻花季節，賞櫻遊客都想搶拍火車與櫻花的相會鏡頭 / 吳漢恩提供

沼平車站

沼平車站搶了登山本線的風采。鐵路穿越了沼平公園與派出所前的櫻花林，及美麗的森林，每逢花季更是遊人如織，造成支線的人潮和營收超越本線的現象。也讓阿里山除了「五奇」之外，又多了「一豔」，飄零的櫻花雪，令人驚豔。沼平車站海拔二二七四公尺，和阿里山車站相距一・三公里，自一九一四年起為阿里山森林鐵路登山本線的終點。

聚落亮點

阿里山森林遊樂區

阿里山國家森林遊樂區位於嘉義縣阿里山鄉境內。面積一千四百公頃，高度海拔二二〇〇公尺，屬中海拔雲霧帶的溫帶氣候，年平均溫度攝氏一〇．六度，四季曖涼的氣候，遠比平地穩定，非常適合旅遊。

阿里山山脈是中央山脈的分支，是大凍山、飯包服山、香雪山等十八座山峰的總稱，但並無任何一座山名為阿里山。群巒疊嶂，氣勢雄偉，斷崖縱谷比比皆是，尤以塔山及對高岳等斷崖最為壯麗。海拔二四八四公尺的塔山，岩層節理層次分明，塔山千仞，伴隨著雲海或夕陽，為阿里山一大勝景。

1 [1] 森林遊樂區內的台灣杉林區
2 [2] 以檜木重建的阿里山火車站

日出

在標高二四八八公尺的小笠原觀日平台，具有三百六十度的觀景角度，四週環以中央山脈、玉山山脈、阿里山山脈，視野絕佳。日出前的雲層有時匯聚成雲海，這時看見日頭從玉山和玉山東峰之間，三秒跳出。當旭日從中央山脈躍升而起，萬道光芒橫掃天際，雲蒸霧蔚，極盡壯觀。阿里山的晚霞也毫不遜色，尤以阿里山大門入口處、阿里山火車站及紫雲寺一帶，景色最美。

阿里山觀日出 / 呂立翔提供

雲海

阿里山雲海從日治以來就有台灣八景之一的美譽。阿里山位處中海拔雲霧帶，更由於山谷寬闊，雲霧常蘊積於谷間，猶如浩瀚大海波濤洶湧，而巒峰羅列突出雲表，恰似汪洋中的孤舟小島。此時，雲天相接，藍白分明；若是傍晚時分，絢麗的晚霞輝映，益加烘襯出瑰麗雲彩，每每讓人留下深刻難忘的回憶。

[1] 日治時期阿里山雲海 / 胡文青提供
[2] 阿里山雲海 / 胡文青提供
[3] 阿里山站郵戳 / 胡文青提供

阿里山檜木林神木 / 胡文青提供

檜木林

早期阿里山林相是典型的檜木林相，檜木巨木和檜木林是阿里山的一大特色。觀賞檜木林的步道有兩條：一號棧道長約五百公尺，從香林神木開始，途經樹靈塔、千歲檜、終點是現已倒臥的神木；二號棧道約長三百公尺，起點是神木車站，經香林國小，終點是受鎮宮旁的吊橋。各走一趟，就能和三十六株樹齡均超過八百歲的紅檜巨木一一打招呼。

阿里山櫻王／吳漢恩提供

賞櫻

大家最熟悉的阿里山櫻花當是三～四月開花的粉白色吉野櫻，但阿里山櫻花不但數量多，品種也不少，除了吉野櫻、山櫻花、八重櫻最多外，台灣原生種就有台灣山櫻、阿里山櫻、塔山櫻等，並引進外來的二千株全台樹齡最老的吉野櫻。每年三月盛開，讓阿里山春光燦爛。最夯的莫過於高山橘紅色小火車，在繁花盛開的櫻花樹下發出響笛，緩緩啟程，一路上淨是落櫻繽紛的櫻花雨，襯著雲霧縹緲的山谷翠色，這等旅情是何等的浪漫詩意。

賞楓

阿里山的變葉植物以台灣紅榨槭為最多，次為青楓，紅葉期為十一月中旬至十二月上旬，這時登臨阿里山高處，隨地可見翠綠的柳杉林中，零落的紅葉點綴其間，構成一幅美麗的圖畫。

一葉蘭

阿里山的台灣一葉蘭，霧林中的王者之花，每一株通常只長一片葉子，也只開一朵花，且花與植株的比例甚大。每年三～四月開花，是阿里山貨真價實的花季之王。它有一個很動聽的屬名，Pleione，源自希臘神話中一位美麗的女神。不論在花界，或者蘭花這一科，它都是傳奇角色。

二十世紀初，著名的探險家森丑之助，首先於探勘阿里山檜木林的行程中發現。此後，這種珍稀的蘭花，參加英國皇家園藝學會比賽，獲獎六次，在一葉蘭屬中得獎最多。除了眠月線鐵道旁，終點的石猴遊憩區也是一葉蘭的大本營。

神蝶

本區的蝴蝶紀錄有一百九十四種，在中海拔地區有如此多的蝶蛾，表示阿里山的生物多樣性極為豐富。在每年農曆新年至四月間，飛臨棲止於受鎮宮玄天上帝神像身上的「神蝶」：枯球蘿紋蛾，牠們的來臨究竟是神蹟或是昆蟲的趨光性，抑是聞「香」而來，尚不得而知，但造就受鎮宮的香火鼎盛卻是不爭的事實。

栗背林鴝／廖本興提供

賞鳥

夜宿阿里山，清晨在悅耳的鳥鳴聲中甦醒，是一大享受，光聽那五音十色的鳥語，山腳下惱人的繁雜瑣事，早已化為雲煙。其實，阿里山的野鳥世界，向來聞名於世。台灣十五種特有種野鳥中，栗背林鴝（阿里山鴝）就是其中一例。

姐妹潭

遊樂區內的姐妹潭，總是聚集許多遊客。兩潭不過相隔幾步，卻各擁有一池綠水。妹潭潭水極為湛藍，將潭邊樹影一一倒映其內；繞過妹潭來到姐潭，潭中設有涼亭及步道，涼亭基座全用檜木搭建，這是對阿里山森林的呼應，也向這對傳說中的姐妹，獻上最真摯的感念。池畔的「四姊妹」，是巨大檜木被砍伐後，附近的紅檜種子在其上面再長出四棵紅檜的二代木。巨大的紅檜樹頭一次可站滿數十人，可見原木之壯觀。

阿里山賓館

賓館從一九一三年日治時期招待所開始，後來成為歷任總統上阿里山的住所。耗時七年、十三億重建的阿里山賓館現代館落成，成了阿里山上最豪華的飯店，現委由民營企業經營。開放後一般民眾也得以入住，只是神祕和貴氣的氛圍不減。進入賓館得過管制哨，由特定座車接駁，車子順著成排樹林而上，拋開站前的遊客如織，清新的空氣襲來，教人心情沉澱。

一起來想想

- 「世界遺產」是全世界人類共同的遺產。不僅是一種榮譽，或是觀光旅遊的金字招牌，更是對遺產保護的鄭重承諾。思考為什麼「阿里山森林鐵道」被列為台灣的世界文化遺產「潛力點」？
- 日出、雲海、晚霞、神木與鐵道並列為「阿里山五奇」，而「阿里雲海」更被列為名勝台灣八景之一，一直為台灣著名景點。「五奇」外增加「一豔」，是什麼呢？您有親眼看過飄零的櫻花雪嗎？
- 從阿里山現今觀光旅遊生態，思考為何地標型的重要文化資產，經常與當地經濟發展或觀光工商開發互相牴觸？
- 一九四七年電影《阿里山風雲》之主題歌〈阿里山的姑娘〉後改名為〈高山青〉（鄧禹平詞、黃友棣編曲、青山唱），曾隨電影上映，是少數兩岸都能傳唱的歌曲。〈高山青〉描述阿里山的高山青綠、澗水藍，後轉歌詠阿里山姑娘美、少年壯，並且永不分。阿里山成為許多中國大陸來台旅客對台灣認知的代表景點之一。思考流行歌曲對文創觀光產業帶來的影響，並省思歌曲內容是否將原住民族視為缺乏主體性的「他者」，這是「刻板印象」嗎？

take a break think again

一起來走走地圖 GO

阿里山風雲

最早清代《諸羅縣志》有關阿里山區的記述充滿神祕氣息：「阿里山離縣治十里許，山廣而深峻，番剽悍，諸羅山、哆囉(口國)諸番皆畏之……」。日人領台後相中林木資源，雖以經營鐵路、開發林木為目的，但阿里山森林鐵道的興設，帶動了登山觀光活動，也影響近代國立公園的設立。

一九二七（日昭和二）年《台灣日日新報》發起「台灣八景募集」，旨在「特以台灣全島中代表的名勝地，欲依一般投票募集，俾至今煙沒不彰者或得闡發，公諸世上，竝欲從大眾之輿論，乞識者之鑑選，擇其最尤者八，付以台灣八景名稱，廣宣傳於海內外，且以垂之永久。」活動最終確立選出的八景為：八仙山、鵝鑾鼻、太魯閣峽、淡水、壽山、阿里山、基隆旭岡、日月潭，並因應輿論增設十二勝與別格。台灣八景十二勝選出後，官方從善如流，也推出指定遊覽地觀光優惠活動，促銷旅遊事業。阿里山成為票選八景之一，森林鐵道的觀光旅遊活動也因此更加蓬勃。

一九三七年年底，台灣總督府國立公園委員會指定新高山、阿里山一帶為國立公園，後因太平洋戰爭而廢止。

嘉義市林業生活圈地圖

北門車站的候車室

嘉義市立博物館

檜意森活村農業精品館

檜意森活村商店區

文化局旁俗稱「杉仔池」的嘉義儲木池一角

檜意森活村

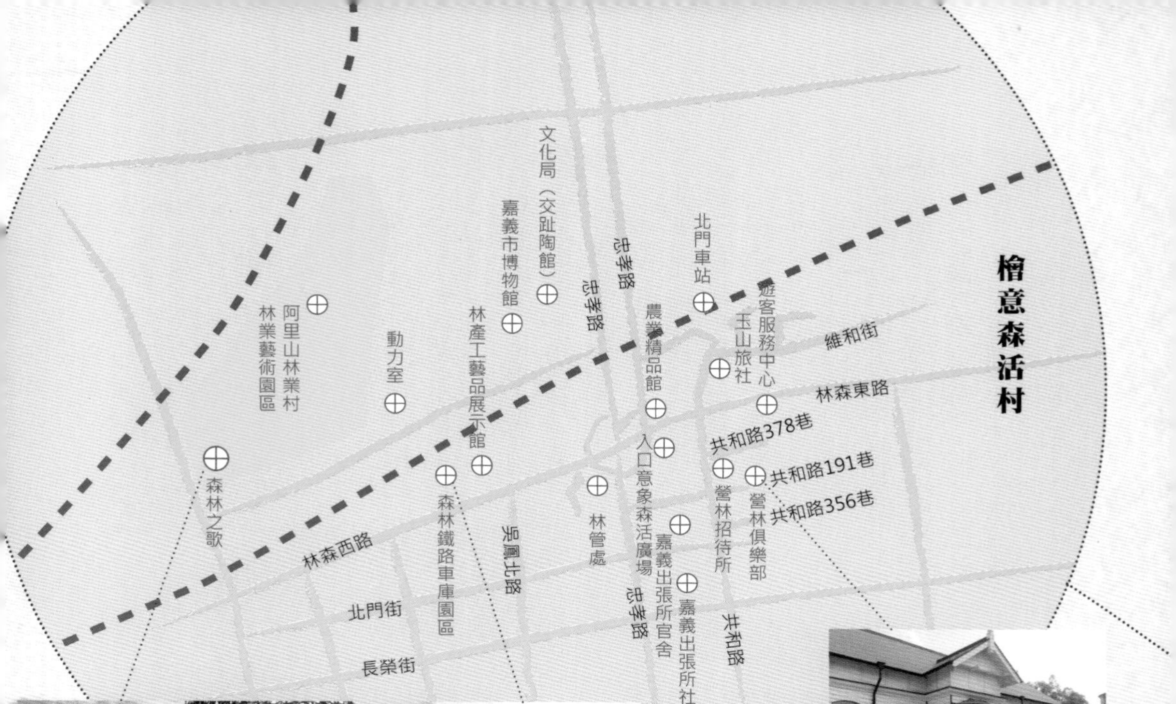

營林俱樂部

阿里山林業村林業藝術園區的「森林之歌」裝置藝術

阿里山林業村林業藝術園區「森林之歌」內部仰望

停駐在車庫園區的火車頭

阿里山森林遊樂區

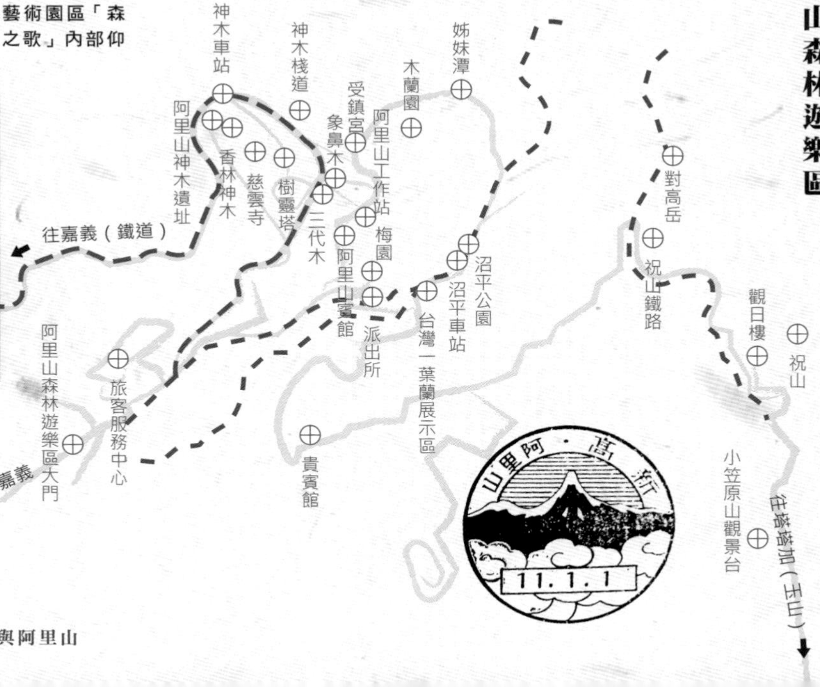

登山列車內的乘客們

台南五條港與海安路藝術造街

The Five Harbor Cultural Area/ Art Decoration of Hi-An Boulevard, Tainan City

歷史風貌

「台南的故事，必須從台江說起。台江內海曾是台灣盛極一時的貿易港口，台江淤積後，海岸線推移，庶民與經濟活動最活絡之處也慢慢移到三郊疏濬出的幾條港道，從北到南分別為新港、墘港、佛頭港、南勢港和安海港，此即『五條港』。這區塊在往後二百多年，掌握了台南府城的貿易命脈，也決定主要的人文景觀。聚集在五條港的貿易商群，讓台南長年以來作為台灣最大經貿區與百貨集散地，是台灣最大也最熱鬧的城市。」自然旅遊作家劉克襄這樣說著。

十七世紀中期，台江內海東岸約在今日西門路一帶。西門路以西，當時沙洲遍布，江海浩瀚，浪聲不絕，停泊的船隻，可謂船桅蔽天。現今台南市西區商店林立，車水馬龍，街聲喧嘩，好一幅繁忙的熱鬧景象。滄海桑田的發展歷史，充滿戲劇性的變化，很難想像三百多年前這裡是一片汪洋大海。

[1] 昭和時期林百貨是台南現代物質文化的代表之一 / 胡文青提供
[2]2014 年整修後重新開張的林百貨 / 胡文青提供
[3] 日治時期台南西區全覽 / 胡文青提供

歷史上有名的「五條港」這時已然形成，所謂「五條港」是台江內海逐漸陸化後的五條殘餘水道，早已被埋入地下，只存其名。但若依循舊港道片鱗鴻爪，仔細瀏覽，仍可見當年遺留下來的「船頭行」。雖然外貌已變，不難由其傳統且古色古香的建築，看出當年風華。

在地之光

「黃昏落日斜影沿著海安路蔓延，白天熱絡的水仙宮傳統市場，買氣逐漸退去，商家慵懶地收拾攤位，取而代之的是由水仙宮往南一路長長的街區，一家家綿延銜接的露天咖啡店、小酒吧、炭烤店、個性小餐廳、泡沫紅茶攤等，在夜色將臨之際，像初醒的夜貓子開始梳妝打扮，亮起耀眼的霓虹、閃爍的ＬＥＤ燈泡搭配別出心裁的看板道具，沿著屋簷門面和各自圈圍出來的座位區招展宣示，與越夜越美麗的姿態，來迎接高高興興前來約會的年輕男女。」作家陳建成這樣說著。

海安路位於舊時五條港區域，曾經是台南經貿繁榮之地，滄海桑田，褪去海港貿易的活絡，它靜靜隱入市集。之後，更因為一個匪夷所思的地下街計畫，從此遍體鱗傷，許多人經過這條滿目瘡痍的街道，除了嘆息，還是嘆息。

直到二〇〇〇年初，這道傷痕才完成路面通車，

海安路上藝術造街

後因杜昭賢發起的藝術造街活動而脫胎換骨。二〇〇四年，滿腔熱血的藝術工作者集結，以畫作、攝影、裝置藝術等多元的現代藝術手法，將作品植入因工程毀損的斷垣殘壁，改變街區的視覺觀感，重塑街道特色，成為中外媒體的焦點，二〇〇五年獲得台新藝術獎的評審團特別獎。

海安路商店街充分利用老建築物賦予新語彙，形成了特有的海安路風格。街牆藝術，在海安路上以創作形式大量出現，最高峰時一條街上出現高達十三件大型作品，有的是空間裝置、有的是藝術與產業結合、壁畫創作或是市民很生活化的集體藝術創作。藝術不盡然高不可攀、莫測高深，它也可貼近生活，落實於生活。海安路是「街道就是美術館與新美學平台」的最佳範本。來到海安路，一面牆，一個轉角，都能讓人會心一笑。

1	
3	2

[1] 日治時期台南錦町街景，今日的民生路 / 胡文青提供 [2] 海安路的公共裝置藝術 [3] 海安路上藝術造街

消失的藍晒圖

最熱門拍照聚焦點的「藍晒圖」，就位在和平街與民生路的海安路段上。當年開發地下街時，被拆到一半的房子，迫使內部結構裸露於外。建築師劉國滄在建築外牆揮灑出工程藍圖〈牆的記性〉，成就著名的「藍晒圖」。

就在斑駁的藍色外牆上，以細膩描繪出白線的藍圖，搭配3D視覺的立體實物點綴，還原房子裡該有的一景一物。將高懸的壁櫥、外裸的鋼筋、半毀的馬桶，融合到這片藍色藝術海裡，自然不做作地創造出虛實交錯的立體視覺效果。夜間燈光一打，成為搶眼的街頭造景，延展出極具時代美學觀感的強烈視覺效果。然而好景不常，二〇一四年，屋主收回自理，整片藍晒圖被塗上灰漆，只留下一片「藍晒圖」小小的標記。

海安路拆毀牆壁上的彩繪藝術。繪圖為永川大轎永川伯身影

留下的藍晒圖標記

已被塗灰的藍晒圖

怪獸森林

延伸著街道藝術氛圍，藍晒圖對街有著醒目外觀的「二葉亭」，畫有三幅稱為「怪獸森林」的彩繪創作。以藍天白雲為背景的壁畫，搭配著爬滿植物的外牆，呈現出森林三種不同意境。被森林包覆的怪獸茶舖，不只為這都市帶進了清新的綠意，更賦予茶舖一種叢林的感受。其抽象而鮮豔的表達手法，總是吸引路人佇足觀望。

沙卡里巴

在海安路與友愛街之間的康樂市場，原稱「沙卡里巴」。康樂市場於日治時期就成立了「盛場」（Sakariba），意指熱鬧市集，這裡是台南府城最著名的美食地標，曾經過多次祝融光顧，但最嚴重的一次則是一九九〇年自海安路延燒到友愛街的火災，許多數十年老舖毀之一旦。

怪獸森林

沙卡里巴老店的炒鱔魚意麵

棺材板

沙卡里巴內的赤崁點心店，原先賣八寶滷飯及鱔魚意麵。美軍駐台後，老闆靈機一動，兼賣西餐，供應Lunch以號召更多顧客。有次一位教授指定要吃較特別的東西，老闆突發奇想，將厚片吐司油炸酥烤後，再將中央挖空，添上炒香的洋蔥、麵粉、雞肉、墨魚、碗豆等內餡，該位教授吃後讚不絕口，戲稱此物很像「棺材板」，從此棺材板名號不逕而走，且受歡迎程度躍居首位，成為府城最著名小吃。

聞名遐邇的棺材板料理

聚落亮點

西門市場

日治時期將城牆拆除闢成西門路，是貫穿台南西側南北向的重要道路之一，也是著名的「金仔街（銀樓街）」。這裡的市集「大菜市」，又名「西市場」，於一九〇五（日明治三十八）年開工興建，是當時南台灣最大的市場。一九三三（日昭和八）年，市役所又於西市場前噴水池周圍興建了四十一家商店，稱為「淺草商場」。

台南市勸業協會在西市場後（國華街）興建露店，又於世界館後（友愛街一帶）興建全台聞名的「盛場」（沙卡里巴）。戰後「淺草商場」改名為「西門市場」，是當時最大的布料批發市場。俗稱「大菜市」內有布莊、西裝店、棉被行及手工藝材料行等，歷經將近百年的轉變，西門市場保存著台南產業、人文、歷史等豐富的記憶。

[1] 西門市場的舊觀 [2] 台南西門市場內有最多樣的布料 / 胡文青提供 [3] 西門市場內的布莊

佳佳西市場旅店

大市場外有一家非常特別的旅館，它是由劉國滄建築師重新設計的「佳佳西市場旅店」。這間老旅館早在一九七〇年代就已經在大市場旁邊開始營業，當時是由台灣第一位女建築師王秀蓮女士所設計，飯店二樓的西海岸西餐廳，是個很高檔的用餐場所，只是隨著時代變遷，老旅館終究不敵時代巨輪而宣告歇業，閒置了一陣子才再利用，改造成新式的設計旅店。

現今旅店裡有各式主題的房間，這裡的住房也是展示藝術、文化的平台，如運用設計師收藏的老窗戶設計成鹿耳窗屋，而三商郊房、文曲星房、崇文書房、織女線房、水巷船房等，各自靜靜地述說著舊時歲月。

佳佳西市場旅店已成為正興街西門市場新地標

看西街基督長老教會

看西街教會

一八六五年全台第一位傳教士英國長老教會馬雅各醫師來到府城，原在看西街（今仁愛街）看病傳教，前為禮拜堂，後為醫館。一九五一年在現址興建「看西街基督長老教會」，所以看西街教會是基督教長老會在南部設教的紀念教會。

建築是以英國著名的聖保羅大教堂為原型，外觀仿巴洛克風格，白牆圓頂，列柱及屋頂上的十字架顯目突出，最引人注意的是，古典式樣的山牆門廊以及穿堂上的圓頂。教會主要的禮拜堂在二樓，由正面向上的階梯直接引導入內，讓整體建築感覺更顯莊嚴。禮拜堂後面設有史料館，陳列過往發展歷史，更收藏有包括最早的希臘版、美語、日語、烏克蘭文、斯拉維尼雅文、以及台灣本土阿美族、布農族、達悟族等各種語言版本聖經。

水仙宮 / 禿鷹提供

水仙宮市場

「水仙宮市場」位於海安路以東，民權路以北，國華路以西，民族路以南的市集統稱。可略分為二：一為靠海安、民權路側，清領時期，水仙宮廟埕因攤販聚集而成的「宮口市場」（長樂市場、水仙宮市場）；另一為國華街、民族路一帶，戰後初期人民因生活窮困而私下流通的軍用物質、二手物品與贓物的「賊仔市」（永樂市場）。這兩個市場的發源與定位有所不同，直到今日，仍以多樣的內容，豐富著整個水仙宮市場。

水仙宮

偏促在市場內，兩側的雞、鴨、魚肉攤販與店家，與莊嚴氣派的「台郡水仙宮」顯得格格不入。很難想像昔日的水仙宮是三進規模的巍峨殿堂，廟宇氣勢與大天后宮毫無遜色，而全台最大的商會組織總部（三益堂）也設在這裡。

水仙宮供奉的不是水仙花神，而是「水仙尊王」，祂是海上的守護神。早期來台經商的三郊的商旅們，為了祈求海上平安，貿易順利，因此合資興建規模宏偉壯麗的水仙宮。在五條港眾多港廟中，水神無疑是主流信仰，又以大禹為主。

水仙宮原建於一六八四（清康熙二十三）年，由台郡外貿商人集資草創，一七一五（清康熙五十四）年鳩金改建，鏤木雕花，富麗堂皇。一八二七（清道光七）年，三郊於水仙宮設「三益堂」做為三郊議事所，使得水仙宮一躍為府城城西商業中心。隨著商業鼎盛，酒樓茶肆、青樓妓院也紛紛興起，繁華熱鬧至極，遠非府城各坊能比。一八五九（咸豐九）年，陳肇興有詩云：

> 水仙宮外是儂家，往來貨船慣吃茶；
> 笑指郎身似錢樹，好風吹到便開花。

一八七五（清光緒元）年，馬水翊的〈台陽雜興〉詩云：「水仙宮外盡成塗，滄海揚塵信不誣！」水仙宮原在舊港口，如今宮前已成路地。

日治時期，一九四一年市區改正，將廟宇的後殿與廂無拆除，只剩下單進式建築。太平洋戰爭時，部分廟宇又毀於空襲。戰後，民眾就原前殿天井重建，始為今之廟貌。有甚多古匾流失，部分拆下的精美木雕保存於成功大學博物館。

神農街的傳統屋宇

神農街過年元宵節花燈 / 禿鷹提供

神農街

神農街沿著南勢港古運河北岸，比鄰興建的商家店面發展而成的「北勢街」，因為正面對著藥王廟神農大帝，故改稱為「神農街」，為目前保存得最完整的清朝老街。古色古香，街道的兩端分別是水仙宮與藥王廟。

沿著河道興築街屋是五條港文化特色之一，老店屋的門面窄，縱深長，一樓臨街作為洽商生意的店面，後接南勢港，二樓是存放貨物的倉庫。因此二樓有一貨物進出的小門，是神農街店屋的建築特色。屋內樓梯只讓人上下，不當貨物出入口。當碼頭苦力將貨物由南勢港卸下後，搬至店面門口，工人便由二樓開啟小門，放下繩索將貨品拉上二樓存放。許多默默的無名小卒，便在這種經商形態下，聚財致富，一躍成地方巨賈，造就五條港的傳奇。

金華府

在神農街上，夾在兩旁店屋之間，有座古樸斑駁的小廟，名叫「金華府」。創建於一八三〇（清道光十）年，是由南勢港碼頭許姓苦力集團所私建，奉祀從家鄉請來的守護神，關帝爺及馬、李兩王爺。老廟典雅穆靜，門額頗為精緻，門釘裝飾也顯尊貴。雖然已改建多次，但能保有清代小廟古貌，三川門、拜亭、正殿一氣呵成，殿內泥塑、木雕工藝皆精美細膩。走入經過歲月洗禮的金華府，可見天光穿透正殿，以裊裊香煙交纏成一片遺忘天地。

[1] 金華府牌匾 / 禿鷹提供
[2] 金華府 / 禿鷹提供

永川大轎

位於海安路與神農街轉角的古造木屋，就是「永川大轎」。永川大轎是台南專製木雕大轎的老字號。做了五、六十年的老師傅王永川，是店裡的精神人物，雖然家業以傳至第三代，藝術家刻意地將王永川的工作身影，畫在店面的右方牆壁，看起來就像「永川大轎」的剖面圖，讓人即使沒走入工作室，也彷彿親臨永川伯做大轎的現場。

永川大轎大門 / 禿鷹提供

接官亭

台灣地處大陸邊陲，早期大陸官員來台，大都先由內陸抵廈門，渡過波濤洶湧的台灣海峽，到達鹿耳門，再渡台江，最後由南河港入府城。原先南河港暢通之際，可搭船直入城內的大井頭。後來大井頭淤淺，西移至今西羅殿附近的「鎮渡頭」，因此鎮渡頭成為五條港的第一大渡口。

為了祈求往返台灣海峽間舟楫平安，及正式迎接大陸來台官員。一七三九（清乾隆四）年，巡撫鄂善在鎮渡頭興建「接官亭」。初建時為三進堂屋：第一進是大門；第二進是接待官員設宴用的「官廳」；第三進是「風神廟」，專祀風神，以保佑官員渡海平安。

一七七七（清乾隆四十二）年，知府蔣元樞認為鎮渡頭是府城的出入門戶，應有宏偉的觀瞻，於是擴建重修官廳及風神廟，並在接官亭左側購置民居充當公館，作為官員落腳休息，宴集場所。為方便舟楫停靠，加蓋碼頭，並在碼頭旁立一座威武亭立的接官亭石坊，以恭迎聖旨及來往官員。石坊左右並建置鐘鼓樓的石亭，以壯接官聲勢。

石坊由泉州青斗石造成，分上下兩層，兩端略為上揚，在莊重中透出一絲輕盈。兩層之間豎有一長形石牌，前刻祥雨彤日，後刻雙獅戲球。橫額前題「鯤維永奠」，後為「鰲柱擎天」。整座石坊石雕線條流暢，極富動感，是相當難得的清代石雕作品，雖經歲月風化，仍可看出雕工靈巧，不可多得。

日治時期，擴建道路，拆除接官亭廳廟。戰後鐘樓淪為小說出租店，鼓樓拆除，石坊倖存。一九一八年風神廟因闢路拆除，一九二四年，里民重建官廳於原址，有拜亭、正殿，仍奉祀風神，兼祀水精、火怪、雷公、電母及觀音菩薩，為全台唯一的風神廟。

兌悅門

兌悅門是府城大西門的外城門，是目前台南城門中唯一尚供通行使用的城門，也是台南市唯一現存的外城門。穿越而入的信義街，正是早年以造礁珊瑚形成的化石鋪設而成的老古石街道。由於城牆都由老古石築砌，所以當地居民稱它為「老古石

台南大西門老照片 / 胡文青提供

接官亭

城」或「甕城」。上面未建城樓，但有慢道可登階而上。現被列為古蹟。

一個很有意思的傳說，一八六七（清同治六）年，英商德記洋行率先安平設立分行，挾其雄厚的資金及大輪船的載貨量，壓得府城傳統郊商苦不堪言。五條港的三郊陷入愁雲慘霧，論政治影響力、論資金實力、論輪船運輸，都不是老外的對手，而洋行更有一批「買辦」幫他們找到貨源，這時五條港的繁榮，已逐漸被海邊的安平所取代。

郊商無計可施，想出一「奧步」，就在兌悅門下，偷偷埋下一枚「石矢」，準備用風水的箭煞陣來對付在安平的老外洋行。他們以老石街（信義街）街道當箭身，兌悅門左右蜿蜒的城垣為弓柄，箭頭瞄準安平地區，形成「城弓路箭向台海」。在某一個晚上，郊商們在兌悅門城下設壇祭拜，焚香禱告，希望能破壞安平風水，可以為五條港貿易起死回生，再創第二春。

可是安平的買辦獲得消息，即在安平天后宮舊廟後殿外牆，放置了兩尊「石將軍」用來避邪鎮煞，擋住從五條港射過來的「城弓街矢」。這兩尊石將軍，一高一矮，被稱為「將軍公」、「將軍嬤」，今仍供奉在安平開台天后宮左側將軍殿。

兌悅門附近信義街已成為另一處文青的好去處 / 禿鷹提供

台南古城門兌悅門 / 禿鷹提供

一起來想想

- 馬雅各是台灣醫療傳道第一人，被譽為台灣近代醫療之父，「馬醫生，沒法度」諺語，意指若連手術高明的馬醫生都說沒辦法，那已回天乏術。走訪台南看西街教會與太平境馬雅各紀念教會歷史資料館，以及高雄旗後，想想百年前馬醫生醫療傳道的艱辛與溫馨，以及那個時代的台灣人文時空背景。
- 「沒有圍牆的美術館」、「街道就是美術館」，海安路藝術造街讓廢棄的街區成為亮點，思考台灣還有哪些藝術造街、生活美學的創意生活產業案例？
- 府城台南除了有億載金城、天后宮、赤崁樓、安平古堡等為台灣經典的文化資產群之外，古蹟的周邊還隱藏有多少美食小吃？您品嚐過哪些？對個人而言，請舉出哪一道府城美食最具有創新精神？
- 常民的街角巷弄中有許多別具風格的老房子，近年老屋再造成為風格旅店、民宿、小舖、餐廳、酒吧、藝文展演空間等蔚為風潮，正是府城台南帶起的新旅遊模式，試舉出您曾造訪過的老屋再生之新文創空間？

take a break think again

一起來走走地圖 GO

五條港文化園區地圖

神農街的傳統屋宇內有趣的裝飾

神農街的酒館是華燈初上後的主角

五條港

清代府城五條港是五條商用港道的統稱，包括新港墘港、佛頭港、南勢港（或稱北勢港）、南河港與安海港，五條河道會匯入舊運河最後進入鹽水溪出海。現今五條港已成為下水道，範圍大約在今台南市中正路以北、新美街以西、成功路以南，五條港文化園區即依舊名而設。

接官亭的鐘鼓樓

風神廟

閒置空間再利用的佳佳西市場旅店

林百貨樓上的咖啡館 / 胡文青提供

林百貨夜景 / 胡文青提供

日治時期日本勸業銀行，今土地銀行 / 胡文青提供

被刷掉原藍晒圖的殘壁，風景不一樣了

華燈初上的海安路 / 禿鷹提供

金華府主祀神明關公 / 禿鷹提供

奉祀關公的金華府 / 禿鷹提供

信義街兌悅門 / 禿鷹提供

台南大北門老照片 / 胡文青提供

台南小東門老照片 / 胡文青提供

台南府城地圖

信義街上的文青咖啡店，新近成為文青旅遊好去處 / 禿鷹提供

台南小西門老照片 / 胡文青提供

台南大南門老照片 / 胡文青提供

台南大東門老照片 / 胡文青提供

濱海鹽業文化與七股潟湖

Salt Culture / Chiku Lagoon

歷史風貌

作家蔡素芬在《鹽田兒女》中說：「台南七股，沿海小村落，海風也鹹，日頭也毒。這是塊鹹土地，一甃一畦的鹽田圍拱小村三面，站在村子口的廟堂，往無垠的四周眺望，鹽田一方格一方格綿延到遠方與灰綠的樹林共天色。灰黑的田地尚積著引灌進來的淺淺海水，陽光灩灩的季節浮出一顆顆純白結晶鹽，在烈陽下扎著亮人光芒。」

鹽為人類必需食品、維持生命不可一日或缺，它與身體的一些生理作用的關係非常密切。台灣自古以來，生活所需用鹽，除了自行煎煮海水外，只得依賴外鹽輸入。一六〇三（明萬曆三十一）年，陳第的《東番記》指出，台人十分依賴與福建的漳、泉州人以物易物，包括瓷器、布、鹽……等，換取平埔族的鹿脯、鹿皮。

鄭領時期，滿清政府為了斷明鄭政權生路，採取「寸板不下海，粒米不越疆」策略，經濟封鎖台灣。鄭氏為解決糧食問題，積極屯墾，並於一六六五（明永曆十九）年由參軍陳永華教民眾重修「瀨口鹽田」，同時改良曬鹽方式，力求自保。江日昇的《台灣外記》指出：「以煎鹽苦澀難堪，就瀨口地方，修築

日治時期布袋鹽田 / 胡文青提供

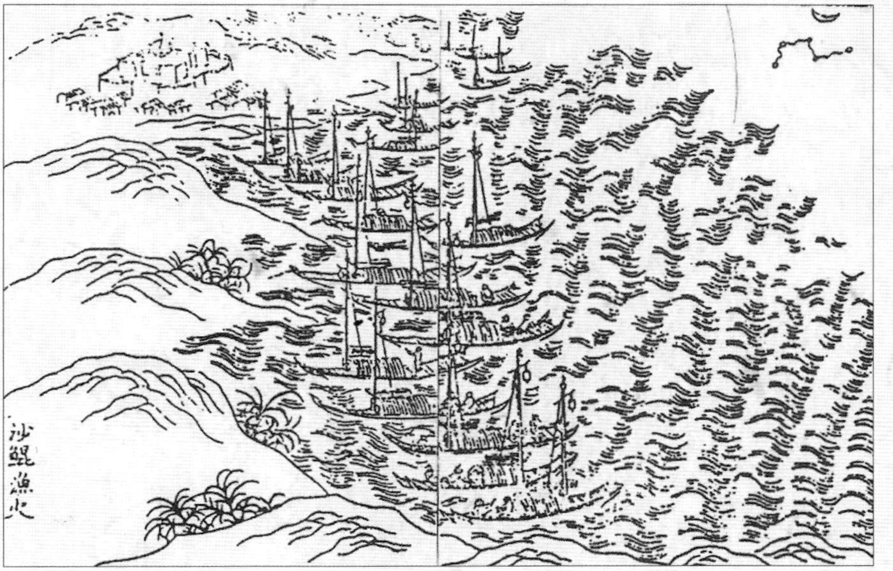

清代「沙鯤漁火」明列八景之一，沙鯤是台江內海的沙洲，早期由一至七共七處，大約在現今台南市安平區與南區的海岸地帶 / 引自范咸《重修台灣府志》

坵埕，潑海水為鹵，曝曬做鹽，上可裕課，下資民食。」

根據史料研究，台灣曬鹽的發祥地是在「瀨口」，今幾乎為世人所忘。所謂「瀨口」，是指現在台南市南邊七公里，鹽埕和喜樹之間的農地，原屬鳳山縣新昌里。直到一六八三（明永曆三十七）年，鄭克塽降清時，台灣共闢有瀨口（台南鹽埕）、洲仔尾（台南永康）、打狗（高雄鹽埕）等三處鹽田。

一七二六（清雍正四）年，清廷實施「就場專賣」制，官鹽壟斷市場，並採取「以銷作產」策略，嚴格控制鹽田產量與面積。在「總量管制」的前提下，如有鹽田遭洪水沖毀，台灣府即以「移新補舊，統仍原額」的原則核發鹽田墾照，大致維持舊時規模。一七八四（清乾隆四十九）年，根據史料，台灣出現過洲南、洲北、瀨北、瀨南、瀨東、瀨西及大田等七個鹽場，此後七大鹽場一再遷建，地點也隨之改變，但總面積不變。

到了一八九五（清光緒二十一）年，棄台前夕，台灣的官方鹽場計有新竹南、北兩場、洲南（布袋新厝）、洲北（北門舊埕）、瀨南（高雄鹽埕埔）、瀨北（台南鹽埕）、瀨東（北門井仔腳）共七處，面積約六百四十甲、年收二十七萬餘石。

一八九九（日明治三十二）年，台灣總督府公布「台灣食鹽專賣規則」實施專賣制度。公布「台灣鹽田規則」以輔助闢建，免除土地稅與地方稅等設施，鼓勵開墾鹽田。當時鹽田合計不到清末的三分之一。根據資料，一九〇〇年，新鹽田陸續完成，面積增至四百九十甲，年產量達三萬五千餘公噸，足以供應全台所需；一九〇一年，鹽田面積更擴增至六百八十一甲，產量達四萬七千餘公噸，已有餘鹽銷往日本，這也是台灣史上第一次鹽品外銷。

戰後，一九五三年，正式以「財政部鹽務總局台灣製鹽總廠」為名，繼續經營。成立鹿港、布袋、北門、七股、台南、高雄六鹽場；鐘淵曹達工業株式會社所屬的安順鹽田，亦由經濟部資源委員會成立台灣鹼業公司安順鹼廠接收。這時曬鹽產量約三十％供島內自用，七十％運銷島外。

二十世紀的最後十年，台灣經濟自由化，環保意識抬頭，勞動人權高漲，工業生產成本逐漸升高，傳統產業開始外移。一九九六年，台南鹽場裁廢，土地轉做台南科技工業區，猶如壓垮天日曬鹽的「最後一根稻草」。二〇〇二年台灣加入WTO，五月七股鹽場在鹽灘進行最後一次機械化採收後，台鹽全面關閉鹽場，正式結束長達三百五十五年的「天日曬鹽」歷史。七月底，台南縣政府於七股鹽場舉辦「再會吧！咱的鹽田」活動，以「謝天、謝地」的祭拜儀式，感謝這片土地曬鹽以養萬民，同時，也對鹽工表示感恩之意。

二〇〇二年夏天，在「最後一個收攤的七股鹽場」後，台灣正式告別自明鄭以來的曬鹽歷史。但在全球「保存工業遺產」的浪潮及關心文史的地方人士爭取下，西南沿海一帶出現許多「文化新鹽田」，除了七股鹽場，台南的北門、南寮，嘉義布袋洲南鹽場，陸續出現「文化觀光鹽田」，甚至連金門荒廢多年的西園鹽場，也整建為地方文化館，為不再曬鹽的台灣留下產業的記憶。

鹽田風光不再，轉化成為「文化觀光鹽田」，並設立台灣鹽博物館

台江國家公園管理處

在地之光

七股潟湖

被七股漁民稱為「內海仔」的潟湖，是由青山港汕、網仔寮汕和頂頭額汕三塊沙洲圈圍而成。七股潟湖隔著這些沙洲向海洋開著口，由於沙洲或礁堡阻絕海浪，浪流情形較外海穩定，又有河流注入有機質。潮起潮退間湧進多樣海洋生物，並調節淡水與海水，濾化魚塭排泄池水。潟湖讓七股成為海水魚類繁殖重鎮，漁產事業養活一區老少。七股潟湖，潮口甚大，故湖水並非淡水而是純鹹水，可供曬鹽之用。同時離岸沙洲可阻波浪衝擊沿岸鹽灘，是天然的防波堤，有保護鹽灘的作用，七股鹽場就在這樣的狀況下形成。

由於此段海岸陸化甚為明顯，加上人為的大量開發魚類養殖場，使得潟湖面積大量減縮，潟湖的面積已從官方公布的一千六百公頃，縮小到現在的一千一百一十九公頃。過去那像海般的廣大湖面不再波濤湧動，近十年來，海岸已退縮二百八十公尺，隨著七股濕地面積不斷萎縮消失，黑面琵鷺越來越不愛來台灣，讓環保團體對黑琵不見了感到擔憂。

潟湖是七股漁民賴以維生的命脈。幾百年來，七股漁民靠著這裡豐富的懸浮生物和貝類資源養殖牡蠣，讓七股潟湖成為台灣數一數二的牡蠣產地，潟湖內養殖牡蠣的蚵架羅列。蔡素芬的《鹽田兒女》說：「那蚵棚就像絲瓜架，竹枝縱橫交錯攀搭而成，棚架掛滿一串一串蚵殼，在海水中波盪。」每當夕陽西

七股潟湖六孔碼頭

七股潟湖

下時，金黃的陽光、繽紛的晚霞倒映在潟湖的蚵架上，形成迷離燦爛的景色，美得叫人屏息。

要乘膠筏遊潟湖有兩處碼頭：一為二號水閘（十五孔仔）兩側，由七股潟湖風景區促進會所經營。乘膠筏越過潟湖到頭頂額沙洲北端，沙洲上築起了長長的棧道供遊客行走，以免過度踐踏，造成生態環境的破壞；另一在水試所對面的「六孔仔」水門的觀光碼頭，由七股海岸保護協會經營，乘膠筏穿梭於潟湖棋盤羅列的蚵架間，欣賞佇立於竹竿上的「鸕鷀」。

在網仔寮汕靠岸，鬆軟的沙洲有木棧道導引，馬鞍藤在沙灘上延伸，木麻黃細細枝條篩落陽光，可見棲息於木麻黃防風林上的小白鷺族群，穿越灰澹森林來到台灣海峽。但因強風吹襲和海潮侵蝕導致七股沙洲的消逝，漁民的感受最深，從前也是他們生活場域的許多沙洲，如今都成了汪洋大海。

二〇〇九年十月十五日，正式成立台灣第八座國家公園，台江國家公園特別將七股潟湖、黑面琵鷺保護區、青山港汕、網仔寮汕、頭頂額汕、海寮紅樹林保護區、大潮溝等地區納入國家公園範圍內，面積約三千五百公頃。

國聖港燈塔

在七股荒蕪蒼茫、人煙罕至的頭頂額沙洲上孤零零地佇立著國聖港燈塔，這被稱為「台灣島最西端」的景點鮮為人知。

[1] 七股潟湖六孔碼頭 [2] 國聖港燈塔 [3] 台灣島陸地最西端點：國聖港燈塔

黑面琵鷺

秋日的夕陽，將台南七股潟湖染成一片金黃，眼前群起群落的各種鳥類總是忙碌地在豐盛的泥淖中覓食。遠方的淺灘上，傳來令人驚喜的消息，幾隻身材高大的白鳥，正用著牠們扁黑的長喙，在水裡La來La去。一百多年前，英國駐打狗領事史溫侯博物學家，就曾注意牠們的存在。

黑面琵鷺是瀕臨絕種的珍稀候鳥，二〇一三年目前全球僅有二七二五隻，在國際間備受矚目與關切。每年冬天，牠們分批自繁殖地遷往南方避寒，其中就有一千零九十二隻（二〇一三年十一月十九日調查資料）選擇台灣曾文溪口落腳，停留半年之久。

每年秋分過後，颳起的東北季風改變了台灣的天氣型態，從晚秋逐漸入冬，黑面琵鷺會在此時逐批乘風而來。在曾文溪出海口北側廣達三百公頃的浮覆地，隨著潮水漲落，時而淹沒於海水中，時而裸露出來，整個沙灘非常適合膽怯的大型鳥棲息，因此陸續聚集了一群群遠道而來的黑面琵鷺，和其它雁鴨科的鳥類一起度冬。

目前已知的黑琵繁殖區大多集中在北緯三十八度附近的北韓四個無人小島。其長途旅行路線，北起朝鮮半島、中國東北，沿著日本、中國大陸沿海一路南下，並分成數群。其中台灣台南曾文溪北側浮覆地為族群最大的主要度冬區：候鳥有情，大地有愛，十一月的台灣，正是黑面琵鷺生活的樂園。其它在日本九州福岡、香港米埔、越南的紅河三角洲附近亦有聚集度冬的族群。

黑面琵鷺第一觀測站前的黑琵指標

第一觀測站的當天估算黑琵數目告示板

黑面琵鷺（Black-faced Spoonbill）在生態分類上屬於朱鷺科。琵鷺亞科族群全世界共有六種，其中以黑面琵鷺數量最少。最大的特點在嘴部，末端扁扁的黑色長嘴看起來像湯匙，Spoonbill就是湯匙之嘴的意思。黑琵除了特殊的湯匙嘴外，從嘴一直延伸到顏面、到眼睛周圍，甚至眼睛的後方都是黑色的。且行走、展翼、展翅間姿態十分優雅，因此牠們還有一個美麗的封號：「黑面舞者」。而七股漁民稱牠們為「撓杯」（La飛）或「黑面撓杯」。

黑面琵鷺保育管理與研究中心內黑面琵鷺標本

鳥人劉克襄在〈最後的黑面舞者〉說：「牠們像一群芭蕾舞者，踩著曼妙地步伐，在潮間帶的泥沼地，半跳躍式地追趕著小魚或小蝦。扁長的嘴巴像摸蛤蜊人的手，戳入泥水裡，不斷地劃來劃去，篩檢著食物，一逮著獵物，毫不猶豫地立刻吞入腹內。」

黑面琵鷺是典型的夜貓子，白天群聚在曾文溪口北堤黑面琵鷺保護區的安全地點，窩在一起睡覺、休息。這時大夥姿勢一致，縮著一條黑色修長的腿站立著，全體面向風吹來的方向，將頭藏在翅膀下睡覺。

三月下旬的清晨，南風持續吹拂著，在主棲地遠處，一大群黑琵中，緩緩的走出十多隻。牠們的夏羽非常美麗，頭上後方黃橙橙長長的飾羽隨著南風飄曳著，頸部下方的胸前也長滿橙黃色的繁殖羽。由南風傳來的訊息，再不走，可要誤了傳宗接代的大事，雖然前去的旅途非常遙遠，但這片讓黑琵度過寒冬的地方，隔年仍然會歡迎。

走了！帶頭的黑琵將腳躍起，慢慢振翅前飛，接著許多隻今日起程的弟兄們也跟著起飛；有別於平常的飛行，這將是長程的旅途，雖然途中會歇腳補充體力，但是大家還是慢慢的振動翅膀，緩緩的上升。幾隻幼鳥也跟隨在後，飛過了北堤，飛過了國聖港燈塔，暫時告別了度冬的主棲地，明年秋分過後，牠們還會再來。

黑面琵鷺保育管理與研究中心

座落於重要棲息環境內，園區內設有資訊服務台、多媒體視聽室、特展區等，也展示著琵鷺生命史、濕地生態及珍貴的黑面琵鷺標本。園區內並設有眺望七股美景的戶外觀景平台。每年黑面琵鷺抵達保護區度冬時，園區內會同步播放黑面琵鷺在保護區的即時影像，是認識黑琵的最佳解說場所。與保育管理研究中心相距約一公里處，堤岸上設有四個賞鳥亭，目前第一～三賞鳥亭在每年十～三月的賞鳥季，都有保育團體輪流提供定點生態解說服務，也可透過高倍望眼鏡和電視即時影像播放，欣賞黑面琵鷺棲息情形。

黑面琵鷺保育管理與研究中心

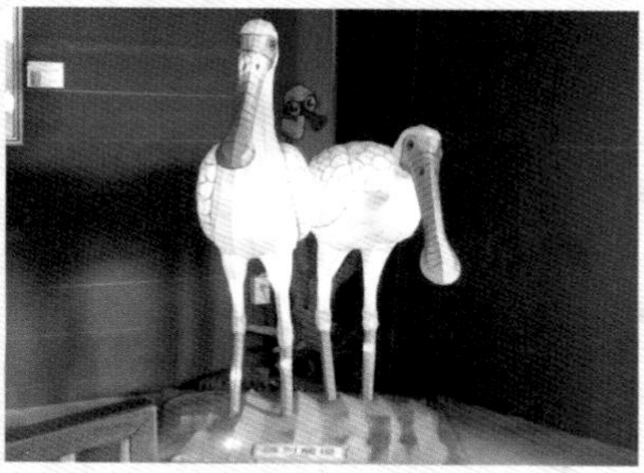

黑面琵鷺保育管理與研究中心內黑琵標本

聚落亮點

七股鹽田

七股鹽場占地寬廣，鹽場的三個分區：分別是日治時期逐步闢建的台鹽區、南鹽區，以及一九七一年闢建的新鹽田。鹽場全盛時期面積廣達二千七百多公頃，年產量十一萬公噸，占全台總產量十分之六。由於鹽灘結晶池屬於土盤結構，所以是台灣工業用鹽的最大產地。

一九八〇年代，台鹽公司為因應曬鹽產業逐漸面臨人力老化和成本不斷高漲的困境，乃積極推動機械化鹽灘的計畫。當時七股鹽場與布袋鹽場、台南鹽場同時被列為開發的三大鹽場。一九八八年開始機械採收，產量一多便堆積如山，鹽山於是成為此地奇景。但後期因生產成本偏高，無法與進口鹽競爭，台鹽公司於二〇〇二年關閉曬鹽場，七股鹽場移轉產權為國有，三百多年內曬鹽產業難逃歷史更迭。

如雪景般的七股鹽山

七股鹽業休閒文化園區七股鹽山

平曠單調的海邊，最顯眼的是人們稱「鹽田曬玉」或「台灣長白山」的七股鹽山。主要是兩座白色金字塔，南山原為堆置場之一，堆儲量約六萬公噸，高二十公尺，相當於七層樓高，展望極佳，附近的鹽田風光一目瞭然。傳統土盤與瓦盤鹽田、扇形廣場、鹽屋、鹽雕等盡入眼底。鹽山的表層因受潮凝結而形成堅硬外殼，雖可防止下雨溶解、碎鹽流失，卻因長期受到遊客踩踏與自然落塵的影響，不再晶瑩潔白；另一座北鹽山來自澳洲，為台鹽公司所投資的澳洲湖鹽場所生產回銷，供粉碎鹽工廠鹽料之所需，質地雪白，由於經常性的消耗及補充，其山形變化不一，謝絕遊客登臨。

七股鹽山從一九九〇年代起，已逐漸打開知名度，觀光客日益增多，成功經營為旅遊景點，也幾乎成為台灣新鹽業的象徵。遊客來到這裡，除了爬鹽山，飽覽周邊一望無際的鹽田景觀，也通常會去品嚐用健康低鈉鹽調製出來的各種鹹冰棒，它有四種不同的口味，為台鹽公司締造年銷售一百萬支的紀錄。

台灣鹽博物館

結合鹽山與鹽結晶的元素構造，鹽博物館打造成兩座白色晶體外壁如三角錐樣貌的建築，在幽暗昏黃的月光下，其形體宛如金字塔般，籠罩著一股神祕的氛圍。閃爍著白色光芒的建築物，是台灣首座以「鹽」為主題的「台灣鹽博物館」。號稱為亞洲最大的鹽業博物館，館內逼真的鹽田風光，展示著全台灣最豐富完整的鹽業文化及史料典藏，並展示與生活息息相關的鹽業產品。如一樓的鹽田風光、二樓鹹鹹的台灣，並設有視聽室、鹽生活體驗館、年度特展區、鹽與科學探索館及世界的鹽等，現已委由民間經營。

[1] 七股鹽山也把日本招財貓引進園區 [2] 爬上七股鹽山的遊客 [3] 台灣鹽博物館

台灣鹽樂活村

說到鹽田，很多人腦海中閃過的畫面，應該是曬鹽的小聚落的生活場景吧！遍地是鹽田的村落裡，忙碌的鹽民揮汗工作，在兇狠的海風和毒辣的陽光下，用勞力換取短暫溫飽。「汗水是鹹的，滴落結晶為鹽；握在手中是粗礫的，含在口裡是鹹的，人生是苦的。」作家鄭順聰這樣說著。位於鹽博物館後方的「十棟寮」，就是典型鹽工聚落，住民於日治時期受南鹽株式會社號召至此開闢鹽田，隨後定居下來。台南將十棟寮定位成「台灣鹽樂活村」，共同推動社區營造與鹽業文化資產再生活動，發展系列創意商品及具有鹽村風味的鹽漬物，並闢建約五公頃的土盤及瓦盤綜合體復曬鹽田，吸引民眾戶外體驗教學。

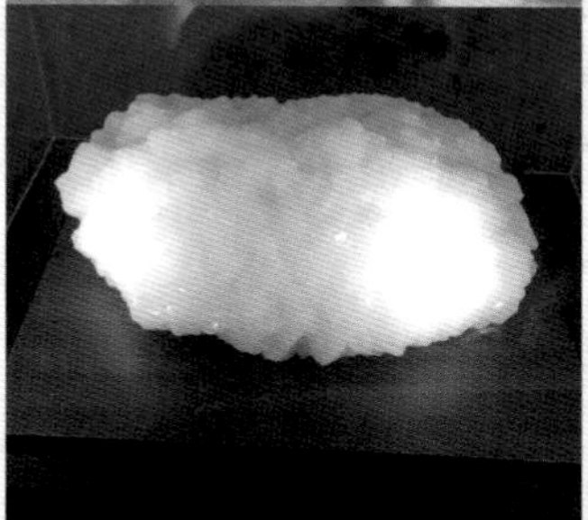

[1] 以真人裝扮的大型公仔與遊客互動 [2] 鹽的結晶展示 [3] 鹽品展覽館鹽雕翠玉白菜

一起來想想

問 《國家公園法》的實施為保護國家特有的自然風景、野生物及史蹟，並供國民之育樂及研究，後修法允許增設面積較國家公園為小的「國家自然公園」。您知道台灣至今（二〇一五年）已有九座國家公園、一座國家自然公園嗎？它們分別位在哪裡？您造訪過幾處？

問 台灣國家公園的選定標準為：一、具有特殊自然景觀、地形、地物、化石及未經人工培育自然演進生長之野生或孑遺動植物，足以代表國家自然遺產者。二、具有重要之史前遺跡、史後古蹟及其環境富教育意義，足以培育國民情操，而由國家長期保存者。三、具有天賦育樂資源，風景特異，交通便利，足以陶冶國民性情，供遊憩觀賞者。不僅台灣，國際間設立「國家公園」的過程常常很艱辛，雖有許多環境維護的優點，但相對也有許多限制，請思考籌備過程中為何有時難以達到共識？

問 「黑面舞者」黑面琵鷺是全球瀕危鳥種，台江地區是目前全世界黑面琵鷺數量最多的度冬棲息地。走訪黑面琵鷺保護區以及保育研究中心，思考如何讓黑面舞者持續來台灣棲息過冬？

問 鹽產業曾是台灣西部濱海沿路最醒目的產業風景，文化新鹽田、觀光鹽田，以及新景點如鹽博物館、水晶教堂等的出現，請思考鹽業歷史的變遷，以及在觀光產業鍊之中，老產業再生新文創所能扮演的角色？

take a break 問 think again

一起來走走地圖 GO

七股鹽田地圖

台灣鹽博物館

七股鹽山

鹽品展覽館鹽雕十二生肖

台灣八景

昔日清代的旅遊景觀與現在大不同，由於治理的地理環境限制，清代的台灣八景大都位在台南市境內，以清康熙三十五（一六九六）年的《台灣府志》中所記，八景包括「安平晚渡」、「沙鯤漁火」、「鹿耳春潮」、「雞籠積雪」、「東溟曉日」、「西嶼落霞」、「斐亭聽濤」、「澄台觀海」等，即有五處景色在台南。

曾文溪口保護區地圖

國聖港燈塔是台灣島陸地最西端點

七股潟湖

七股潟湖六孔觀光碼頭

台江國家公園管理處

第一觀測站的觀測望遠鏡

黑面琵鷺第一觀測站前的黑琵指標

第一觀測站的地域解說

曾文溪口黑面琵鷺保護區

曾文溪出海口因沖積地形與海埔新生地，有豐富多樣的生態，因此每年吸引大批候鳥來此覓食，其中最有名氣的黑面琵鷺，每年九月底也會來到這裡棲息過冬。黑面琵鷺（Black-face Spoonbill）因琵琶外形的嘴及黑眼圈而得名，已是國際級的稀珍鳥類，政府也將此區劃定為野生動物棲息地及黑面琵鷺保護區。

打狗哈瑪星新市鎮
與駁二碼頭倉庫再生

Hamasen, Takao / The Pier-2 Art Center

歷史風貌

一九〇八年打狗港築港工程開始，深掘航道，將挖出來的泥沙填出今南鼓山一帶，這是台灣第一塊填海造陸的海埔新生地。當時築有一條鐵路支線，自高雄驛到達鼓山漁市場，稱為「濱線」（Hamasen），此即「哈瑪星」地名的由來。而今無獨有偶的，高雄捷運橘線終點站也設在「高雄港站」邊，不敢再越雷池一步，只因這一帶原本是填海造陸的新生地，地質鬆軟，建捷運時附近民宅曾坍垮了好幾家，費了很大的功夫，才建站完成。

一九〇八（日明治四十一）年，打狗市街計畫規劃出棋盤式街道和下水道設施，建構出一個現代化、優良的生活環境。一九二八（日昭和三）年，壽山洞（西子灣隧道）完工、壽海水浴場開幕，闢建壽山公園，使得哈瑪星成為高雄市最耀眼的市區。

高雄市人口急速增加，因地形限制，哈瑪星的發展達到飽和。隨後州廳及市役所相繼遷至愛河兩岸，市政中心遷出，哈瑪星的繁榮已大不如前。

1
2

[1] 日治時期打狗港 / 胡文青提供 [2] 高雄港內海航行中的貨櫃輪

一九五〇年代，哈瑪星轉型經營發展遠洋漁業，再創新機。遠洋漁業的周邊行業：冷凍行、報關行等紛紛出現於哈瑪星。尤其沿著第一船渠的幾家製冰廠，那長長的管路高架到岸邊。舉頭仰望，一整塊大冰塊，順著管路，最後變成碎冰滑進船艙裡，大人小孩莫不雀躍驚喜。空氣中濃濃的魚腥味，混著機油味、冰廠的阿摩尼亞味，正是哈瑪星的綜合味道。

每當百噸嶄新遠洋漁船隆重下水典禮的盛大場面，是許多哈瑪星人共同的記憶。在地作家王聰威《濱線女兒》中，有生動的描述：「那是艘白底紅邊的明亮拖網船……，親朋好友送來祝賀漁獲豐饒的七彩祈福旗幟及細碎流蘇，襯著綠色的打狗岩和碎冰房的空中輸送道啪啦啪啦翻飛。時辰剛好，船東便開始和海腳仔從船上又遠又近地扔出糖果餅乾、錢幣和麻糬。」

一九六七年後，高雄第二港口啟用，前鎮漁業大樓落成，遠洋漁業重心轉移至前鎮遠洋漁港。高雄漁會及周邊行業相繼遷出，哈瑪星商機零落，繁榮褪盡。

位於哈瑪星之旁的駁二藝術特區又是另一番景象。自二〇〇二年啟用以來，短短十年間迅速發展，建立起文創觀光的高知名度。誰能料到曾經是密閉昏暗、門禁森嚴的港埠倉庫，經過閒置數年的傾倒頹壞及雜草叢生，能轉變成今日的人氣藝術展演場域？如今整個駁二展示空間已擴充到二十五棟，場域廣達六・九公頃。大勇、蓬萊倉庫群，主打多樣性的展演活動，大義倉庫群則以藝廊、精品為主，文創魅力深受矚目。

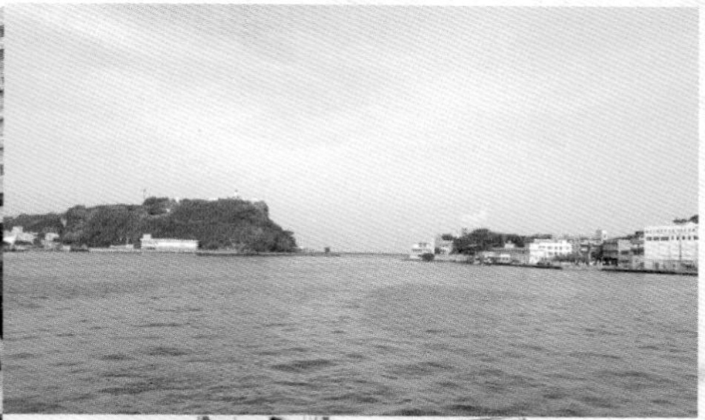

[1]高雄港第一港口 [2]駁二藝術特區地標[3]駁二 C4 誠品書店 [4]駁二大義倉庫群

在地之光

高雄港站日本時代原稱「打狗驛」，一九二〇年更名為「高雄驛」。一百多年來，高雄港站曾是台灣最大的貨運站，也是高雄市的第一個正式火車站。作家向陽曾寫有〈舊打狗驛〉新詩一首，生動地描述當年高雄港站風情，摘錄部分於下：

百年前那幾株揮灑美麗長影的
可可椰子樹，已經消逝風中
依稀還可看到人力車伕踩著
整個打狗城羨慕的眼珠子
沿著驛前新濱町市街
一路踩到渡船頭
目視生鮮魚蝦入港
連聲聲汽笛入耳也特別響亮
這是台灣縱貫鐵路的終點
這是濱線的起點，Hamasen
我們叫她「哈瑪星」……

高雄港站的舊站體、舊倉庫、北號誌樓及其附屬設施，於二〇〇七年七月一併登錄為高雄市歷史建築。二〇一〇年九月，高雄市府終於獲得台鐵同意，無償認養車站與南側建築群及土地，規劃成鐵道文化園區。車站辦公室以原

3	1
4	2

[1] 高雄港站站長室 [2]「驛動 ‧ 百年鐵支路」活動意象，圖內為日治時期高雄港站 [3] 高雄港站北號誌樓 [4] 高雄港站鐵道文化園區

[1] 陳列在哈瑪星鐵道文化園區鐵軌上的各式火車 [2] 矗立於七賢路與蓬萊路口的大型高雄人公仔：工人和漁婦 [3] 鋼雕作品展示 [4] 打狗鐵道故事館內鐵路文物的展示 [5] 駁二蓬萊園區一隅

貌保留成立打狗鐵道故事館，提供鐵道圖書閱覽和鐵路文物展示，深具文化資產活化意涵。

整修後的鐵道文化園區，視野遼闊，其間放射線狀鐵軌的鋪陳，規模之大，在台灣難得一見。作家劉克襄〈在打狗驛〉有云：

一座廢棄的鐵道廠房
十幾條鐵軌伸向過去的打狗
每一條都負載過大港的工業內涵
最近文化園區的理念
如那花卉繽紛的草原，包圍著
各式殘存的老舊火車……。

因應鄰近駁二藝術特區蓬勃發展，向東西兩側擴展，跨越七賢四路成立蓬萊園區，終於與哈瑪星鐵道文化園區的放射狀鐵軌場域接壤，雙方交接的空間成為鋼雕作品展示場，展示國內外名家的大型鋼雕傑作。無間隙接縫，所有展區連貫，毫不浪費空間，一氣呵成，遊客稱便。

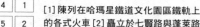

聚落亮點

山形屋

建於一九二〇年代的「山形屋」，矗立於高雄港站前臨海路交叉口，是一棟古典醒目的建築。本體由紅磚搭配白色的條紋飾帶，顯現出與眾不同的典雅氣質，述說著哈瑪星當年的文采風華。山形屋是高雄第一家現代化書店，經過多年閒置，現改為餐廳。

山形屋

武德殿

武德殿是源自日治時期警察系統武德會。高雄武德殿於一九二四（日大正十三）年竣工落成，武德殿建於登山街山坡高台上，以老古石疊起主體建築台基，再由左右兩側長階進入。武德殿建築氣宇軒昂，是和洋折衷樣式風格，以來自台灣煉瓦會社高雄工場的清水紅磚砌成的牆面，飾以非常醒目的日本武士道圖騰：箭和箭靶，充滿武德意象。

作家路寒袖在〈無武之境〉有吟：

[1] 高雄武德殿外觀 [2] 武德殿內部空間 [3] 武德殿前的老榕掛滿「祈願繪馬奉納所」

武即是無
無仇無怨無情無招
無招之招無聲無息
無聲，只見鳳凰花飄落
豔紅的花瓣在空中
微微一笑
是禪，禪中無我
禪即是花
來我這裡
請肅身垂首斂眉
到鳳凰木前
卸下你的焦慮
將殺氣掛在
門口的老榕
脫鞋入來
趺坐，閉目冥思
你將悟得
武道的無武之境

整修後的高雄武德殿由一個原本充滿陽剛殺氣的習武場所，一下子轉化成為壽山山麓下力與美結合的「無武之境」。

人工挖掘的哨船頭運河（第一船渠）

薪傳獎得主廟宇畫師潘麗水所繪的門神

代天宮

代天宮

一九〇八（日明治四十一）年高雄築港後，各行各業蓬勃發展，促使各地人馬不斷湧入，其中以澎湖及台南北門人居多。北門蚵寮鄉親於一九四九年決議建廟「代天宮」，一九五四年完工，奉祀南鯤鯓代天府五府千歲、蚵寮保安宮池府千歲和清水祖師，因此又稱「蚵寮廟」，成為哈瑪星居民的信仰中心，俗稱為「哈瑪星大廟」。

廟宇雕樑畫棟，剪黏功夫細緻，繽紛華麗。廟內的門神彩繪屬於國寶級作品，被視為代天宮之寶，還特別加上保護膜，足見其珍奇可貴。代天宮的門神最初為陳玉峯所繪，後聘薪傳獎大師潘麗水於一九七四年重畫，二〇〇八年再由吳杏雪修復。二〇一二年報導指出，已故國寶級大師潘麗水最大的壁畫原作現存於哈瑪星的代天宮。由於壁畫飽受煙燻和鹽害，畫作下方損失嚴重。文化部文資局保存研究中心經過數次勘查研究及修復壁畫原貌，而該壁畫的修復過程也將成為國內文物修復的經典教材。

第一船渠

六月時節，望著壽山尾脊，滿山盛開的鳳凰木，萬綠叢中忽地出現一大片火紅，想必更能震撼人心；藍天白雲，成排的白色遊艇，是都會區難得一見的美景。

哨船頭景觀橋

二〇一〇年，市府為了方便行人與單車騎士，建了一座白色典雅的跨河步道橋「哨船頭景觀橋」。站在橋央憑欄遠眺，一邊是翠綠的壽山，一邊是波濤平靜、舟船穿梭的內海；遠方是夕陽西下的旗後燈塔，腳下是漁船並排的第一船渠。

鼓山輪渡站

早期，鼓山與旗津的內海水域，靠著竹筏或舢舨接駁，險象環生，尤其在颱風來臨之際，更發生多次船難。當時兩地僅靠今稱「鼓山輪渡站」此一門戶船班維繫。當旗津成了著名的觀光景點後，每逢假日，新建的鼓山輪渡站更是大擺長龍。

3	1
4	2

[1] 橫跨第一船渠的哨船頭景觀橋 [2] 第一船渠的遊艇碼頭 [3] 停泊在第一船渠的旗鼓輪 [4] 由鼓山輪渡站起航的旗鼓輪

大碗公冰

鼓山輪渡站與魚市場前的濱海一路，可說是哈瑪星最熱鬧的地段，尤其站前的一排「大碗公冰」冰店，更是打開了全國知名度，更是來到此地觀光客的最愛。昔日的大碗公是用鋁盆裝冰，「俗擱大碗」，是炎炎夏日不可或缺的消暑盛品。現在更可挑戰二倍、三倍、五倍，甚至二十人份的冰品活動。而在牆上留下「大胃王」的芳名，讓人吃冰之餘，玩得不亦樂乎！

大碗公冰名店

打狗英國領事館園區

一八六四年打狗開港設立海關後，十一月英國將駐台副領事館南遷至打狗，一八六五年二月升格為領事館，郇和（Robert Swimhoe，史溫侯）升任為領事，打狗領事館因此成為英國駐台灣第一個正式領事館。領事館至一八七六年才正式於哨船頭開始籌建，建館工事由英國工部負責設計建造。官邸用地選擇於打狗港入口西北方居高臨下，而辦公室則位於山下，面對港口。官邸與辦公室兩者之間開闢一條小徑上下連結，一八七九年完工啟用，這就是後來的「登山古道」。

山下的打狗英國領事館辦公室，一九五〇年六月成為台灣水

[1] 英國領事館官邸 [2] 英國領事館官邸迴廊景觀

[1] 登山古道，連接英領館辦公室與官邸 [2] 由英領館官邸遠眺高雄市天際線 [3] 英國領事館辦公室前的蠟像，生動有趣

產試驗所高雄分所，二〇〇四年該所員工全數搬離，次年由高雄市政府公告為市定古蹟。二〇一〇年起開始進行領事館及古道的修復作業，與官邸整合為文化園區，為台灣唯一完整呈現英國領事館官邸、古道、辦公室的重要古蹟群落。

山下辦公室園區將展覽內容透過栩栩如生的蠟像和場景，引領大家重返一八七九年當時的歷史光景。午後休閒時間，在領事館或官邸享用典型的英國三層式下午茶，彷彿接受領事邀約，品嚐這段美好時光。

建造於一八六五年，哨船頭居民稱為「百二層」的古道，所有建造領事館官邸的建材即循此搬運而上。一九七六年，原位於西子灣隧道口附近的十八王公廟因中山大學校區建設，被遷至山上英領館官邸之旁，且從海濱闢建曲折台階取代古道出入。古道因此人跡稀少，日久淹沒於蔓草雜樹之中，後因危險而封閉。英領館官邸整修時，古道也重新修復。以花崗石、老古石、紅磚砌成的古道，迂迴於礁岩與樹林間，漫步其上，思古之情油然而生。

雄鎮北門

往英領館途中路邊小巷，可見「雄鎮北門」牌坊，朝上走就是哨船頭砲台遺跡。一八七四牡丹社事件後，清廷為加強台灣的軍事防禦措施，在打狗共設置三座砲台，除了「雄鎮北門」哨船頭小砲台外，尚有在旗後山的「威震天南」旗後砲台，以及在壽山上的「大坪頂砲台」。砲台現建有木棧步道及觀景台，在此可觀覽壯闊的高雄港灣及進進出出的船隻，也可沿著木棧道走下至西子灣廣場，憑欄蘿蔔坑，欣賞夕陽落日，風味別具。

雄鎮北門牌樓

一起來想想

- 交通工具與動線常是城市經濟發展的命脈，繁華與衰弱常與其有密切關連，港口、鐵道造就哈馬星的繁華，近年走向觀光，如打狗英國領事館文化園區正是文化觀光超級景點，但也面臨觀光人潮帶給哈馬星在地居民的干擾，思考其弔詭之難題。
- 日本時代的建物在戰後常遭閒置或剷除或移作他用，全台各地都有武德殿，有的變身為文物館、有的變為餐廳、有的還等待修復，哈馬星的武德殿為何被譽為全台灣最漂亮的武德殿，榮獲許多獎項，它是如何活化的？您知道宮本武藏的海外傳人就坐鎮在這裡嗎？
- 走訪全台灣唯一的鐵道文化園區，思考高雄港車站在面臨開發與保存之不易，從臨港線廢存爭議到變為今天的熱門自行車道，從大五金街與城市景觀的脈絡共存或衝突到休憩的綠地公園，眾說紛紜，您怎麼看？
- 「閒置空間再利用」是使城市挖掘其在地意義及風格之實踐方式，而老空間再創造為推展文化藝術價值者更是近年顯學，駁二可謂其中翹楚，走訪一趟駁二「舊事倉庫」，從二棟到超過二十五棟倉庫，思考細數哈馬星、鹽埕這一塊濱海地帶，漁鹽製糖的繁華沒落與設計文創轉型再生等歷程，在倉庫裡與外的時光雕刻中，請找出最喜歡的倉庫空間，以及為什麼？

take a break think again

一起來走走地圖GO

打狗哈瑪星、旗津地圖

駁二大義園區 Artco C6 前的公共藝術裝置

哈瑪星「打狗文史再興會社」

有一群人正為哈瑪星文史和遺跡保留而努力，號召的精神如官網臉書所言：「致力於與官方的溝通協調，在文史保存與城市發展之間，創造政府與民間的雙贏局面。目前正積極關注『哈瑪星新濱老街廓開闢案』」。這就是「打狗文史再興會社」，團員並以行動付諸實行，如社區地圖的製作、文史探訪導覽、木工班的課程等一連串文化資產保存與推廣活動，深耕鹽埕與哈瑪星地區，是在地最有活力的非營利組織之一。

打狗文史再興會社

駁二 C4 誠品書店巧妙利用倉庫與貨櫃營造一個高雄海港貨運集散轉運的意象

駁二誠品書店外廣場，處處可見裝置藝術

由駁二倉庫空間轉化而成的駁二當代館

鼓山輪渡站大門

內海航行中的旗鼓渡輪

橫跨第一船渠的哨船頭景觀橋

高雄港內海，對岸是旗津島上燈塔

英國領事館官邸

英國領事館登山古道

鼓山輪渡站

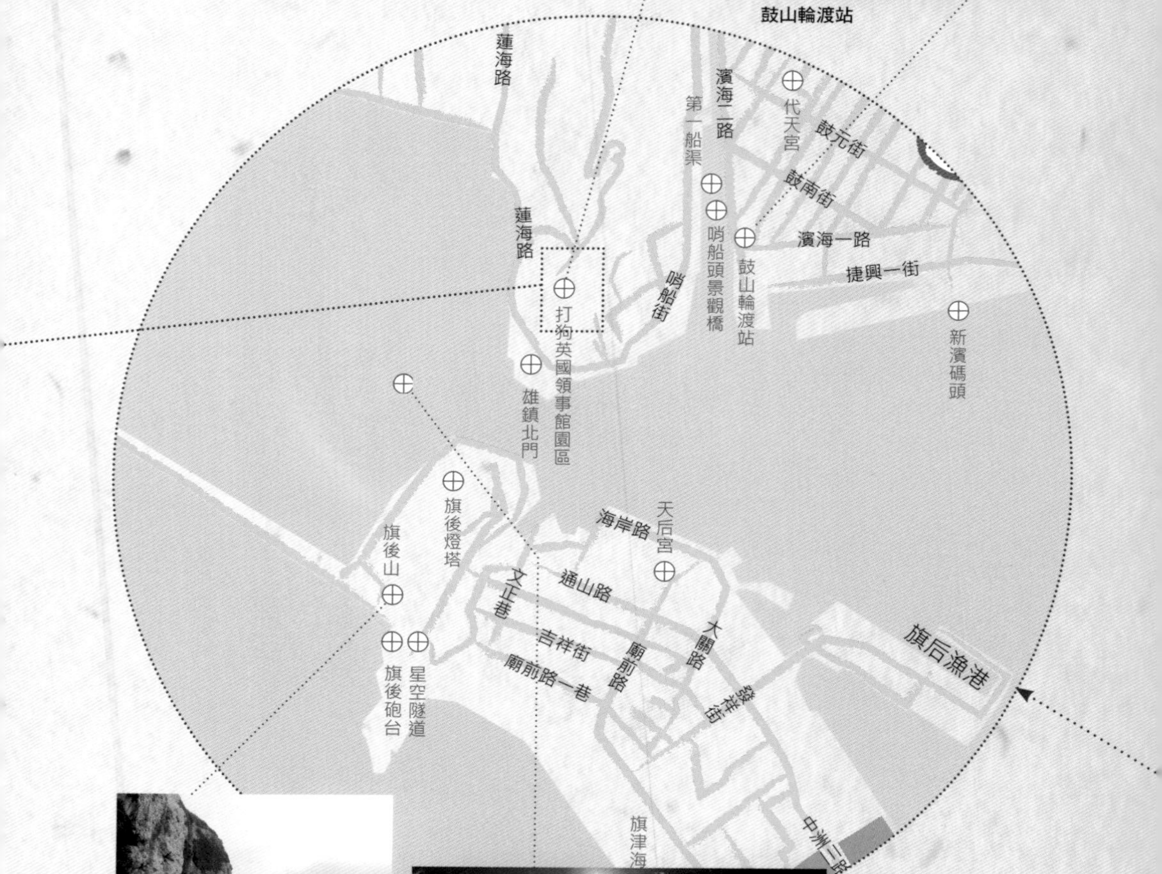

旗後山

由英領館官邸眺望台灣海峽，波光粼粼

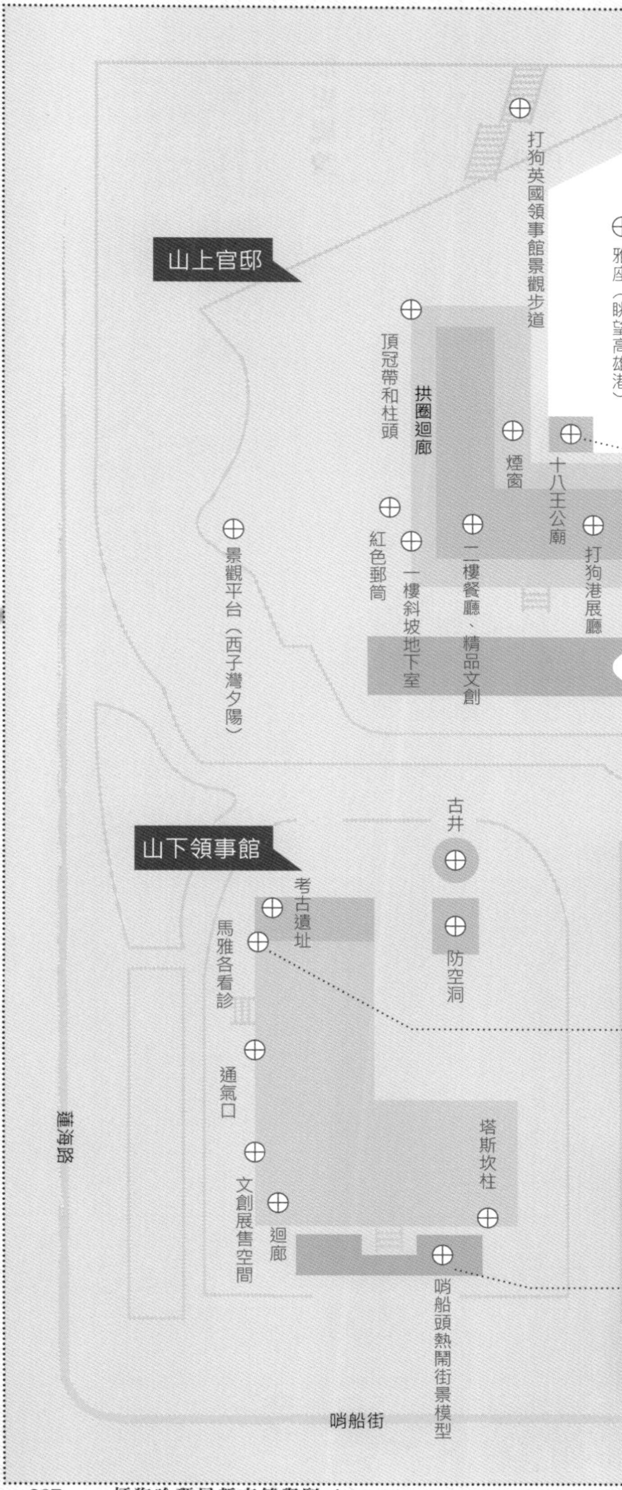

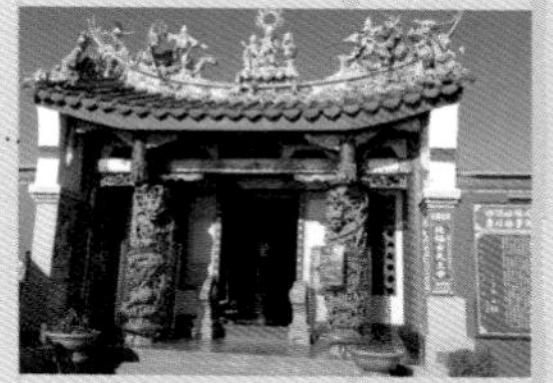
英領館官邸旁的十八王公廟

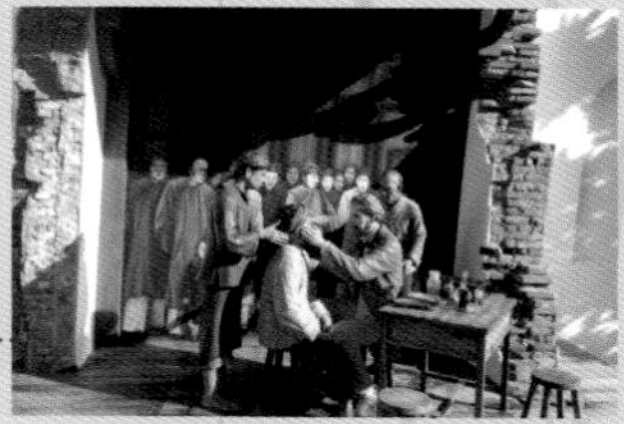
英國領事館辦公室後面，馬雅各醫師行醫蠟像

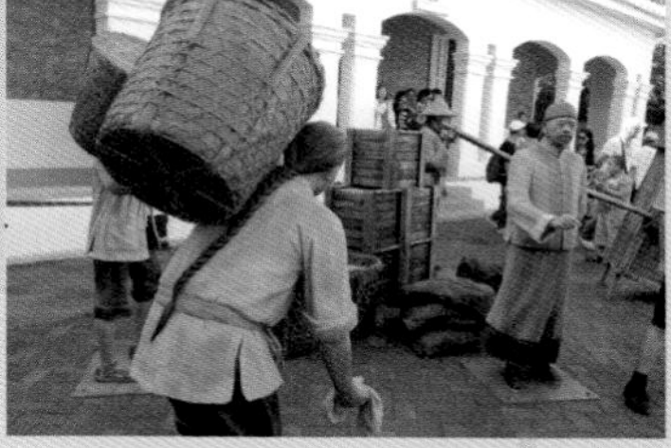
英國領事館辦公室前的蠟像，生動有趣

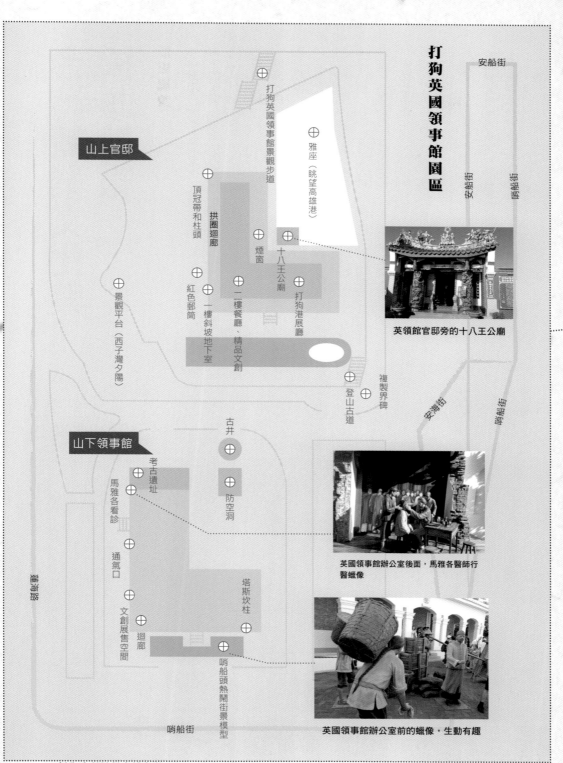

台灣糖業文化與橋頭糖廠

Taiwan Sugar Culture & Ciaotou Sugar Refinery

歷史風貌

台灣現代經濟發展史上，製糖工業占有舉足輕重的地位。台灣產業的工業化也肇始於製糖工業，從土地利用、交通運輸到機械生產等都跟製糖業息息相關，甚至連高雄港的開闢也與當時砂糖的輸出有關。

原產於印度恆河流域的甘蔗，是製造砂糖的原料。台灣種植甘蔗的起源，一般認為始於十六世紀後葉的明萬曆年間。荷領時期，在重商主義誘導下，甘蔗成為高價值的經濟作物。荷屬東印度公司以台灣為生產基地，實施集中種植，提高生產量，並介入國際糖業市場，為荷蘭帶來大筆的貿易收入。連橫的《台灣通史》也寫道：「制王田，募民耕之，所產之物，米糖為巨。」

明鄭與清領時期，台灣的糖業大多沿襲荷蘭時代模式。清初浙人郁永河為採硫來台，當時搾甘蔗製糖已十分普遍，台灣中南部四處可見蔗園，他在〈台海竹枝詞〉中描繪南台蔗園景致：

蔗田萬頃必萋萋，一碧籠蔥路欲迷；
綑載都來糖廍裡，只留蔗葉餉群犀。

蛻變後的橋頭糖廠，今日糖廠內的十鼓橋糖文創園區

日本時代之初，台灣總督府即確立「工業日本，農業台灣」的殖民經濟方針，將台灣視為熱帶經濟作物與糧食生產地。留德農經博士新渡戶稻造是影響台灣糖業近代化的重要人物，他於一九〇一（明治三十四）年向總督府提出「台灣糖業改良意見書」。一九〇二年總督府頒布「台灣糖業獎勵規則」，實施「原料採收區域制度」。台灣的糖業從此進入現代化、集權化，糖業在國家權力的保護下，迅速發展，成為台灣在日本時代最大、也是最重要的產業。

新式製糖廠的生產模式及原料甘蔗的品種改良下，台灣的製糖業在十年內增產十倍，成為世界糖業的經濟奇蹟，幫日本賺進大把大把鈔票，成為日本帝國重要的經濟支柱。但日本政府為了獲得更大的利益，不惜剝削殖民地農民的利益。人在屋簷下，不得不低頭。蔗農心聲又有誰人知？正如俗語所說的「第一憨，種甘蔗給會社磅！」

與君相約後壁溝，
甘蔗打結作記號，
天壽誰人將結套（解開），
害我一人鑽一溝。

這是描寫蔗農男女幽會不成感嘆的台語打油詩，更是往昔秋收時蔗園特有的氛圍。

事實上，日治時期大部分蔗農依然是貧窮的佃農，要在地主與糖廠的雙層剝削陰影下過活。目不識丁的蔗農往往在地主的誘騙下，簽下高利貸不合理契約，加上甘蔗原料收成價格任由糖廠制定，有時還會偷扣斤兩，一隻牛剝兩層皮，蔗農往往血本無歸，甚至妻離子散，家破人亡。

戰後，國際貿易中斷，社會動盪不安，農業經濟殘破不堪。當時國府的農業政策是「以稻作生產為糧食中心，以砂糖生產獲取外匯」。直到一九六三年止，糖業始終占台灣外銷產品的第一位。正如〈台糖進行曲〉所唱的：

碧海泱泱
出現平疇沃壤，蔗田千萬甲
處處削苗忙，盡人力，加生產
但願甘蔗年年早生產
萬戶喜洋洋
煙囪巍巍，機聲軋軋，日夜加工忙

日治時期採蔗婦女／胡文青提供

市定古蹟「社宅招待所」

一九六六年起國際糖價劇跌，外銷糖業已無利可圖，糖廠紛紛關閉之際，台糖公司為因應外在環境快速變化，乃行多角化經營。至二〇〇四年完成建立砂糖、生技、休憩、畜產、量販、油品、商品行銷及精緻農業等八大事業。其中精緻農業項下的蝴蝶蘭研發生產，最為亮麗。

在地之光

一九〇〇年由三井集團所主導的台灣製糖株式會社在東京成立，隔年在橋仔頭設立第一座新式製糖廠，跨出台灣產業工業化的第一步。而後隨著橋仔頭糖廠成功的經驗，新式糖廠在台灣如雨後春筍般的成立。更有甚者，為了大量的砂糖外銷運輸，還特地打造釜山丸、福岡丸兩艘大船常駐高雄港，專為載糖之用。

日人在橋仔頭設立全台第一座新式製糖廠，因而被稱為「糖業文明發祥地」。然而歷經近百年歲月，台糖在國際糖價的競爭壓力下，節節敗退，終於在一九九九年二月八日最後一天的運轉後，百齡的橋頭糖廠正式關廠走入歷史，後來整個廠區也被列為高雄市定古蹟。

二〇〇一年成立的「橋仔頭藝術村」，係橋仔頭文史協會推動糖業文化園區保存與活化再利用的具體工作之一。獲得當時文建會補助藝術家進駐計畫，至今已舉辦過十多起大型活動，開創南部新的藝文風氣，為這塊土地注入新的文化能量及多元風貌，也累積了不少藝術和人力資源。

聚落亮點

目前橋頭糖廠大致可分為三大區域：製糖區、生態區及十鼓橋糖文創園區。

糖業博物館

二〇〇六年四月三十日「台灣糖業博物館」開幕，為全亞洲第一座糖業博物館，也是台灣首座以糖業工業遺址為主題的博物館。糖業博物館除了位於製糖區的一棟百年難得一見的歷史建築：「製糖工廠」為博物館主展區外，製糖區更將整個製糖流程、步驟和機械做完整介紹。另外它也分散於糖廠區域各地，較像社區生態博物館。

生態區

百年老店的橋仔頭糖廠，全廠區占地二十三公頃，非但是台灣新式製糖的發祥地，更像一座森林公園。根據記錄，廠內植有三百多種植物和五十多種鳥類棲息。廠中綠意盎然的林蔭步道，蟲鳴鳥叫的自然樂章，五彩繽紛的美豔花草，是個可讓人輕鬆自在，感受自然氛圍的地方。

[1] 廠內綠意盎然的林蔭大道 [2] 台灣糖業博物館：亞洲第一座糖業博物館、工業遺址博物館、社區生態博物館
[3][4] 廢棄閒置的製糖工廠，再利用改為糖業博物館

1
2
3
4

[1] 雨豆樹廣場：枝椏蒼勁的雨豆樹，與古拙失修的教室是很好的搭配，夏天一到，枝葉茂盛的雨豆樹，造就一個蔭涼的廣場 [2] 白屋低矮紅磚圍牆，透露出圍牆內白屋蒼翠的綠意 [3] 白屋內，矗立於蓊鬱林蔭的古式紅磚水塔 [4] 白屋庭園內的紅磚水塔

雨豆樹劇場

雨豆樹劇場原先是日軍的相撲場所，已有九十多年歷史，後來於一九五八年為訓練越南交換學生而改建宿舍，形成一座戶外的展演場所。宿舍前有株高碩的雨豆樹，樹冠寬闊、樹姿優美。與其旁旋轉式老古石材做成階梯與石牆，構成一幅優美的圖畫。由於雨豆樹遮蔭效果極佳，昔日糖廠為防止採收後的甘蔗水分蒸發，在糖廠內多選擇種植雨豆樹，把採收後尚未製糖的甘蔗堆置於雨豆樹下，既可防晒，尚有保濕功能。

白屋

白屋原為「橋仔頭糖廠招待所」。融合了歐式與日式庭園及台灣特有植栽景觀，是糖廠招待貴賓的地方。隨著糖業沒落，招待所曾毀於祝融，景觀布局散離殘破，常有吸毒青年和流浪狗出沒。二〇〇八年，一群長期致力於保存文化資產的在地人士，承租並修復這個幾乎被人遺忘的美麗場所，也就是現在的「白屋（By wood）」。

白屋即是橋仔頭藝術村的總部，是台灣最早的藝術村之一。又將招待所最重要的空間改為藝廊，因為台灣不缺一間有特色的餐廳，但卻需要一間真正的藝術空間。招待所前的兩座典雅、線條優美的紅磚水塔，在它的簡單架構中，形狀多重變化，兼具有拱廊的層次效果，一流的砌磚技巧，堪稱為磚造建築的精品。水塔更與百齡老榕相映成輝，常是婚紗攝影的焦點所在。

漢景空間美術館

位於白屋對面，是一個由八棟宿舍串連改造、設計感十足、極富綠建築概念的公共空間。漫步其間不但可以在寧靜的氛圍中欣賞藝術作品，室內外光影交錯，讓空間充滿變化和色彩。館內結合了建築設計工作室、文創商品、生活餐飲、藝文展覽空間等元素。

宿舍區

座落於宿舍區的宿舍皆已老舊廢棄閒置不用，門窗剝離脫落。一九九六年，台糖公司為了管理方便，拆毀十九棟尚堪使用的木造屋舍，此舉引起各方的嚴重關切，為避免文化資產再次受到人為破壞，高雄縣政府遂於一九九八年將橋仔頭糖廠列為縣級古跡，使得橋仔頭糖廠一躍成為全國最大的古蹟保護區。

防空洞

橋頭糖廠原約有四十座防空洞，由於缺乏維修及捷運施工拆毀，目前僅剩下約二十座左右，這批防空洞的造型與空間的運用巧妙各有不同，其砌磚工法可能是當時台灣磚造技術最豐富的時期。二〇〇二年，第一期駐村藝術家舉辦「防空洞藝術節」，引領民眾重新認識這些富饒趣味的防空洞，不僅具備凸顯出橋仔頭糖廠的神祕魅力，更是閒置空間再利用的極富創意的一項展現。

2	1

[1] 漢景空間美術館，紅磚外牆，構成室內外空間光線的對比，襯托出展品的光影 [2] 廠區內的防空洞，充做戰時指揮中心

[1] 市定古蹟「社宅招待所」 [2.3] 矗立於林間的聖觀音像：黑尼陀

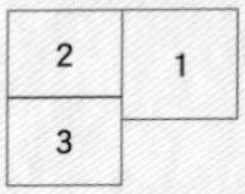

社宅事務所

糖廠區內留存有兩棟西洋風格的辦公廳舍、拱型迴廊的宅邸型建築，立面、柱頭雕花均相當簡潔。階前草坪植有椰子樹，背景就是廠房，令人體會得出典型的南國產業景觀。建於一九〇一年的社宅事務所，它不僅象徵台灣新式製糖的里程碑，同時也是日治時期台灣重要的歷史建築之一。

被列為古蹟的社宅事務所，目前主體建築保存尚稱完整，社宅的屋架是台灣紅檜構成的木架構，尚保有一九〇一年的上樑牌記。本棟的建築風格基本上是仿荷蘭在東南亞殖民地的建築樣式，以西方建築元素，如柱式、連續拱圈等融入當地實際需求發展出涼廊式的迴廊，故稱為「熱帶殖民樣式建築」。

聖觀音像

位於社宅事務所旁林蔭間，百年來是橋仔頭糖廠的守護神，橋頭人稱「黑尼陀」。當時鈴木藤三郎社長託人仿造日本奈良藥師寺的聖觀音像，共鑄造三尊，一尊放在鈴木的故鄉、另一尊在琉球、一尊恭奉在橋仔頭糖廠。本尊的聖觀音像是屬六、七世紀白鳳飛鳥時期的風格，此時日本佛教藝術仿自唐朝，是佛教藝術極品，被日本列為重要國寶級佛教藝術品。

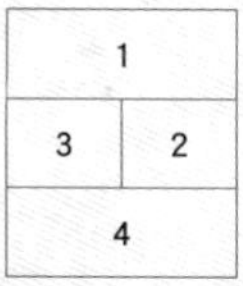

[1] 糖廠林蔭下的五分仔車 [2] 馳往高雄農業花卉中心的糖廠五分仔車 [3] 五分車修復場 [4] 樟樹林下的五分仔車

糖鐵五分車

一九〇一（日明治三十四）年橋仔頭糖廠成立後，一九〇五年山本外三設計師建議鋪設軌距七六二公厘規格的鐵道，來運送甘蔗。這種形式的鐵道是一種可拆裝的鐵道設施，可隨著採收甘蔗所需而拆裝，並可用牛來牽拖火車載運甘蔗。

一九〇七年，正式以蒸汽火車來運送甘蔗，台灣第一條製糖廠火車道終於在橋仔頭糖廠誕生，開啟了台灣五分仔小火車的歷史，也成為台灣農村特有的景觀。同時台灣製糖株式會社向美國購買三輛Porter工廠製造的馬鞍型蒸汽火車，一百五十輛四公頓的運輸甘蔗車廂，這些便是台灣最早的一批五分仔火車。當時的橋頭火車站，也因此成為少見的「五分鐵路」與「縱貫鐵路」雙鐵共用的車站。

「五分」是「一半」的意思，因為台糖小火車車軌是七六二公厘，而縱貫線鐵路軌距為一〇六七公厘，大約它的一半寬，故稱為「五分仔車」。在當時橋仔頭境內就有五條五分仔車線，總長約六三・二公里。分別是頂螺底線（彌陀、梓官）、石案潭線（岡山、阿蓮）、滾水線（滾水、燕巢）、鳳山厝線和仁武線。待甘蔗採收季節一到，小火車就會出現在橋仔頭一帶四處穿梭，煞是熱鬧。

五分車修復站是一座活的鐵道博物館，在裡面可窺見各式停擺的火車機械。五分車修復站周圍林蔭蒼鬱，站前廣場長有二十來棵的老樟樹，其中三~四棵樹圍達四公尺以上，估計樹齡近百，綠蔭成林，特在樹下鋪上木棧板，作為步行、休憩之用。而在修復站的較遠方，多輛五分車車廂閒置在鐵枝路上，構成橋仔頭糖廠特有的鄉野景色。

二〇〇三年橋頭糖廠舉辦「戀戀五分車糖業文化節」，曾是載運甘蔗的五分車，搖身一變為人文觀光列車，吸引不少民眾搭乘，來趟「田野列車之旅」。重新上路的五分車，於每周六、日，每日對開四個班次，從十點三十分~下午四點三十分，每二小時一班，往返於捷運橋頭糖廠站到位於青埔的台糖花卉農園中心之間，全程約二公里，沿途可欣賞糖廠周邊景觀、蔗園與田野風光。

十鼓橋糖文創園區

歷史建築除了發思古之幽情外，最好能夠注入創新、詮釋、變身，以文化創意產業活絡生計，才能真正保存維護。為了發展在地觀光，腹地廣大的橋頭糖廠近年慢慢釋出空間，讓一些具有文創潛力與實力的藝文團體陸續進駐。其中十鼓園區可說投入最多資源與心力，為橋頭糖廠的亮點。

十鼓擊樂團創立於二〇〇〇年，曾多次獲選為國家扶植藝文團隊，並屢次受邀參與國際展演。它也曾入圍葛萊美最佳傳統音樂專輯表演團隊獎，及美國獨立音樂最佳傳統音樂專輯獎。並於二〇〇七年在台南市仁德區的仁德糖廠落腳，成立十鼓仁糖文創園區。

十鼓橋糖文創園區設有鼓樂心靈教室、體驗教室、十鼓蔬苑、文創商品館、會議廳、五行鼓博館、十鼓橋糖事紀館等。將廢棄的倉庫再利用，其中的C8號砂糖倉庫，保留風化過的殘壁、焚燒後的檜木及孕育而生的原生植物，由葉世宗建築師以雨林生態元素，設計了「聽雨軒」。融合流水、生態池、日月星空、綠籬、雨林、跳石等，並榮獲二〇一二建築園冶獎。

園區內的表演館，定時表演集民俗、鼓藝與舞台聲光特效的「定目劇」。奇幻光影、氣象萬千的水舞台，搭配時而氣勢澎拜、時而婉轉低吟的鼓樂，讓人彷彿逐漸導引入定，心領神會。

十鼓橋糖文創園區

橋頭老街

蜿蜒老街路旁擺著賣蔬果的攤子以及各式各樣的店家。祀奉媽祖的燕橋宮是橋頭重要的廟宇，位在老街中段。路邊有家不起眼、沒有店名招牌的小攤子，賣的是一顆五元的肉圓，肉圓是蒸煮肉圓，不像彰化寶斗油炸肉圓。小小的一口吞，一碗四顆配上熱騰騰十元的味增湯，正是人間美味。

3	1
5 4	2

[1] 橋頭老街 [2] 橋頭名店，五元肉圓，一盤 4 粒 20 元，便宜又好吃 [3] 糖蜜步道，沿著糖廠外牆，通往中崎村，一邊是圍牆內老樹，另一邊是一望無際的蔗園 [4.5] 糖廠內的花園之一

蜜糖步道

起點是中山堂興糖路前，一邊順著糖廠磚砌圍牆外圍，另一旁是中崎溪的水道。沿著圍牆這邊林木蒼蓊，樹蔭遮蓋，頗具涼意，有時依稀看到淡紫色的小花開滿苦楝枝頭，隨風飄落滿地；步道田野綿延，甘蔗綠波如浪，空氣中還有甜甜的糖味，這是典型的鄉間小路，充滿新鮮的氣息。橋頭糖廠為了確保水源的供輸，截取中崎溪水，又另闢一條水道，並在上游建攔水壩。惟一掃興的是偶爾會有摩托騎士呼嘯而過，揚長而去。

高雄花卉農園中心

花卉中心位於青埔，園區寬敞、林木茂盛。原是台糖橋頭工廠的原料種植區（甘蔗園），糖廠停產後，轉型為花卉中心，並設有土窯、烤肉區、漆彈遊樂區，當然糖廠的冰品飲食是不會忽略的。花卉中心園區空曠清爽，是高雄都會區假日一個遊樂的好去處。

一起來想想

問 為何諺語說「第一憨，種甘蔗給會社磅！」當走入糖廠園區時，哪些景物可以讓你遙想日本時代的社會氛圍。

問 橋仔頭糖廠為台灣第一座新式製糖廠，並為新式產業生產模式之濫觴，在糖廠園區你有看見與早期的糖廍不一樣的新式設施嗎？

問 在台灣各地糖廠轉型精緻農業的過程中，蘭花產業如何成為代表性的產業。

問 橋仔頭糖廠為何重要？是因為同時被指定為文化資產保存法之「市定古蹟」產業設施，並登錄為「文化景觀」之工業地景？

take a break 問 think again

一起來走走地圖GO

橋頭糖廠文創園區

台灣糖業博物館入口意象

十鼓橋糖文創園區內鼓樂教室

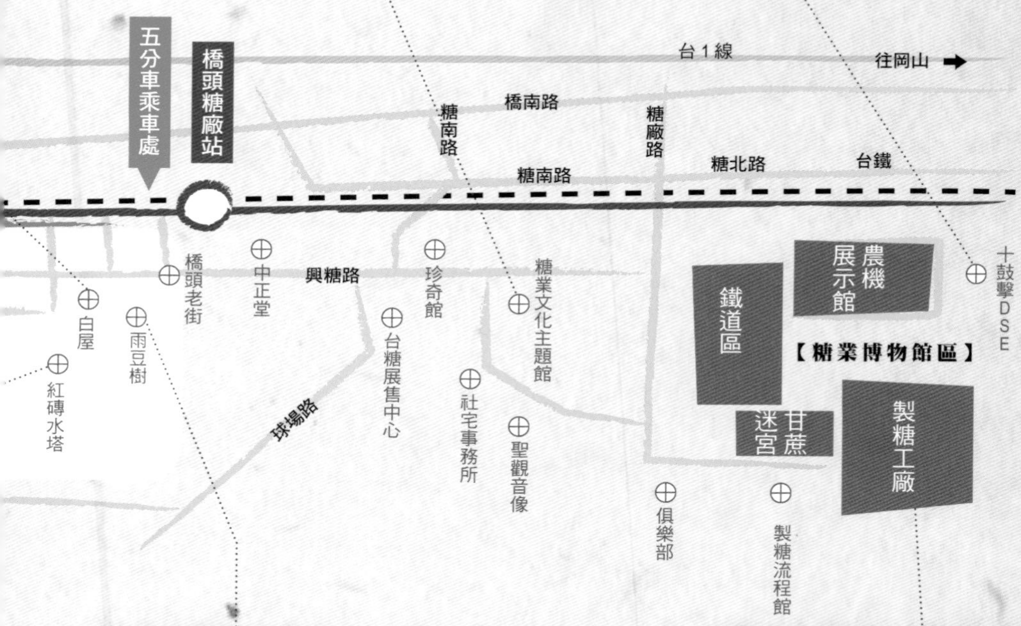

枝椏蒼勁的雨豆樹，與古拙失修的教室是很好的搭配，夏天一到，枝葉茂盛的雨豆樹，造就一個蔭涼的廣場。

廢棄閒置的製糖工廠，再利用改為糖業博物館。

米糖相剋

台灣在荷蘭時期，荷蘭東印度公司即招募漢人並鼓勵漢人種蔗製糖，糖也成為出口大宗。清代台灣糖產大都為地方私設糖廍，日人領台後為增加財政收入，除專賣制度的建立實施，糖業由於戰亂而有衰敗情形，也成為台灣總督府改良獎勵的產業之一。雖然總督府扶植糖業做為出口主力，但由於農業政策問題，米糖的比價一直影響農民種蔗或種米的意願，種什麼最有利，農民當然會計較，但一方面又有政策的強制調整，因此「米糖相剋」的問題也浮上檯面，更持續至戰後台灣米糖生產的消長。

白屋庭園內的老榕樹

白屋：橋仔頭藝術村總部

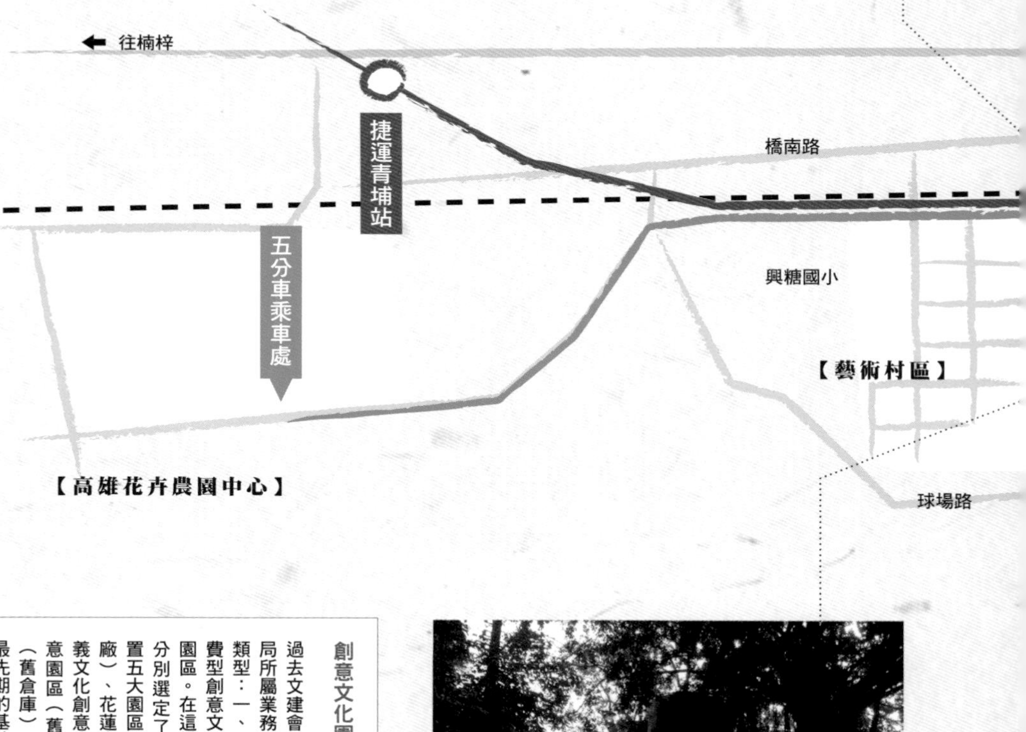

創意文化園區

過去文建會（已為改制後文化部文化資產局所屬業務）依功能將文創園區分為三大類型：一、創作型創意文化園區；二、消費型創意文化園區；三、複合型創意文化園區。在這樣的區分下，於二○○二年起分別選定了閒置的廠區與空間，陸續設置五大園區，包括有華山文化園區（舊酒廠）、花蓮文化創意園區（舊酒廠）、嘉義文化創意園區（舊酒廠）、台中文化創意園區（舊酒廠）及台南文化創意園區（舊倉庫），成為台灣推展文化創意產業最先期的基地。

白屋庭園內的紅磚水塔

高雄旗津遊艇產業到未來亞洲新灣區

Yacht industry / Asia New Bay Area

歷史風貌

旗津又稱「旗後」，是高雄市最早開發的地區。旗後古稱「打狗嶼」，本為一獨立小島嶼，位於台灣西南端海域，長約六百公尺的地岬，島嶼最後在小港區大林蒲以沙洲和本土相連形成半島。後來又因開闢高雄第二港口，再度成為島嶼。

打狗潟湖具有優越的港口地理環境，在日治時期的築港計畫工程，著重於高雄港灣東北方的疏濬、興建碼頭；但在高雄港灣西南方的旗津地區因未疏濬，自然而然形成淺水海域，成為設立造船廠的主要區域。

一九五五年政府為促進漁業的發展，輔導建造三百五十噸級遠洋鮪釣漁船。造船的船型也由木殼漁船演進製鋼殼漁船，使造船技術邁進另一里程碑；一九七一年又研發玻璃纖維強化樹脂（FPR）建造漁船，逐漸取代木殼漁船，造船工業突飛猛進。

台灣遊艇業發展始自一九六七年，一九七〇～一九八〇年則為台灣遊艇業的全盛時期，全台灣約有八十五家廠商，其中主要廠商幾乎都集中在高雄。一九八八年，由於台幣升值、工資上漲等不利因素，導致遊艇業快速衰退，約有七十％廠家就此關門大吉。只剩下不到三十％的廠家走過風暴，並且一路成長至今。

高雄市目前有十九家遊艇廠，占全台灣廠家的一半以上，其中產值最高的幾家幾乎都在高雄。相關人士指出，「高雄除了氣候非常好之外，還有很好的人力資

高雄港天際線，85 大樓一支獨秀

鼓山到旗津的渡輪

[1][2][3]2014 年在高雄展覽館舉辦的遊艇展
[4] 由英領館官邸遠眺高雄市天際線

源，包括很多技術、技藝精良的工程師，也有高素質的造船工。除此之外，高雄的腹地大，產業聚落已形成，包括整個上中下游等，對產業發展有直接的幫助，而且高雄有機場又有港口，本身就和海結合在一起，很方便船隻運送、測試。高雄可以是世界上最好的遊艇製造地點。」

二〇一一年中，啟動一百一十三公頃的南星遊艇專業區計畫，這是台灣第一個填海完成的產業園區。首度以「政府規劃，民間投資」的方式進行開發，首期工程於二〇一三年完工，提供遊艇廠商進駐，並在二〇一四年完成土地開發，期許提升遊艇業者的生產效益，建構台灣遊艇工業的群聚效應，發展成為亞洲豪華遊艇製造中心。

在地之光

在全球的貿易航站上，高雄港擁有區位優勢，兼具工業城市的特性，在台灣的經濟成長過程中，扮演重要的角色。高雄市府二〇一一年提出「亞洲新灣區」的規劃案，以透過建置水岸輕軌和大規摸的公共建設，來活化舊港區，興建高雄展覽館、市立圖書館總館、海洋文化及流行音樂中心、港埠旅運中心等指標性建築。

水岸輕軌

二〇一三年九月，眾人期待已久的輕軌列車終於運抵高雄，簡潔流線型車體宛如一道曙光，照亮了亞洲新灣區。高雄水岸輕軌正是串連新灣區各項重大建設的火車頭，連結起新近完工的高雄展覽館、高雄總圖書館，及未來即將完成的海洋文化及流行音樂中心、港埠旅運中心，開創了港埠轉型的新契機。高乘載、低污染的輕軌系統，也串連了大高雄多元化的區域發展。

高雄展覽館

高雄展覽館是亞洲新灣區首座落成的地標，緊臨高雄港22號碼頭、占地四・五公頃，室

2	1
4	3

[1] 亞洲新灣區水岸輕軌規劃的藍圖模型 / 出自高雄市立歷史博物館「《高雄畫刊》話高雄」特展 [2] 海浪造型的高雄展覽館 [3] 高雄展覽館內的中央大街及賣店 [4] 高雄展覽館挑高的屋頂鋼架

內由十四組主構架，約九千餘支構件組成四十五米大跨距鋼骨構成海浪造型的世貿會展中心。擁有雙核心場館，可容納一千一百個展示攤位，是國內唯一符合大型機具或船舶展示的展覽空間，還配置有二千人的會議室。中央大街貫穿建築主體結構，人潮可直接到達水岸的展示場碼頭，為國內第一個取得智慧建築的會展中心。

走入高雄展覽館「二〇一四國際遊艇展」會場，一艘艘造型炫麗的大型遊艇在挑高二十七公尺無柱空間一字排開，讓參觀者大開眼界，這是亞洲唯一的室內遊艇展場。六百八十一個攤位的展出規模，讓台灣首度舉辦的遊艇展，一炮而紅。

2014 年在高雄展覽館舉辦的遊艇展

市立圖書館總館

高雄市立圖書館新總館，位在近八五大樓新光路旁，是全球首創鋼索懸吊建築。一樓是挑高七米五無柱開放空間，三樓以上西南兩側鋪設有五米深草皮的景觀陽台，中央自六樓起設有巨型綠樹天井，營造出綠意盎然的閱讀空間。到了夜晚，超現代的懸浮鏤空建築外觀與對面的八五大樓相互輝映，勾勒出港灣美麗夜景。

[1] 夜晚的高雄市立圖書館新總館 [2] 高雄市立圖書館新總館內空間 [3] 高雄市立圖書館新總館內樓層空間

高雄市立圖書館新總館標示

未來海洋文化及流行音樂中心

占地一一・八九公頃，基地範圍涵蓋十一～十五號碼頭，包括有以海浪意象設計塔樓區、海洋廣場、旅運大廳及文創產專區，可提供容納一萬二千席戶外表演場、三千五百～六千席室內表演廳及小型室內展演空間、流行音樂展示區、育成中心和海洋文化展示中心等。

未來港埠旅運中心

由台灣港務公司興建，具代表高雄港門戶的「高雄港港埠旅運中心」，座落在苓雅商港區十九～二十號碼頭，由國際RUR建築事務所設計。鋼構金屬帷幕的流線型建物，外型似一艘有著高聳煙囪的銀白色船體。可同時停泊兩艘國際級觀光郵輪，尖鋒時段可服務通關旅客二千五百人以上，用以因應停靠高雄港的郵輪旅運量急速增加。由此外來遊客一出境就是市區，交通生活機能方便快速，對於郵輪觀光產業極具優勢。

聚落亮點

旗後天后宮

旗津的天后宮就座落在輪渡站前端，它是高雄市最古老的廟宇之一，已有三百多年的歷史。一九八五年被指定為古蹟，根據文獻記載；一六七三（清康熙十二）年，閩人徐阿華因避颱風漂流至此，發現此處漁產甚豐，返鄉邀集六姓族人抵此墾荒。至一六九一（清康熙三十）年因移民人口日多，惟恐廟地被占，會

旗津天后宮

建置中的亞洲新灣區皆鄰近高雄港，圖為碼頭一隅

同各姓族人立開墾契文，為旗後開墾留下最早的字據。並擬聚資興建一座較正式的媽祖廟，供奉從家鄉迎來的媽祖神像，使媽祖不再委身草寮飽受風雨之苦。

馬雅各醫師與旗後教會

天津條約開放台灣為通商口岸，一八六四（清同治三）年打狗正式開港設立海關，旗後成為「華洋雜處，商賈雲集」，繁榮日盛。英國於一八六五年成立打狗英國領事館，同年五月英國基督教長老教會宣教師馬雅各醫師抵達旗後，三日後到府城台南，租大西門外看西街的房屋，將屋子規劃成兩部分，前半當作布道所，後半部則作為醫館和藥局，台灣第一家西式醫館於焉誕生。

由於馬雅各醫師醫術高明，又不收費用，解除了不少病人痛苦，拯救了不少生命。但也同時引起本地中醫師的仇視，於是謠言四起，謠傳外國醫師殺害漢人，取腦挖眼製造鴉片或藥品，醫館及馬醫師常受到包圍，謾罵、投石、撒糞等不理性的行為，也多次商情衙門糾正、解危，但始終未見成效，後來只得決定暫時退回到旗後，尋求英國領事館的保護。一八六六年，他在旗後通山街租了一間房子，由杜嘉德牧師主持開設禮拜，這是第一代禮拜堂的地點，也是旗後醫療傳道的開端。馬醫師替當地人治病，藉著醫療行為，漸漸獲得島民的信任及肯定。打狗人不但接受馬雅各，尊稱他為「馬醫生」，高度肯定他的醫術，因此才會有「馬醫生，沒法度」這樣的諺語，因為連手術高明的馬醫生都說沒辦法，那

2 1

[1] 原旗津教會馬雅各雕像
[2] 新建的旗津基督長老教會教堂

馬雅各紀念自行車道

馬雅各醫師紀念石碑

旗津海產街及店面海鮮展示

大概已回天乏術。

一九三二（日昭和七）年長老周瑞，將購得的現址土地奉獻給教會，於一九三五年五月二十日完工的是仿羅馬及巴洛克混合式樣的禮拜堂。二〇一〇年，已有七十五年歷史的禮拜堂，因建築老舊不堪而拆除重建，見證台灣醫療與長老教會宣教歷史的建物拆除，讓許多人感到不捨。

旗津海產街

廟前路的海產街餐廳，由天后宮起一直延伸至海水浴場，一路排開，非常壯觀。各家餐廳前擺放著大型水族箱，各種鮮活的蝦蟹魚貝，讓食客自行挑選，再交由店家現炒現煮。每到夕陽西下，桌椅鋪排於道路兩旁，整條街熱鬧得像「辦桌」，如開筵席，饕客們就在涼爽的海風中，露天大啖美味海產。越夜越熱鬧，燈火通明直到凌晨。尤其周末假日，擠滿了來自各地嚐鮮的遊客，摩肩接踵，熱鬧騰騰。

旗津海岸公園

旗津海岸公園總長約三・五公里，占地約四十五公頃，以海岸景觀為主題，自行車道、步道穿梭其間。觀海景步道以各式石材鋪成海洋世界圖案，表現海洋公園意象，可恣意享受旗津碧海藍天的美景，體會海角天涯的寬闊，傾聽海濤天籟之聲。

旗後山

旗後山為隆起高雄西南端的珊瑚礁石灰岩，山勢遠看像旗旛招展，因此得名。地質屬打狗山脈末梢，兩山原係相連，可能受到地震影響，導致珊瑚礁岩坍塌，再加上海浪的拍打，因而造成裂隙缺口地形。崩裂的珊瑚礁石散布於航道中，有石佛嶼、雞心嶼與涼傘嶼（跳猴石）等，造成早期航行出入打狗隙的船隻，常因風浪過大而觸礁遇難，因此以「敲鑼打鼓」祈求神明保佑並警告來船注意，據說這也是「打鼓」名稱的由來之一。

以前在打狗山頗為活躍的台灣獼猴，會從「跳猴石」上跳過打狗隙，跑到旗後山來玩。一九〇八年日本人開闢高雄港時，為了加寬航道及航行船隻的安全，就把這些散布在航道的珊瑚礁岩島嶼炸掉清除。從此，柴山的猴子再也不能到旗後了。

[1] 踩風自行車道 [2] 旗津海岸線一隅
[3] 旗後山

旗後燈塔

旗後燈塔正式名稱為「高雄燈塔」，一九一八年日人為擴建高雄港所建，是目前台灣地區唯一白色八角型磚造燈塔。位在旗後山的最高點，視野寬敞，是欣賞大海與俯瞰高雄港市的絕佳處所。庭院周圍整理得井然有序，被指定為市定古蹟。

攝影師王慶華認為以攝影而言：「旗后燈塔的黃昏會是很好的選擇，看船兒進進出出，載著一船船的故事進港，再載著一船船的夢想離開；天色由亮白漸漸轉青、轉藍，夕陽從絢爛的色彩中，漸漸浮出橙色，再慢慢轉紅。最後，夕陽從海天之際隱沒，天光也漸漸由黑轉暗，夜就這樣悄悄降臨了。」

[1] 仰望旗後燈塔 [2] 由旗後燈塔遠眺哈瑪星聚落 [3] 旗後燈塔 [4] 旗後燈塔纖細的樓梯供工作人員登塔 [5] 由旗後燈塔遠眺 85 大樓和渡輪

旗後砲台

一八七五（清同治十三）年，牡丹社事件後，清廷派船政大臣沈葆楨來台辦理海防，先後在打狗建砲台三座；一在打鼓山巔大棚頂（大坪砲台），置砲四尊；二在臨港扼要處置砲四尊（哨船頭小砲台：雄震北門）；三在旗後山巔置砲四尊（旗後大砲台：威震天南）。一八八四（清光緒十）年台灣巡撫劉銘傳為加強防務，又聘德籍工程師包恩斯修建旗後砲台。

一八九五（清光緒二十一）年乙未之役，日軍第二師團在枋寮登陸，隨即揮軍北上。日本艦隊轟擊打狗地區的砲台，但砲台守將劉成良早已擅離職守，逃之夭夭。在群龍無首之下，砲台僅發砲五發，使得旗後砲台未能發揮扼守打狗港的功能，形同虛設，讓日軍未遭任何抵抗就輕易占領砲台陣地。

經日治到戰後的歲月，砲台都因在管制區內而漸被遺忘。台灣文學家賴和醫師，從彰化來到高雄，觀覽了旗後砲台，有感而發，作詩〈旗後廢壘懷古〉：

鯨魚跋浪滄溟開，將軍鼓角天上來；
廣武有險不能憑，遂使阮籍哭豎子。
昔年虎踞龍蟠地，眼裡荒涼摧我心；
杜鵑豈有興亡恨，心血雖乾亦自啼。

旗後砲台正門只剩「天南」兩字。正門紅磚砌成的「囍」字充滿喜氣

解禁後，昔日打狗三大砲台，如今僅剩下旗後砲台完整地保留下來，成為台灣地區古砲台典範之一。於一九八五年被指定為古蹟。砲台整體建築呈長方形，砲台內部空間的格局如「目」字。正門以紅磚斗砌而成，門洞方正，氣勢十足。大門與八字牆間各有一磚砌之「囍」字圖樣，且在入門處裝飾壁面的四角落有象徵福氣的蝙蝠刻紋，代表「雙喜賜福」之意，頗具中國風味。有一說為砲台正門上方書有「威震天南」門額，但該門額在清朝乙未抗日之戰時，為日艦砲彈打了一個大洞，僅剩「天南」兩字，現今的「威震天南」門額乃仿古重建。

風車公園

風車公園是一座獨特的海景環保公園，夜間照明是由現場的七座風力發電風車所供應。每當黃昏夕陽之際，就吸引許多年輕的情侶在此流連，亦是許多電影連續劇取景的好地方。公園內設置步道、自行車道、大片草原，與馬賽克的蝦兵蟹將公共裝置。來到風車公園躺在如茵的大草原上，看著藍天白雲，吹著海風，難得偷了浮生半日閒。

一起來想想

創意經濟之父約翰．霍金斯（John Hawkins）有言「現代城市的競爭優勢，已經從地理位置、天然資源蘊藏，轉變成市民與城市的創意能量！」試著思考作為台灣工業大城的高雄市在歷經氣爆事件，更明顯朝向宜居城市、觀光城市、綠色城市、文創城市等目標。為何全球城市都在打造創意城市？高雄也不例外？

著名學者佛羅里達（Richard Florida）提出創意城市四T理論：一、科技（Technology）：城市中擁有創新和高科技產業聚集。二、人才（Talent）：創新的來源，為經濟發展的主要推手，指的是擁有學士或以上學位的人才。三、包容力（Tolerance）則關於城市或國家是否具有開放性，包含各種社群、種族與職業的多樣性。四、自然與人造的愉悅環境（Territorial Assets）創造出高質量的生活品質，其中包含地方文化、藝術氣息和多樣性，都是人才選擇地區的考量。高雄與台灣的城市要如何增加文化多樣性？打造創意氛圍？

駁二藝術特區藉由高雄輕軌，與亞洲新灣區的海洋流行音樂中心等指標建築連成一氣，台灣近年興起許多文創園區成為文創觀光重要指標，諸如散布台灣各地如台中、台南、嘉義、花蓮皆有文化創意園區，巡禮的同時，比較高雄駁二與台北華山、松菸以及其他文創園區有何相似或差異？

會展產業「MICE」包含一般會議（Meetings）、獎勵旅遊（Incentives）、大型會議（Conventions）與展覽（Exhibitions），近年台灣觀光事業極力打造台灣會展品牌「MEET TAIWAN」，吸引國際MICE活動來台辦理。在遊走高雄展覽館及館外的靠港遊艇碼頭的同時，思考何謂「會展觀光」效益？

take a break think again

2	1
4	3

[1] 旗後砲台 [2] 或站或坐在砲台頂看夕陽，浪漫十足 [3] 風車公園 [4] 風車公園的自行車道近鄰海岸線，可踩風追浪

一起來走走地圖 GO

高雄港與旗津島地圖

水岸展示碼頭遠眺光榮碼頭邊的大廈群

水岸展示碼頭邊的軟體經貿園區

2014 年在高雄展覽館舉辦的遊艇展

旗津海岸線一隅

潔白無瑕的旗後燈塔

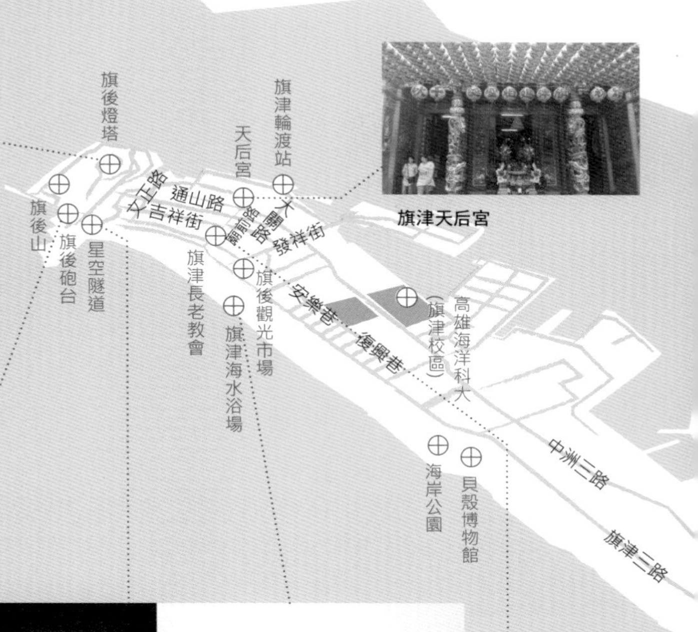

旗津天后宮

旗後砲台

星空隧道

由旗後砲台鳥瞰旗津海水浴場

旗津海產街及店面海鮮展示

馬雅各紀念自行車道

新建的旗津基督長老教會教堂

排灣族群琉璃珠文化與屏東三地門

Paiwan's Beads Culture/ Sandimen Township, Pingtung County

歷史風貌

魏德聖導演的電影《海角七號》風靡台灣。劇中女主角送給男主角與樂團弟兄們的琉璃珠，讓排灣琉璃珠爆紅，再度引起大家的重視。

排灣族是台灣原住民族人口僅次於阿美族的第二大族，他們的起源與族名由來，相傳祖先發祥地位於大武山的一個名叫「排灣」的地方，主要分布在中央山脈南脈，包含了屏東縣的三地門、瑪家、泰武、來義、春日、牡丹、獅子、滿州等八鄉，以及台東縣的卑南、金峰、太麻里、達仁、大武等五鄉。

台灣原住民中，僅限排灣、魯凱、卑南三族群的所謂「排灣群」，才擁有多姿多彩的琉璃珠。三族雖擁有相同系統的琉璃珠，但各族群中各有差別，甚至最大族群的排灣族中，東排灣與西排灣對琉璃珠的詮述及來源、看法亦各自不同。

傳統上排灣族維持著頭目、貴族和平民的社會制度。琉璃珠是這些傳統中很重要的一部分，其中某些珠子非

日治時期排灣族石板家屋 / 胡文青提供

常珍貴，只有頭目與貴族才能持有。往昔，排灣族只有在儀式或特殊場合中，才會穿戴琉璃珠，而且琉璃珠更是重要的聘禮和榮譽的象徵。越古老的琉璃珠越貴重、越神聖，排灣族人並賦予種種傳說，甚至加以供奉。

琉璃珠在日治時期就已通稱為「蜻蜓珠」，據說是因為珠子上的彩紋就像蜻蜓那突出的大眼睛。相傳古時排灣祖先捕捉了各種不同的蜻蜓，摘下了牠們美麗的眼睛混在木灰裡，再用木臼謹慎地覆蓋著，嚴禁偷看。相信神會創造世上最美麗的禮物送給族人，次日當掀開木臼時，果然目睹晶瑩剔透、亮麗無比的彩珠。

排灣族賦予琉璃珠名字以彰顯其獨特性。這些名稱也標示其等級之分，傳統琉璃珠約可分成多種類型，各有不同的色澤和圖樣，包括太陽之珠、孔雀之珠、太陽的眼淚、眼睛之珠、土地之珠、手腳之珠、黃珠、綠珠、橙珠及集會所之珠等。

| 3 | 1 |
| | 2 |

[1] 早期排灣族人盛裝及配戴的串珠飾品，一旁有石板屋 / 胡文青提供 [2] 頭目的家藝品店 [3] 公路旁的排灣族圖騰

在地之光

三地門是屏東縣面積最大的原民鄉，亦是沿山公路的中點最大站。這裡文化多元，漢族包括閩、客、外省雜居通婚，排灣族、魯凱族等在此交會。由於排灣族是主要的人口群，要欣賞排灣工藝文化，大致以台二十四號公路為觀光動線，絕大多數的工作室、原味餐廳都位在此路兩旁或巷弄間，琉璃珠、陶壺、木雕、銅刀及排灣服飾更是欣賞重點。一間間經過藝術工作者設計的工作室的門前、樑柱上的雕刻人形、百步蛇圖案，散發著濃濃的排灣風情，彷彿是一座座的小型博物館。

青翠山巒交錯的三地門，為水門、三地、北葉等三個村落的所在。這三村分別位於隘寮溪出口處，合稱為「三地門」，原稱Timor，閩南語諧稱「山豬毛」。三地門風景區堪稱為屏東市的花園，依山傍水，景色宜人，是假日郊遊踏青、避暑納涼的最佳選項，而水門村就好像進入這花園的入口。

公路旁的各種排灣族圖騰：琉璃珠、陶壺、百步蛇、百合花、青銅刀

水門村

水門村在隘寮溪畔出口處，守護著隘寮溪出大武山口。村內有一條著名的「碰孔」（隧道），是日治時期為引隘寮溪水灌溉而打通的隧道，出水口好像巨龍吐水一般，噴出巨大的水量。碰孔下興築約三公尺寬、四公尺高的水圳引接水流，貫穿整個聚落。

由碰孔渲洩而下的圳道，原先是為了灌溉而設，今日水門遊客增多，為了觀光美化景點，在水圳中設置了一個可愛的旋轉水車；圳畔的住屋也紛紛改裝成納涼觀景的亭榭，配以香醇的德文咖啡。充滿藝術氣息的「古流坊」就是其中之一，以經營原民服飾藝品為主，也提供咖啡、品茗服務。

碰孔似乎無水，原來是颱風過後水源豐沛，水利會將水門關閉，以免水資源浪費

濁水滾滾的隘寮溪

水門村碰孔前的大咖啡杯意象

3	1
4	2

[1] 處處可見代表排灣族的圖騰：陶壺、百合花、百步蛇 [2][3] 三地村巷弄 [4] 三地村的家屋和工作室圍牆上色彩繽紛的畫作及藝術作品

三地村

從水門經過三地門大橋就進入三地村。沿著台二十四號公路蜿蜒上山，公路兩旁盡是土雞城，沿路卡拉OK林立，現代流行歌曲取代了傳統排灣歌謠。可喜的是，在土雞城充斥的空間，還可以見到真正為傳統藝術盡力的藝師，如沙掏、額格、撒克流與蜻蜓雅築等，以及掛滿原住民服飾的工作室。

北葉村的入口意象

北葉村

日治末期，日本人為了管理方便，將住在深山裡的原住民族，集體遷移到便於管理統治的淺山附近。往原住民文化園區路旁，仍可看到遷村五十週年紀念碑，如今已遷村超過六十年。

三地門珠串工坊

三地門的排灣族人巫瑪斯．金路兒（Umass Zingrur，漢名雷賜），出身於工藝世家，是第一位獲得文化薪傳獎的原住民藝術家，投入排灣古珠研發與製作的生命過程，幾乎是一部三地門工藝的發展史。一九七二年，他開始投入琉璃珠的研究，尋找任何有助於製作新琉璃珠的技術。琉璃珠也因巫瑪斯的傳授而推展開來，在三地門也接連成立琉璃珠工作室，使琉璃珠成為三地門的新興文化產業。而巫瑪斯本人所創立的「三地門珠串工坊」，則堅守仿古路線，不斷地研發如何製作出更接近古珠的技術。

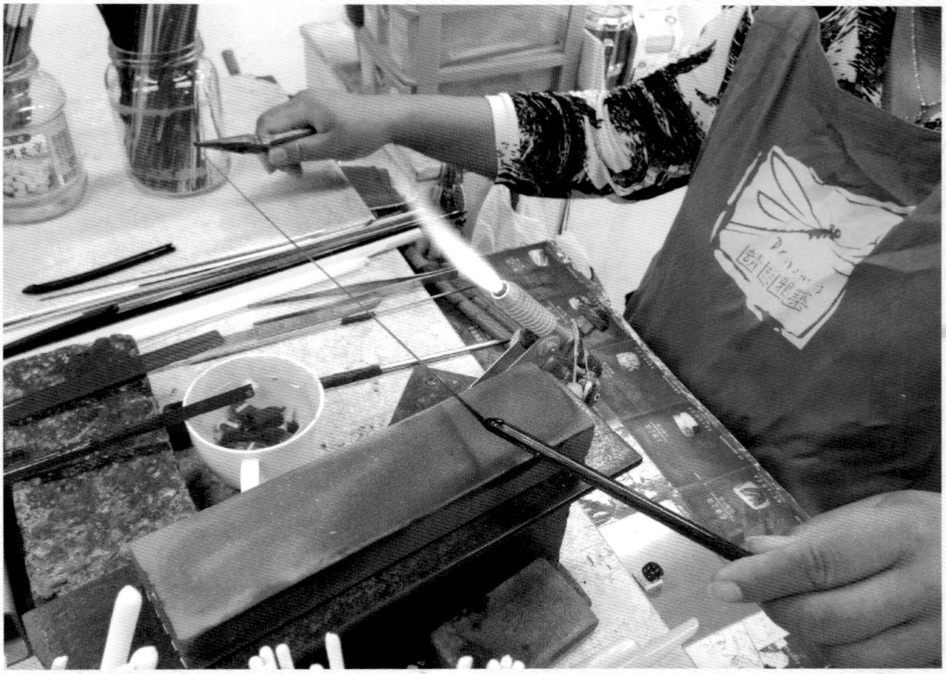

琉璃珠的創作過程

蜻蜓雅築珠藝工作室

作家錢麗安在〈排灣文化保存之旅〉中，對「蜻蜓雅築」的創辦人施秀菊（日夢日縵）如此介紹：「她是電影《海角七號》中美麗的勇士之珠、日光之珠的製作者；她來自屏東三地門，尋回琉璃珠的製作技法，站在APEC舞台，讓世界看到排灣族的琉璃珠藝之美；她不戀棧加諸己身的名聲，選擇留在家鄉，風塵僕僕於莫拉克災區的重建工作，以行動陪伴族人。」

二〇一一年九月十五日，亞太經濟合作（APEC）婦女高峰會議（WES）上，一位個頭嬌小的中年女士，身著全套排灣傳統服飾、琉璃珠飾品，上台接受女性創新企業代表表揚，優雅、出眾的衣著裝扮吸引全場人士的目光。來自台灣三地門的排灣女子施秀菊，有感於琉璃珠工藝的失傳，想尋回失落的排灣古琉璃珠藝技法，繼而在一九八三年創設「蜻蜓雅築珠藝工作室」，訓練部落婦女成為工藝師；如今，她不僅延續了排灣族最重要的琉璃珠製作傳統，更成功地賦予琉璃珠文化意涵，成為台灣精緻文創商品的代言。

施秀菊在工作室的二樓布置了一片別致的天地，大量利用琉璃珠裝飾，營造出一種獨特的原住民藝術氣息，成立「唯一咖啡廳」。在午后時光，啜一口微苦帶甘的三地門德文咖啡，透過篩落陽光的簾子，眺望窗外青翠山巒，別有風情。

[1] 蜻蜓雅築的蜻蜓標誌 [2] 蜻蜓雅築內部及其琉璃珠展示 [3] 從蜻蜓雅築二樓的唯一咖啡遠眺對岸的北葉村，在此若天氣晴朗，還可看見高雄市的 85 大樓

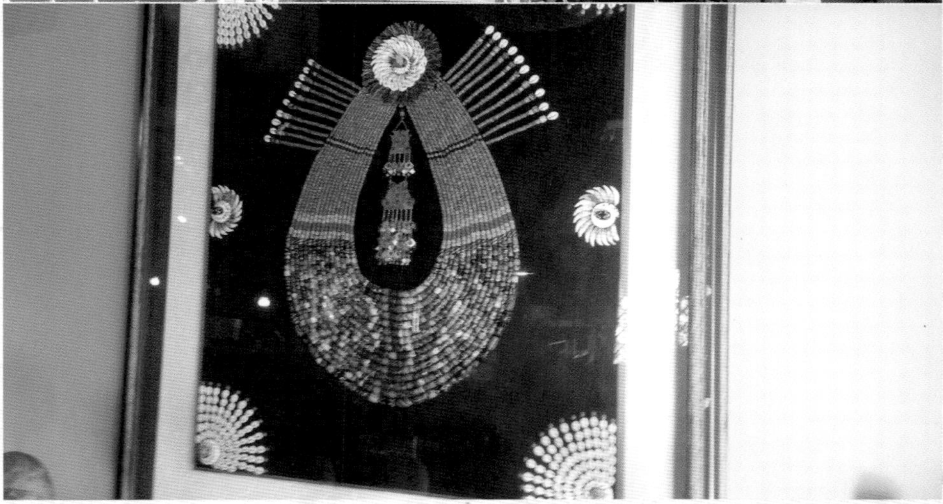

1
2

[1] 沙滔舞琉璃藝術空間
[2] 琉璃珠藝術作品

沙滔舞琉璃藝術空間

沙滔舞琉璃藝術空間的創始人沙滔（Shatao），他與家人都是學舞蹈出身，在海外巡演期間，他們會隨身攜帶代表排灣族的琉璃珠，作為贈禮之用，發現這些珠子廣受大家喜愛，決定學習製作琉璃珠。為了更貼近原住民的原生舞蹈，藝術坊部分空間撥用作「蒂摩爾古薪舞集」（Timor Dance Theatre）創作與彩排練舞場地。舞集在創作表演舞碼，都以排灣文化相關的概念為出發點。

聚落亮點

台灣原住民族文化園區

台灣原住民文化園區位於瑪家鄉北葉村，座落在隘寮溪南岸。距屏東市僅二十四公里，附近皆為排灣、魯凱原住民部落，深具原民文化氣息。全園面積多達八二・六五公頃，自然景觀優美且多變化。

為體現園區內各區不同的主題及其特色，園區整體劃分為「瑪卡拉灣區」（Makalawang）：遊客服務區、「巴拔谷灣區」（Papakuwang）：靜態展示區、「塔瑪麓灣區」（Tamaluwang）：文化生活體驗區、「娜麓灣區」（Naluwang）：動態展示區、「富谷灣區」（Fukuwang）：民俗藝術村等五大區塊，讓園區更具多元、多樣化呈現。

原住民文化園區大門

陳列館前展示琉璃珠模型

娜麓灣歌劇場的迎賓小姐

文化園區以黑色石板砌築的大門，象徵著敞開胸懷與雙手，歡迎你投入山林及原住民文化的懷抱。遊客服務中心是遊客來到園區的第一個文化補給站，主要有行政中心、旅遊資訊中心與旅客住宿區。遊客中心所屬的琉璃珠風情旅店，一樓是咖啡簡餐廳、二樓行政中心及國際會議廳、三～四樓是度假住宿區。位在四樓頂，夜間才開放的Mabulau Club，可以在此高歌、跳舞、手工藝品DIY及眺望三地門夜色。

入園即進入巴拔谷灣區，這是園區的導覽解說站，由此展開一連串的原住民文化之旅。展示大廳是文物陳列館，陳列以原住民各族的生活的器物為主題，用以見證原住民族生活的智慧與生命的軌跡。目前所典藏的文物區分為飲食器具類、衣飾類、生活器具類、儀式器具類、武器類、建築類與工藝藝術類等七項。

三百六十度環型劇場是國內首創九十機、十五個畫面、環形排列的劇場，以介紹原住民族慶典儀式、歌舞、風土民情和文化傳承為主。山村生活展示室以生動活潑的蠟像、居住環境的手繪油畫，配以實物，構成一個時光隧道的意象。八角樓特展館是原民各族群藝術的展現舞台，讓無數的觀賞者與創作者在此展開近距離的對話。

圓形的娜麓灣劇場設立於一九九六年，占地約六百六十五坪，位於娜麓灣區的中心點，是專為原住民各部落表演傳統歌舞的室內劇場。規模宏大，可同時容納二千人觀賞。

迎賓禮砲，源自台東縣排灣族電光部落的電石竹炮

排灣石板屋

石板屋的外型特殊，其風格和取材，會因地域的不同，在型式上有所差異，甚至因為通風、採光等機能而採用不同的建材。一般的石板家屋，前庭以石板鋪設地面，前庭兼具社交功能，而主要頭目家的前庭，還設有司令台、頭骨架、石柱等設施，作為集合場所。

屋內空間大，設有起居間、寢室、穀倉或置物間、豬舍兼廁所等，通常家屋都築在坡地上。屋內的神聖禁忌空間，位於主屋的後半部，以穀倉做為和主屋其他空間的分隔，後牆上設有靈龕。平日不常使用，非族人禁止進入。

日治時期排灣族石板屋／胡文青提供

地磨兒公園

位於三地門鄉公所對面的「地磨兒公園」，原稱「中山公園」，早期是原住民的獵場。這裡不僅可看到排灣族人的聖山：北大武山，而且與原住民文化園區也隔岸相望。整個屏東平原無不納入眼底，根據當地人說，天晴時，極目遠眺，有時還可看到遠在高雄市的八五大樓；晚上則可遍覽萬家燈火。

地磨兒公園

三地門文化館廣場

三地門文化館

三地門文化館

三地門文化館原本閒置多年，二〇一一年由蜻蜓雅築創辦人施秀菊承接經營。她說：「小時候，文化館處是神社，也是重要的遊覽地，年節必有歌舞表演，有太多美好回憶。」她計畫讓文化館串連起周遭各個景點，並展現八八風災重建後部落樣貌，成為短期旅遊的重心，回流人潮帶來收入就能永續經營。

位於地磨兒公園內的三地門文化館外石版雕刻

德文咖啡

德文村是排灣族和魯凱族交會的部落。日治時期，日本人在德文種植咖啡，經過六十多年依然保留舊年代的老欉，整個部落都可聞到濃濃的咖啡香，德文咖啡也掙得好名聲。

聞名遐邇的三地門德文咖啡

三地門德文咖啡

一起來想想

《海角七號》被視為台灣電影重新復甦的指標案例，除創造許多南台灣國境之南「電影觀光」新景點之外，影片中作為禮物的琉璃珠工藝品亦成為流行時尚之禮品。在熱潮之餘也可思考琉璃珠的文化意涵與族群的傳統象徵意義，以及原住民族工藝產業的傳統與創意。

走在台灣原住民文化園區裡，「族群觀光」是近年全球關注之觀光趨勢，旅遊觀光自古以來正是藉由觀光認識各種相異文化，學習瞭解，互相尊重的實踐路徑，然而，現今台灣各種族群團體「反觀光」的活動絡繹不絕，表示現階段台灣部落「族群觀光」的方式很需要重新檢驗，如何達到原本藉由觀光行為達到文化理解的深刻意義，連結「文化多樣性」議題，值得大家一起來反思與實踐。

台灣的原住民族共有幾族？根據行政院原住民族委員會（二〇一五）公告原住民族約有五十三萬人，占總人口數的百分之二，目前，經台灣政府認定的原住民族有十六族，各族群擁有自己的文化、語言、風俗習慣和社會結構。阿美族、泰雅族、排灣族、布農族、卑南族、魯凱族、鄒族、賽夏族、達悟族、邵族、噶瑪蘭族、太魯閣族、撒奇萊雅族、賽德克族、拉阿魯哇族、卡那卡那富族，您知道各族分布的區域與主要文化是什麼嗎？

刻板印象（stereotype）指人對於某些特定類型人、事、物的一種概括的看法，大多數是負面而先入為主的，並不能代表每個屬於這個類型的人、事、物都擁有這樣的特質。族群「刻板印象」在台灣仍時有所聞，想想生活中有哪些原住民族刻板印象？比如原住民都很會唱歌、跳舞、運動嗎？這些是不是刻板印象。不僅是原住民族，新住民亦是，諸如省思怎樣才是「外國人」，金髮碧眼的白種人才是嗎？如果台灣最美的風景是人，那我們有沒有對各種不同的族群產生歧視和偏見？這些都是台灣發展觀光需要學習的一課，邀您一起來想想！

take a break think again

一起來走走地圖 GO

排灣族琉璃珠

因國片《海角七號》的賣座，連帶也掀起排灣族琉璃珠的銷售熱潮，於是琉璃珠作品的種類與傳說藉由說故事，紛紛成為配戴琉璃珠的象徵意義。《台灣原住民歷史語言文化大辭典》網頁即對琉璃珠有詳細解釋：「琉璃珠（qataq）同為排灣族和魯凱族人視為家傳及婚聘中的寶物之一，與其社會關係淵遠流長。在傳統的社會階級中，只有貴族可以擁有琉璃珠，代表著貴族特有的高尚身分地位和權力。……每一顆珠子都有名字，也隱含了一個古老的傳說故事，代表了特別的意義，例如『眼睛之珠』有避邪、守護之意……它不僅作為婚禮的聘禮，也是家族傳承的寶物，更是每一位排灣族人必備的配飾，擁有了它就擁有了一個故事、一段歷史、一個族群的文化。」

排灣族琉璃珠

三地門台灣原住民文化園區

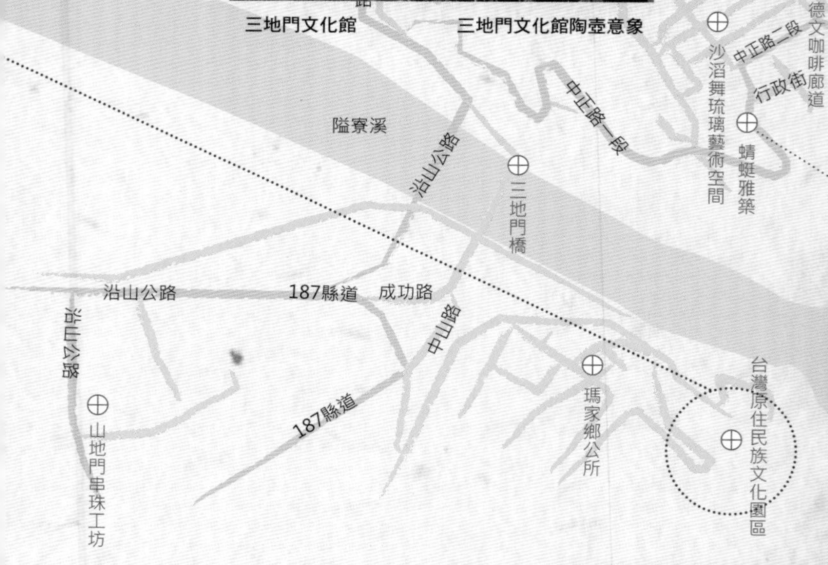

三地門文化館

三地門文化館陶壺意象

蜻蜓雅築的招牌

美味香醇的德文咖啡

工作室及工作人員

蜻蜓雅築唯美的精神標語

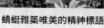

風情旅店外陳列的原住民木雕作品

各原住民族的生活蠟像

流經三地門的隘寮溪

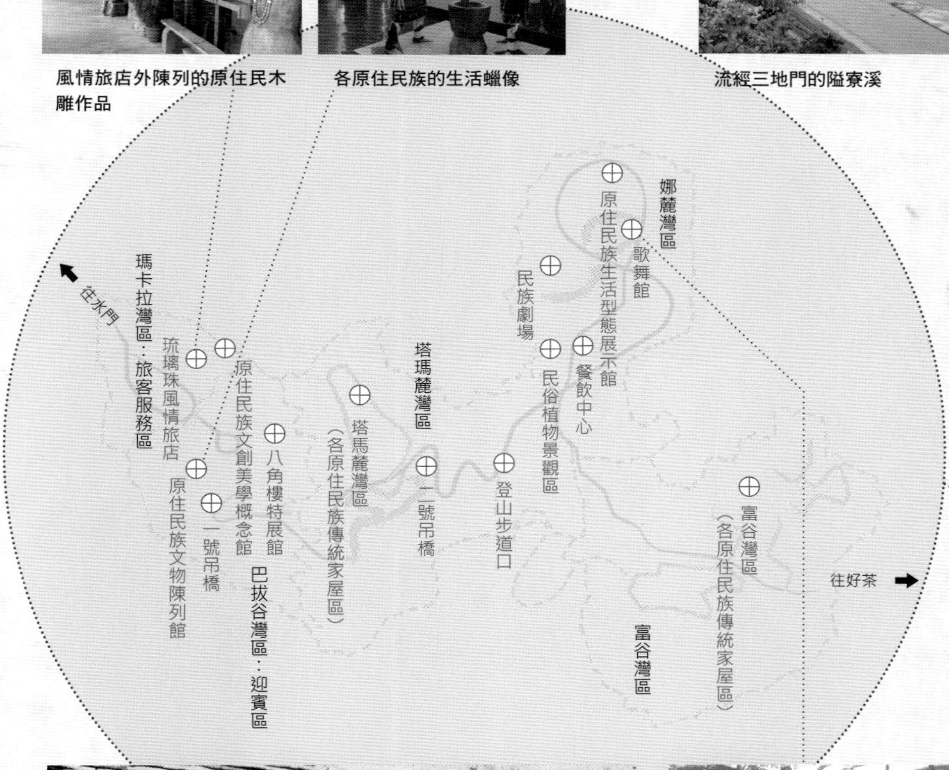

日治時期排灣族人與石板家屋

娜麓灣歌舞劇場

歌舞表演

東
台
灣
與
島
群

Kinmen's
Taiwanese Culture

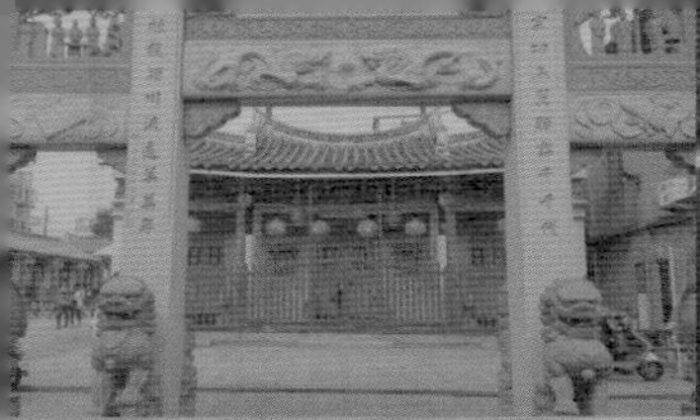

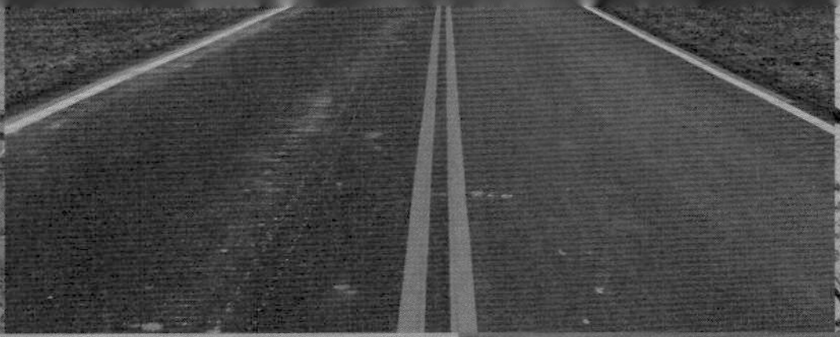

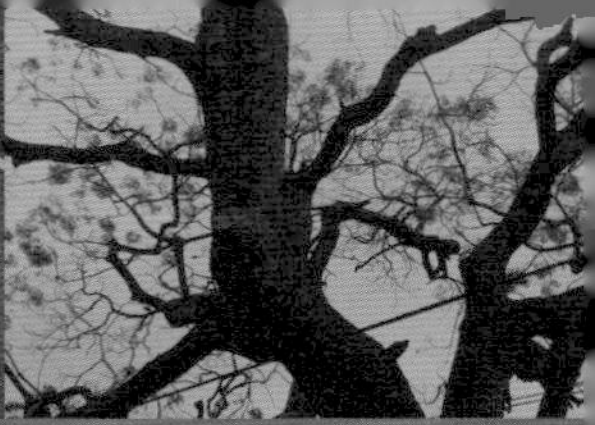

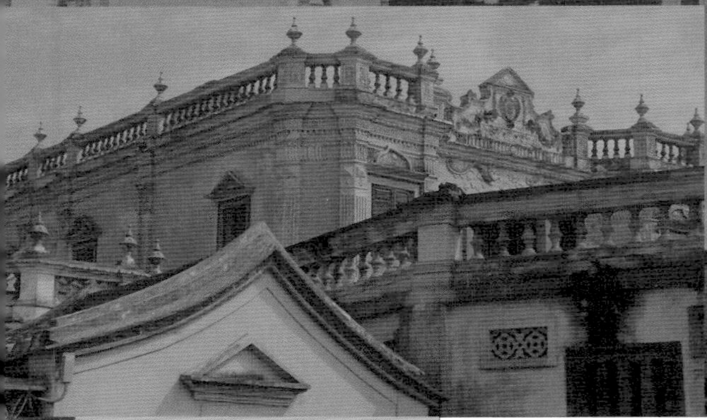

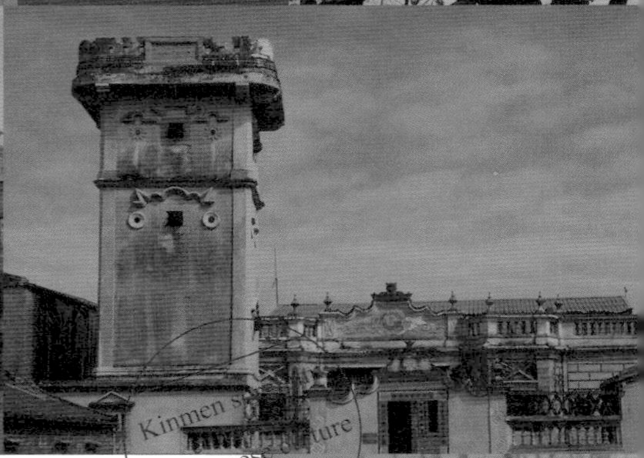

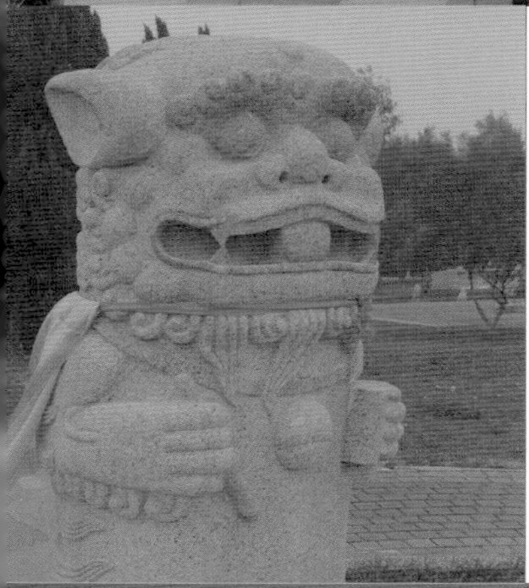

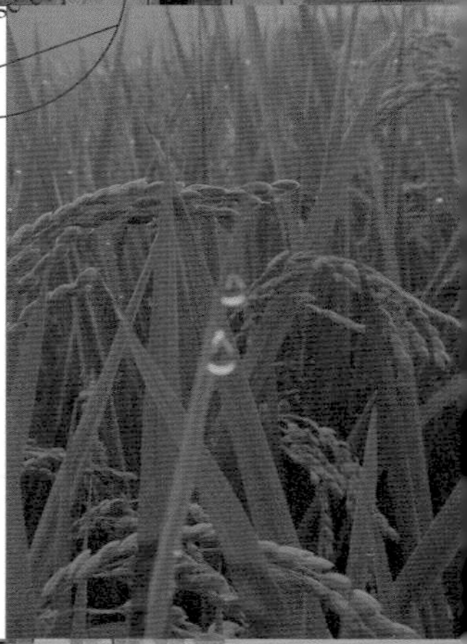

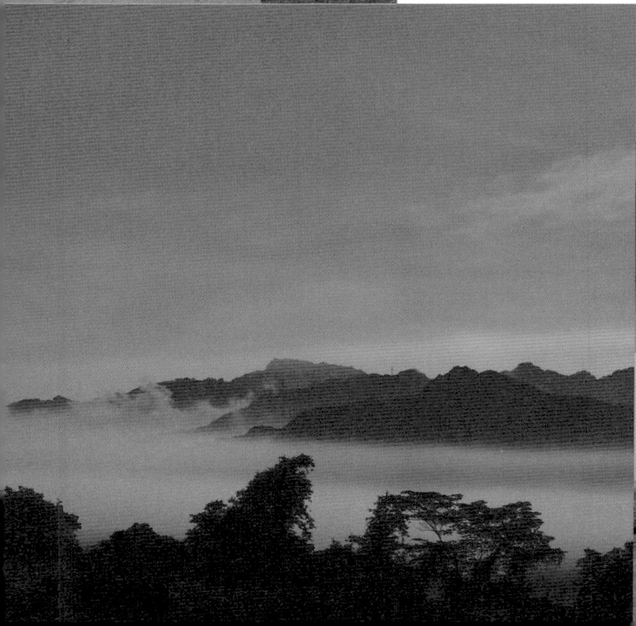

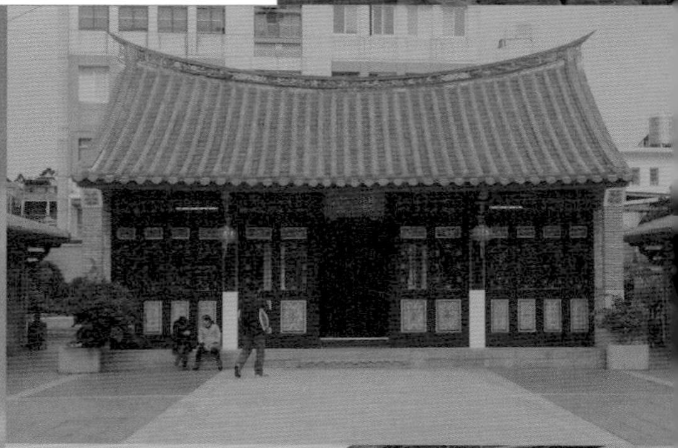

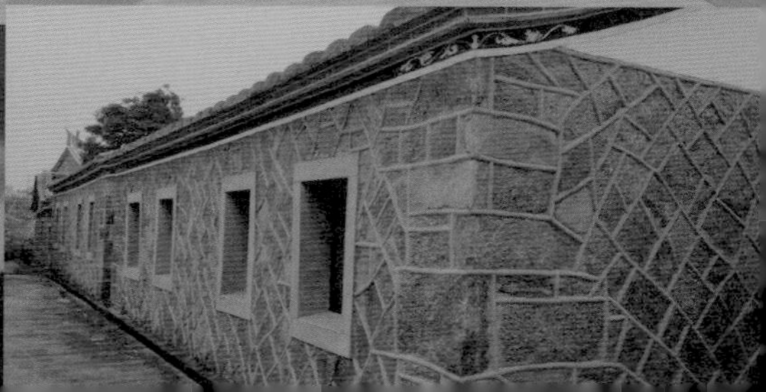

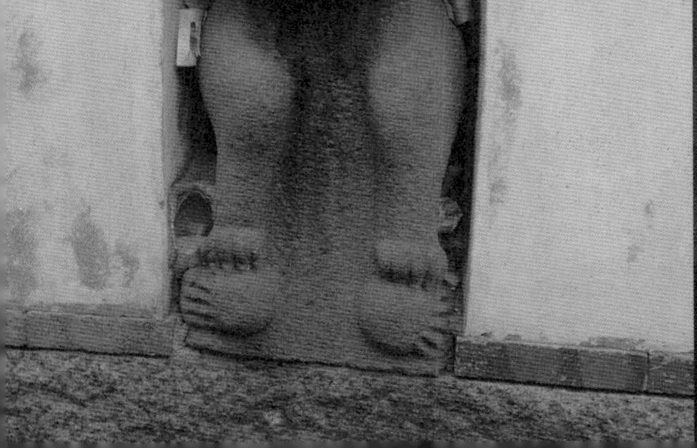
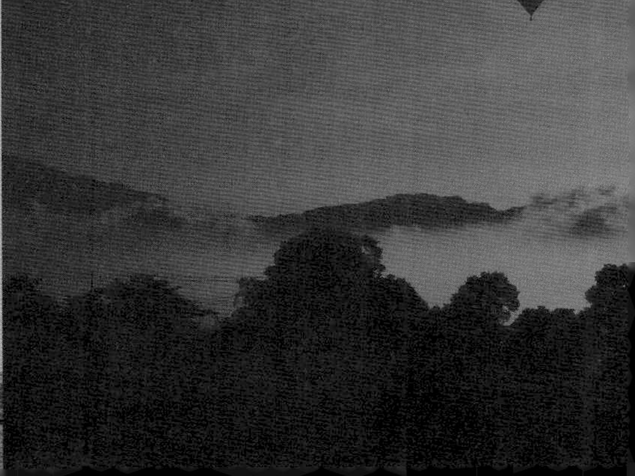

Chihshang organic rice

Luye Fulu Tea

台東池上有機米與鹿野福鹿茶

歷史風貌

池上位於中央山脈和海岸山脈之間的花東縱谷中一處河谷平原上。作家江冠明說：「每次奔馳在花東縱谷公路上，尤其池上、關山、鹿野那段筆直的公路，生命彷彿像條坦直自由的公路，往藍天白雲飛馳而去。在池上的公路旁，望著秧田水光倒影中的天空，聆聽金黃稻穗隨風搖曳的沙沙聲，我才感到紓解和自由。」

十九世紀初，西拉雅平埔族人越過中央山脈來到縱谷拓墾。在清末的「官招民墾」政策下，「新開園」成為東部第一個漢人拓墾的聚落，即今日的錦園村一帶。一九一〇至一九三七（日明治四十三～昭和十二）年間，池上地區統稱「新開園」，一直到一九三七年才改稱「池上」。戰後，新開園村改名為「錦園村」。

一九二一（日大正十）年，池上墾民以新開園圳為主，結合鄰近的大陂圳，開設新圳道「盛土圳」，俗稱「浮圳」，取其圳道建於土堤上，高過於農田之意。九十多年後的二〇〇九年秋天所舉辦的「池上稻穗音樂節」，

鹿野景色遠眺

1
2
4 3

[1] 花東縱谷盛開的油菜花田 [2] 伯朗大道廣陌良田不斷 [3] 池上清晨的稻田與山景 [4] 鹿野的綠色隧道

坐在那近百年歷史的浮圳上，望著那連綿不絕的金黃稻穗，聆聽清脆悠揚的鋼琴聲，讓人彷彿置身在夢幻的田園交響曲中。

錦園村與萬安村的大片美麗稻田，經由鄉長號召及多數村民響應下，於二〇一四年四月三十日正式被登錄為「文化景觀」，期能在文化資產保存法法定文資身分的加持下，減少突兀的建築和開發。

在地之光

有機米的故事：萬安社區

行走雨後的池上鄉間，清涼透骨。錦園村伯朗大道兩旁，織錦般的田疇無盡迤邐，各層次的綠浪搖曳擺盪。山嶺上的白雲慵懶飄浮於湛藍的天空，讓人不得不深深地吸上一口新鮮的氣息。

一般都市居民，對遍布大街小巷的「池上飯包」招牌應不陌生；飯包的主角：池上米，清香又有彈性的滋味，令人難以忘懷。池上米的出名，萬安社區的貢獻很大，但是萬安更著名的是它的「有機米」，因而被稱為「有機米倉」。萬安村座落在河階平原丘陵地上，緊鄰萬安山。由萬安山蜿蜒而下的萬安溪是眾多灌溉水源之一，構成萬安的水系網路，也是孕育池上米的重要因素之一。

池上米之所以聞名全台的原因為池上日曬少，日夜溫差明顯，四面高山環繞，雲霧不斷，水氣飽滿。直接由新武呂溪富含有機質、清澈乾淨的水源灌溉，使得土壤地力可以不斷地得到補充。海岸山脈沖積下的土壤性質黏性重、富有機質，最適合稻米的栽種。加上無任何污染性工廠，土壤不受工業廢水所污染。最重要的是農民願意接受再教育，提升耕種技術，米質自然提升。

曾經摘下多屆冠軍米寶座的「池上米」，一直是台灣好米

池上清晨的稻田

的代名詞，但也因為價格好，出現了許多仿冒品，導致即使池上米名聲響亮，但池上農民的收入卻沒有明顯提升。為了打擊仿冒品，二〇〇二年池上建興米廠提出產地證明標章及生產履歷的概念，獲得大家一致認同與共識，成立池上米共同品牌協會，推出「多力米」品牌。又如著名的「青秧米」，取名源自唐朝布袋和尚的〈插秧詩〉：

手把青秧插滿田，低頭便見水中天；
心地清靜雲為道，退步原來是向前。

二〇〇四年全國第一屆稻米品質競賽，池上米拔得頭籌，勇得總冠軍的殊榮，確立池上為全國第一好米的原鄉。對九九．九%的土地都種水稻的池上，米是唯一的經濟作物。從二〇〇五年到現在，不論外界穀價如何，科學的種稻法讓池上米價格一直保持上漲，在艱困環境中，更具競爭力。

清晨的萬安社區，街道闃靜無人

池上的稻作及稻葉上的朝露

「有機米」是經由自然農法栽培而成的稻米，所謂的「自然農法」就是在栽培過程中，不使用化學肥料、農藥、殺草劑；農民必須定時做田間紀錄，平時還得上課受訓。審核單位也會定期到農田檢測，確認沒有化學農藥殘餘。稻子採收後，碾米的過程也必須獨立處理，而不與一般米混合。從播種到收成，經過重重關卡之後，再由MOA組織認證才能成為有機米上市。

萬安有機米產銷班採取古法耕種，嚴格遵行國際美育自然生態基金會（MOA）的自然農法執行基準栽培水稻，完全去除噴灑化肥及農藥的慣行農法，真正創造了有名有實的有機米。有機農法彷彿魔術般，讓萬安社區的農地起死回生，地力改善後，昔日蔬果的天然風味也回來了。雖然有些蟲害仍無法避免，至少不必擔憂農藥殘留的問題。

雲門舞集稻禾

《稻禾》是雲門舞集林懷民老師醞釀四十週年作品。蹲點池上，觀察、紀錄池上四季之美，從大自然擷取靈感，並在國家劇院演出之前，特地到池上首演。以雲瀑飛揚的海岸山脈為背景，金黃結穗的稻田為舞台，舞者翩翩起舞，在大自然環抱下舞出「土、風、花粉、日光、火」，把池上的美盡情揮灑在世人面前。

鹿野的茶園風光

鹿野福鹿茶：永安社區

台東鹿野地區的茶園，是花東地區最大的茶區，主要分布在鹿野永安村、龍田村及延平鄉永康村。大約海拔三百公尺上下，最適合茶樹生長的丘陵地或山坡地，總面積約四百餘公頃，年產量有四百多噸。

五〇年代主要生產外銷紅茶用的大葉種阿薩姆紅茶，後來改種高經濟價值的青心大冇、青心烏龍、金萱茶（台茶12號）、翠玉（台茶13號）及少數的佛手、武夷及四季春等茶種。一九八二年，前總統李登輝先生擔任台灣省主席時，到鹿野視察品茗，讚譽為難得好茶，應茶農要求命名為「福鹿茶」。

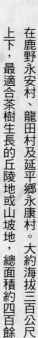

鹿野高台的茶園，涼風徐徐，採茶的姑娘笑聲不斷，這也難怪，近年福鹿茶名聞中外，又賣得好價錢，大家收入豐碩。由於台東地區氣候較溫暖，茶的產期以早春（春仔茶）、晚冬（冬仔茶）為主，早春於三月上旬就可採收，冬天則會延後其採摘期半個月以上，這段期間正是台灣茶市場的空窗期，福鹿茶得天獨厚，彌補了這空窗時段。

福鹿茶有得天獨厚的地理優勢，品質雖好名氣卻比不上阿里山、南投的高山茶。過去它的好，只有茶農、製茶達人、盤商知道，賣到西部後，總是掛上別人的名號賣。但是在二〇〇五年，鹿野鄉茶農陳錫卿以一品「清香烏龍」打敗全國九十餘位製茶人，勇得當年全國優質茶競賽總冠軍後，福鹿茶終於成為眾所矚目的焦點。因為這場比賽，茶王一時聲名大噪，他的冠軍茶更以一台斤新台幣八十八萬元天價賣出，著名的茶飲廣告也數次來到鹿野茶區取景拍攝，鹿野也因此名正言順的掛上「茶王故鄉」的招牌。天、地、人才是做出好茶的必要條件，缺一不可。台東地區好山好水，無污染環境，加上氣候的影響，春茶產期比西部早，冬茶結束也比西部晚，氣溫夠冷又無霜害，這是絕佳的栽茶氣候。一泡優質的茶是結合天、地、人三項條件，天指的是氣候條件，地指茶樹栽培的土壤條件，人是指栽培管理及採茶、製茶技術。

永安社區內綠野平疇，茶香四溢。一九九〇年代成立高台觀光茶園，面積約五十公頃，並建立高台茶業展示中心，讓茶產業升級與休閒觀光接軌。在此可遠眺縱谷及都蘭山美景，還可鳥瞰龍田村棋盤式的田園景觀，滿地的茶園風光更是來此不容錯過的景點。到高台觀光茶園品飲福鹿茶，欣賞高台美景，已成為民眾旅遊台東的新選擇。

在永安村這個聚落內，結合當地茶園，加上茶餐、民宿、自行車，以及外國的飛行傘與熱氣球，和溫泉等業者，透過教育，分工整合，塑造出一個現代化樂活村的代表性文化。遊客來此吃茶餐、喝好茶、騎鐵馬、賞風景、逛茶鄉，享受全方位的休閒旅遊。由於鹿野樂活村成員的團結努力與用心，二〇〇七年獲評為經濟部中小企業處輔導的群聚村第一名。

素有「茶王故鄉」之稱的鹿野茶園景觀

茶園一景

聚落亮點

稻米原鄉館

稻米原鄉館原是池上農會肥料倉庫，因不敷使用而閒置，後設立稻米原鄉館，成為發展萬安社區稻米文化與接待外賓的社區客廳。又因萬安是米王的故鄉，館內二樓也提供全台灣品質最優的米食，可一享與獻納日本天皇同等級的優質米飯，並一邊遠眺一望無垠的穀浪稻田。

伯朗大道

多年前，一個咖啡廣告商看中池上的稻田，在這裡拍攝出讓許多人讚嘆的美麗稻海。這條通行田間、沒有任何人為電線桿和建物的道路，就被稱為「伯朗大道」。近日，金城武騎著單車馳騁天堂之路、坐在伯朗大道旁茄冬樹下喝茶的畫面，把池上一望無際的田園美景，魅力放送到大家眼前。甚至有許多遊客來到伯朗大道，為了爭睹「金城武樹」而破壞了即將收成的稻作，也令社會一片嘩然。更可惜的是，二〇一四年七月二十三日麥德姆颱風侵襲，金城武樹被連根拔起，應聲而倒。然而台灣護樹聯盟在臉書指出，二〇一三年十一月就發現葉片捲縮吸水不良，由於樹根吸水透氣差，再加上汽車和遊客來回重壓，造成土壤夯實，讓這棵樹根本沒有良好的生長樹穴空間，所以真正的兇手是人類，麥德姆颱風只是壓垮金城武樹的最後一根稻草，值得省思。

萬安社區的稻米原鄉館

伯朗大道成為近年熱門追星景點

大坡池畔

大坡池是著名的大埤濕地

大坡池畔的油菜花田

大坡池

池上之名，池上之米，都是和這個著名的大埤息息相關。大坡池是台東縱谷上著名的天然內陸濕地，舊名「大陂」、「大埤」，日治時期改名為「大坡池」。它是池上斷層形成的斷層池，主要水源來自新武呂溪沖積扇扇端湧泉、伏流，終年不涸。池中有豐富的水生植物，以及盛產魚蝦，故也是各種鳥類的棲息地。

早時，它是知名的台東八景之一。幾次颱風造成池水日淺，加上水利單位圍湖闢田，導致水域面積急劇縮減，短短十餘年間，縮減成三~四公頃的小濕池。

直到最近，採用流行的減法工程，大坡池才逐漸恢復過去的景觀。靠近東側的池邊築了枕木步道，同時栽種了許多水生植物。一個保持原始農村風貌的池面，開闊而美麗，依傍著阡陌水田，以及遠方的高山雲海。最被稱道的是環湖自行車道，與池上鄉浮圳環線自行車道連結，置身田野中，空氣清新、景色宜人，足可與鄰鎮的關山自行車道媲美。

池上便當

池上飯包，從一九三九年起，已有七十多年的歷史。當年行駛的蒸汽火車，從花蓮到台東要八個小時，池上位處中點站，火車到了池上要加煤加水，為了照顧乘客的肚子，池上老店開始製作飯包販賣。起初用兩片竹葉包四個三角飯團，再用油麻繩繫綁，這就是最早的池上便當。

茶葉改良場台東分場

農委會茶葉改良場台東分場成立於一九八四年，占地達三十公頃，是台灣四大茶葉改良場之一。場內蒐集了近二十種茶樹種，以做為品種改良之用，並有製茶、凋萎機及茶葉副產品的開發。茶改場園地顯現自然氛圍，不假人工綴飾。林間漫步，獨賞成千上百的獨角仙啃蝕林木的痕跡。

茶改場四周農地種滿改良茶樹品種，由台茶1號到20號，無一疏漏。再從當中挑選出品種優良、適合栽種，且有商業價值的改良茶種，交由茶農栽植，創造利潤，如台茶12號的金萱茶，聞名遐邇。這些綠油油、排列整整齊齊的茶園，是樂團「蘇打綠」拍攝〈日光〉MV的取景場所。

2	1
3	

[1] 台東茶改場的茶園 / 葉思吟提供 [2] 台東茶改場茶園中的茶樹 / 葉思吟提供 [3] 池上便當

連記茶莊

鹿野茶農連記茶莊徹底施行無毒農業栽培，讓小綠葉蟬在每年夏天都能來光顧茶的嫩葉。不施農藥讓小綠葉蟬有了生機，茶農也因為小綠葉蟬的到訪，烘製出蜜香紅茶，如此順乎天意，人與自然共存共榮。最早開創蜜香紅茶的連記，運用巧思將其命名為「茶蟬一味」，成為連記的招牌茶。

愛嬌姨茶風味餐

位在永安村高台聚落的愛嬌姨風味茶飲，是一家以茶葉風味料理出名的餐廳。來到鹿野品味鹿野的福鹿茶，若也想飽餐風味茶料理，可要預先訂席，否則會有向隅之憾。一九九五年阿嬌首創茶葉與肉粽結合，研發出聞名的「茶粽」。而後一直研發各種不同的茶葉特色，結合不同的食材，創造出一道道口味獨特、芬芳美味的茶料理。目前已有多種口味獨特的茶餐被研發出來，如蜜香紅茶飯、綠茶炸豆腐、紅茶滷肉、茶油炒棕筍、烏龍茶苦瓜封、綠茶涼拌山蕨、茶油剝皮辣椒雞湯、綠茶炒麵、綠茶粿等，不一而足。

連記茶園 / 葉思吟提供

連記的茶葉 / 葉思吟提供

連記家人整理出的社區綠蔭 / 葉思吟提供

台東熱氣球嘉年華高飛的熱氣球／陳正桓提供

鹿野高台滑翔翼場

飛行傘練習場

聞名遐邇的鹿野高台飛行傘練習場，位於高台觀光茶園一帶。每逢假日，常見各形各色的飛行傘翱翔天際，為綠油油的茶園農地增色不少。飛行傘與休閒茶園兩相結合，已成為鹿野鄉最大的觀光特色；一望無際的藍天綠野，但見飛行傘如花似雲、千變萬化，一朵朵在天空漫漫翱翔。

飛行場設在茶園南方，海拔三六八公尺、落差一百五十公尺的高台，安全性高，是一處景致極佳的飛行傘起飛場。旺盛的上升氣流，讓永安高台成為國內飛行傘高手心目中最理想的飛行傘基地。只見五顏六色的飛行傘，自由自在飛翔於天際，飛行員背負傘具，從高台起飛場一躍而下，御風而行。

從瞭望台往下俯瞰，一片綠油油大草皮鋪陳，也可從瞭望台處，坐著滑草車往下衝，體驗滑草之另類刺激活動，當然更可在台上品飲福鹿茶，徜徉在綠色大地，享受午後休閒時光。

台東熱氣球嘉年華升空的熱氣球 / 陳正桓提供

熱氣球嘉年華

每天凌晨和傍晚是最佳時刻，尤其早上的氣流穩定。只要風向穩定，一會兒即可見到五～六顆熱氣球從鹿野起飛。色彩繽紛的熱氣球飄揚在台東縱谷上空，緩緩飛越茶園，在藍天綠地的襯托下，形成一幅美麗圖畫。一個多小時後緩緩降落在池上、關山等地，甚為壯觀。

一起來想想

- 影視觀光是當下文創觀光熱門趨勢。思考為何很多MV、廣告，都選擇在台東拍攝？而這些影像流傳，又造就了怎樣的新觀光景點？如何因應人潮？
- 「被發明的傳統」曾經是英國史家霍布斯邦（Hobsbawm）提出的典範理論，提醒很多傳統都是被創造出來的。為避免被國族意識操作，然批判理論的反向思考，我們又能創造出怎樣的「新傳統」，想想熱門的台東熱氣球嘉年華，並對照如土耳其等已將熱氣球觀光變成重要觀光行程的國度。
- 「文化景觀」是台灣現行文化資產保存法其中一項目，它與古蹟、歷史建築等有何觀念上的不同，和國際間的世界文化遺產保存趨勢有無對應？
- 雲門舞集蔚為台灣之光，表演藝術產業亦是文創產業之核心產業，思考《稻禾》為何選在台東首演？以及所謂「藝術殿堂」內與外的差異？

take a break think again

一起來走走地圖 GO

台東池上風情地圖

金城武與伯朗大道

台東縣池上鄉的一條鄉間小路「錦新三號道路」，原本是條幽靜的田園道路，一覽無遺的稻田，每到收割季節，迎風而來的是陣陣稻香，因為景觀獨特，先被伯朗咖啡取材廣告，後又有中華航空延攬明星金城武在小路上的茄冬樹下奉茶，於是一時風靡全台老少，也把這條小小的產業道路擠得水洩不通，差一點造成當地的困擾。後來由於颱風吹倒這棵茄冬樹，還引起一片擔心。由於金城武的魅力，這棵老樹也被暱稱為「金城武樹」，可見廣告與明星的效應有多大。

大坡池

大坡池畔

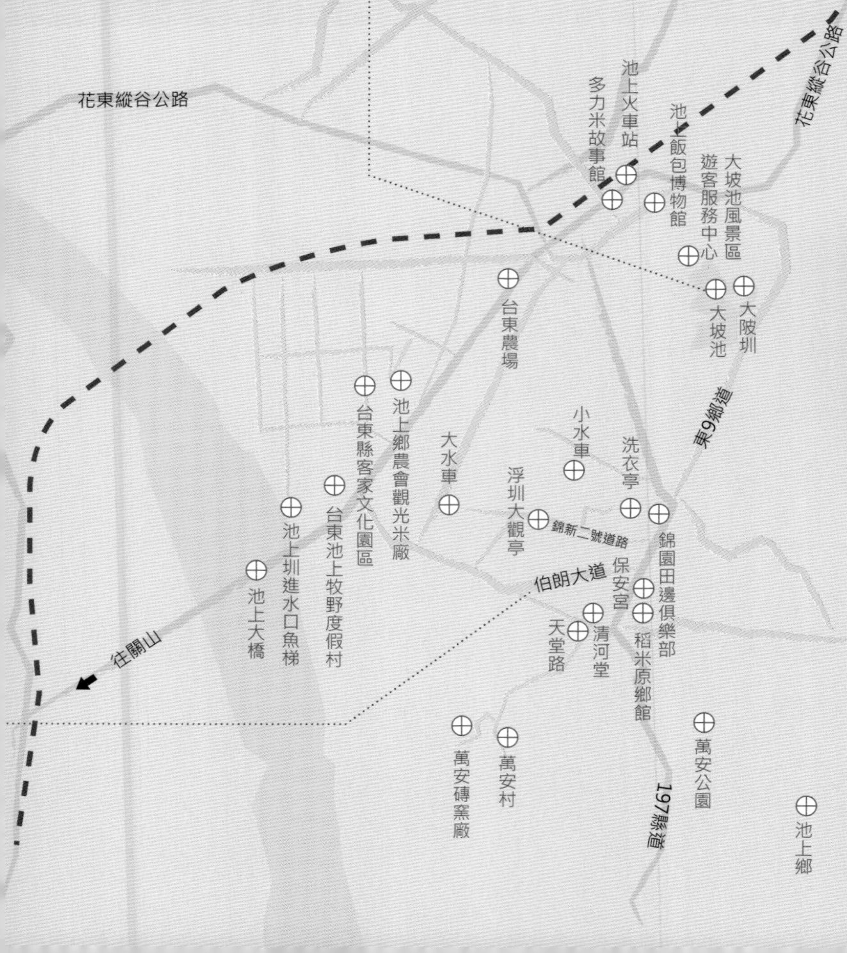

舊式門牌寫著「新開園」（錦園村）

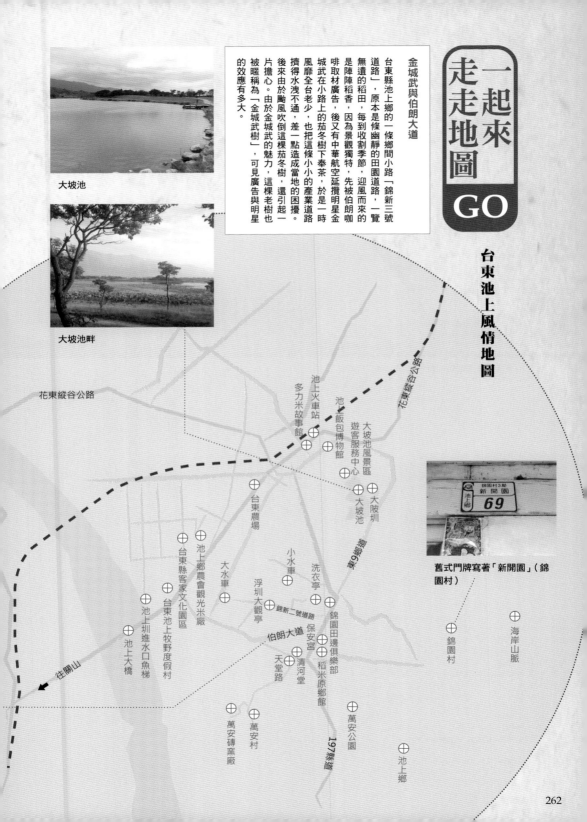

池上便當懷舊用餐區

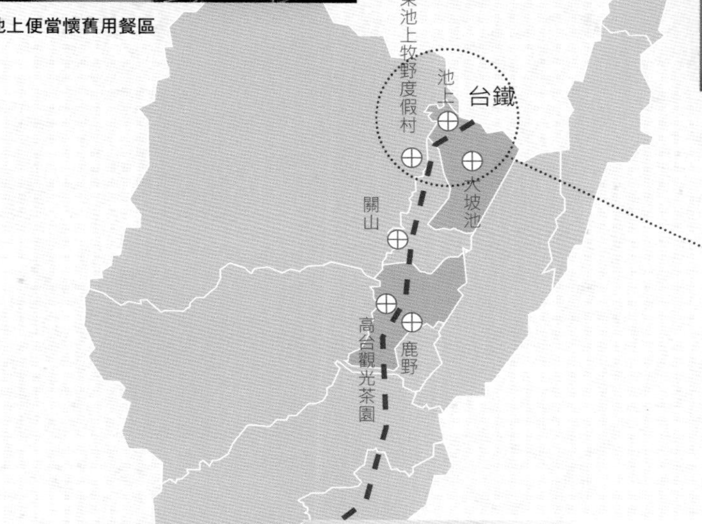

池上的稻作

花東縱谷盛開的油菜花田

伯朗大道

台東鹿野風情地圖

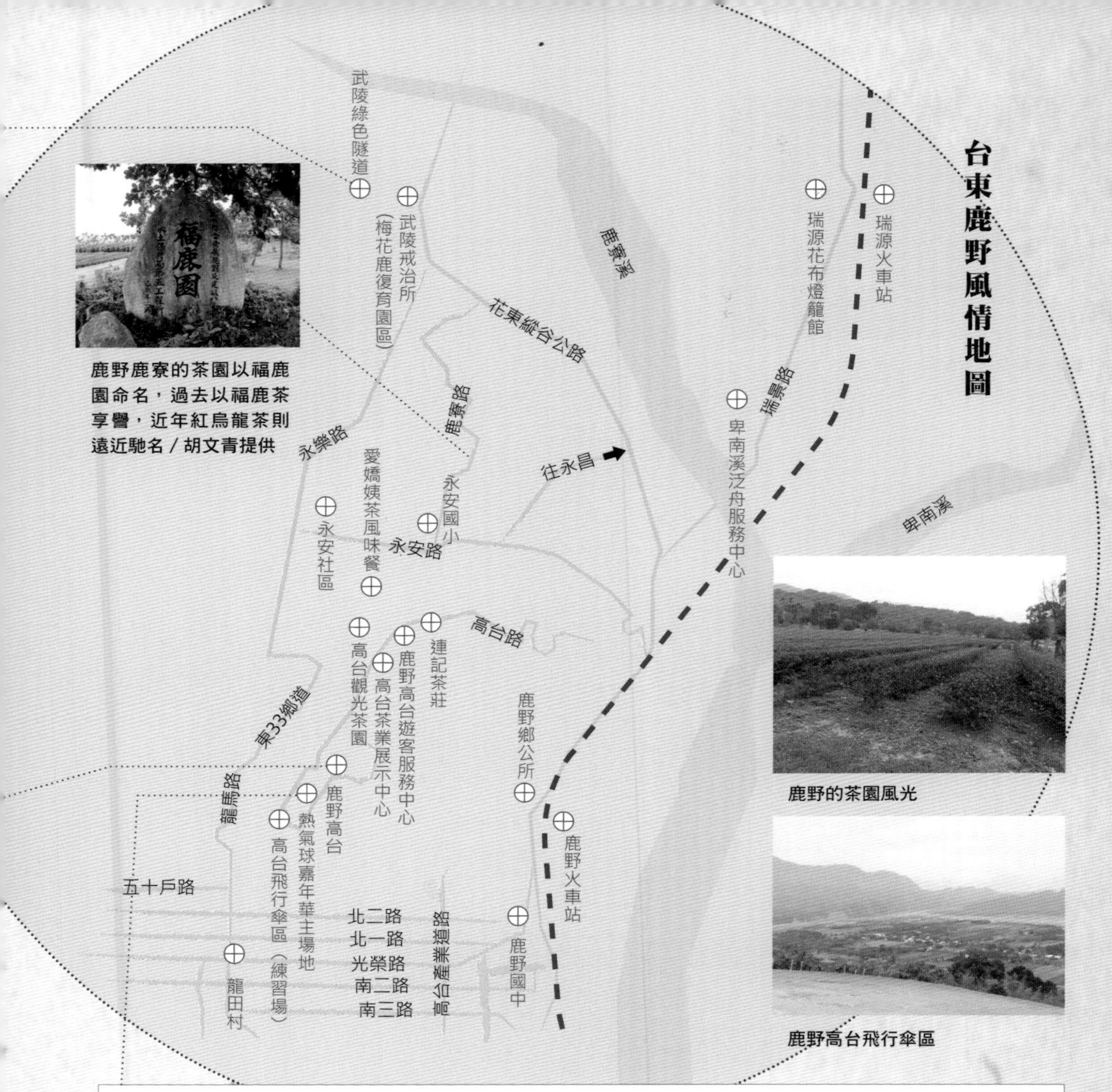

鹿野鹿寮的茶園以福鹿園命名，過去以福鹿茶享譽，近年紅烏龍茶則遠近馳名／胡文青提供

鹿野的茶園風光

鹿野高台飛行傘區

台灣國際熱氣球嘉年華

自二〇一一年首度舉辦熱氣球嘉年華後，每年暑假熱氣球活動已成為東部一大盛事，並明顯提升台東觀光人口與產值。此外，也讓台東休閒運動產業再添一項壯舉，過去除了鐵人三項運動、自行車活動、慢跑、浮潛、衝浪、飛行傘等陸、海、空三D領域運動休閒活動，熱氣球的飛行則吸引更多矚目，每年遊客皆呈倍數成長，甚至有一票難求的情形。

二〇一五年台灣國際熱氣球嘉年華更與光雕音樂會結合，以視覺與聽覺的饗宴成功營造嘉年華氣氛。更精采的是，當地政府也集合東部縱谷區三百三十五位小朋友，以充滿童趣的創意設計，打造出一具專屬台東縣圖騰的熱氣球。

聯合國世界複合遺產 Cappadocia 卡帕多奇亞的熱氣球之旅已成為全球觀光盛典，也是世界四大熱氣球聖地之一

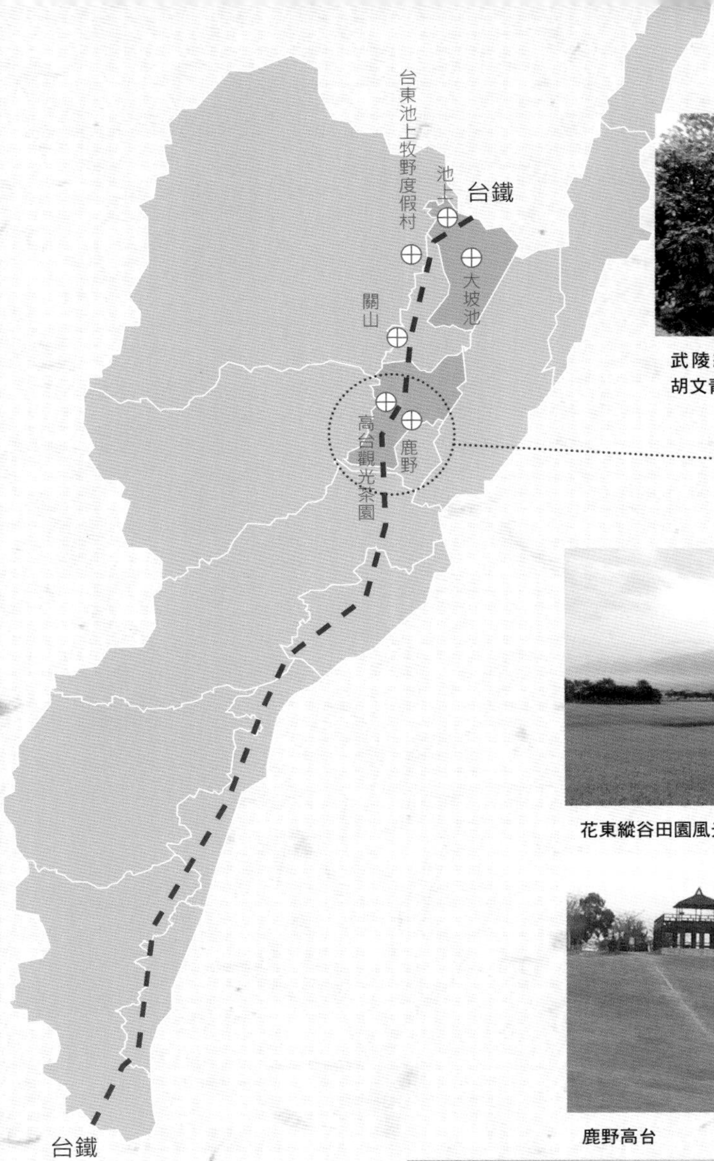

武陵綠色隧道兩旁還可見到咖啡樹／胡文青提供

花東縱谷田園風光

鹿野高台

鹿野高台熱氣球嘉年華／岳士迅提供

金門高粱酒文化與閩南文化遺產

Kinmen sorghum culture & Taiwanese culture

歷史風貌

位於福建東南沿海的金門，地處九龍江口外，與廈門隔海相對，成犄角之勢，共扼閩南門戶。明代為防倭寇，在島嶼西南南盤山處，設有守禦機構，以其「固若金湯，雄鎮海門」，因此命名為「金門」，取代原先的「浯洲」。明鄭時期，鄭成功據此作為「反清復明，光復台灣」的基地。清代也視金門為海疆要地，進出台灣及南洋的門戶。

一九四九年十月十七日，共產黨占領廈門後，渡海侵襲金門勢在必得。二十五日凌晨，登陸金門北方海岸，震驚中外的古寧頭戰役於焉開展。與其他戰役相比，其規模可能微不足道，但意義卻極為深遠。它不僅是國民黨軍難得的一次勝戰，也因戰役的結果，國民政府才有機會在台灣喘息立足，成了海峽兩岸分治的開始。

分治五十年後的二〇〇一年，金門開啟小三通序幕，「金廈首航」打通半個世紀的政治禁忌，金門又在關鍵年代中寫出歷史上重要的一頁。二〇〇八年七月，兩岸大三通，金門自然而然成為海峽兩岸交流的橋樑。

烈嶼鄉又稱小金門，與廈門相遙對／胡文青提供

金門料羅灣

在地之光

金門高粱酒

趙家驤將軍曾作詩：

為愛金門酒，來尋寶月泉；
故鄉胡歲月，此地漢山川。
兩擔堅前壘，九龍淡遠煙；
沙場君莫笑，一醉勒燕然。

春秋兩季，滿山遍野的高粱田一片金黃，高粱和小麥田無邊無際的風景，有別於台灣的稻浪起伏。高粱穗鋪滿路面等著汽車輾壓脫殼的田園情趣；初蒸餾微溫的高粱酒原味，填滿整個空氣，在在都是金門獨有的風情。

作家翁翁在〈時光露穗：浯島紅高粱〉寫道：

我們舉杯互敬，輕啜一口醇厚濃郁的58度金門高粱酒
當酒香滑過唇舌，進入喉嚨的嗆烈滋味
相較於青澀年少時，禁錮於貧瘠荒窘的海島鄉歲……

金門高粱酒以金門當地的高粱和小麥為原料，經過二次蒸餾、二次發酵的古法釀造，且沒加香精和糖等添加物，所以有「醉不上頭」的特性。如今，金門高粱酒已是金門首屈一指的本土企業，這要歸功於金門純淨甘甜的水質、零工業污染的清新空氣、東北季風常年吹襲形成的特殊天候及土壤、專業的釀酒經驗以及在山洞內儲存熟成的特性，堪稱得天獨厚。

一九五三年，胡璉司令官鼓勵民眾「一斤高粱換一斤糙米」，將私酒擴展為公酒，正式於九龍江酒廠量產。一九五六年，更名為「金門酒廠」；一九九五年拓建於金寧鄉寧山第二酒廠，即「金寧廠」或「新廠」；而原在金城鎮金門城村的酒廠，則稱「金城廠」或「舊廠」。一九九八年為配合國營企業民營化，改制為「金門酒廠實業股份有限公司」，簡稱「金酒公司」。

[1] 金門酒廠金寧廠與高粱酒瓶地標
[2] 金門酒廠金城廠入口仿古城門
[3] 窖藏酒罈

風獅爺

金門風獅爺都作擬人化姿態，或坐或站、或威猛、或童稚，有雌有雄，造型各異，神態亦各有不同。風獅爺若屬全村共同設置，一般體型較大且多立於村落入口處，最具看頭，也最受遊客喜愛，如瓊林村村北的風獅爺線條優美，造型十分威武。一九九七年全國文藝季：「金門風獅爺」活動中，瓊林村此一風獅爺經遊客票選為全島「最具神獸威儀」、「最具表情儀態」、「穿著最有品味」和「最雄偉」等四項封號。

當地人相信風獅爺嗜吃餅、黃麵，不難瞧見風獅爺的嘴裡常塞滿了這些食物。金門縣政府在金湖鎮郊闢建一座石雕公園，依比例縮製各村落風獅爺，讓遊客一次盡覽金門風獅爺的全貌。

石獅是很普遍的辟邪物，不是金門所獨有，而是來自閩南原鄉。金門原本是一個林木蓊鬱的海島，但由於元朝伐木煮鹽；明鄭時伐木造舟、過海渡台，使金門山林為之一空；加上清初的「遷界令」，遂陷金門於

瓊林聚落蔡氏家廟後鑲嵌在牆壁內的小風獅爺

金湯公園內的風獅爺造型

位於路旁，利用現代建材雕塑奇特造型的風獅爺

風沙浩劫。也因此唯有風害為患的金門人，對風獅爺的信仰堅定無比，庇祐的範圍也擴大到生活的每一個層面，成為今日金門島上一項特殊的人文景觀。

宗祠家廟

傳統建築是金門最豐富的文化資產，同時也是金門最明顯的有形資產。建築大都維持漳泉式樣的閩南式遺風，目前金門共有一百六十三處自然聚落，林立著許多具有歷史價值的宗祠和家廟，密度之高、數量之多，非常罕見。中西合璧的洋樓，不僅可體驗僑鄉文化，也可略知「落番」的歷史。

戰役史蹟

金門因戰略位置重要，自明初以來，皆被視為海疆重鎮。自一九四九年後，金門成為反攻最前線，在不斷的戰火歷練中，重塑金門的風貌，成就舉世無雙的獨特戰地文化。長期戰備的需要，使金門島上有許多為了戰鬥的防禦工事，其中以翟山坑道是最具代表性的海上堡壘；瓊林坑道則是民防的代表。其中太武山上的「毋忘在莒」也是當時很重要的地標。

3	1
	2

[1] 陳氏宗祠
[2] 水頭聚落的家祠建築／胡文青提供
[3] 成功坑道

金城鎮模範街

模範街原係鄭成功訓練陸師的「內較場」，老街全長七十五公尺，聯拱造型，是金門唯一「中西合璧」折衷建築，且保存最為完整的店面街道。一九二四年出售內較場土地，用以興建此店面街道及充作教育經費。委由曾經渡台主持設計艋舺龍山寺的大木匠師王益順的次子王廷元負責設計。以其整齊有致、線條優美，堪稱全島街道的模範，特命名為「模範街」。

金城鎮模範街

奎閣

古蹟「奎星樓」位於清金門鎮總兵署正對面的小巷內，是一座正六角形，重檐尖頂的樓閣式古典建築，內有極其繁複、雕工精細的六角藻井。奉祀魁星爺，立意「上應天象，下開文運」。清道光十六年，由地方望族林斐章捐建這座展現金門人文薈萃強烈意象的樓閣。二〇〇一年四月，金門縣政府再斥資進行大整修，始有今貌。

奎閣入口

奎閣（奎星樓）

清金門鎮總兵署

總兵署原址是「叢青軒」，是明朝萬曆年間「會元傳臚」許獬讀書的地方。

清朝康熙年間，總兵陳龍以后浦人多興旺，遂將總兵署遷至叢青軒。民國以後，總兵署先後做為縣公署、金門防衛司令部、福建省政府、金門戰地政務委員會，最後使用的縣警察局在一九九五年遷出後，縣府開始整修，使得這座台閩地區格局保存最完整的總兵署，得以保存原貌呈現在世人眼前。二〇〇一年元旦，金廈小三通，行政院大陸委員會借用總兵署做為「小三通金門行政協調中心」。

清金門鎮總兵署正門外觀

朱子祠與浯江書院

古蹟朱子祠始建於清乾隆四十五年，位於金門四大書院金城浯江書院的後方，主祀朱子神位和畫像。祠前並設有講堂一座，朱子教化金門，文風鼎盛，博得「海濱鄒魯」之稱。朱熹於宋朝紹興二十三年任職同安縣主簿時，曾渡海金門，在古區村燕南山上設帳講學，稱之「燕南書院」，乃金門最先設立的書院。

浯江書院雖非最早，卻是目前惟一碩果僅存的老書院。最初乃義學之處，一七八〇（清乾隆四十五）年，因通判移駐馬巷廳，有意拆卸移往水頭，議員黃汝試認為拆掉可惜，呈請變賣建為書院。

金門浯江書院／胡文青提供

莒光樓

位於金城鎮南郊丘頂，是一座水泥、石壁混建的仿宮殿建築，占地約二千餘坪，由名建築師沈學海所設計。莒光建於一九五三年，樓高三層，飛簷畫棟、朱柱碧瓦，氣勢開闊雄偉。一九五九年，郵政總局以金門為主題，發行二組郵票，一是「毋忘在莒」，另一是「莒光樓」，隨著郵票傳布全球，馳名中外。

文台寶塔

矗立於金門城海邊的古蹟「文台寶塔」，乃一三八七（明洪武二十）年江夏侯周德興所建。它與已拆毀的太武山「倒影塔」和水頭的「矛山塔」，並稱金門三大名塔。文台寶塔呈六角形，上窄下寬，基座共有五層，均由花崗石板堆砌而成，塔頂豎有一方石塊，鐫刻「奎星聳照」四字和「魁星踢斗」圖像。

文台寶塔

翟山坑道

一九五八年八二三砲戰期間，大、小金門島的灘頭運補作業，經常遭到對岸砲火攻擊，國軍乃在一九六一年於大、小金門各挖一條地下坑道，在大金門是「翟山坑道」，小金門是「四維坑道」。官兵可以在不受砲火威脅下，將軍需品、民生物資裝載於運補船隻，再火速衝出坑道奔往小金門。

翟山坑道位於古崗湖附近，全區坑道皆是堅硬的花崗岩，完全由人工鑿成，歷時五年完工，坑道全長一百零一公尺、寬六公尺、寬約三・五公尺；水路設計成「A」字型，全長三百七十五公尺，與大海相連。由海軍海灘總隊第二大隊進駐，對離島運補工作功不可沒，後來因泥沙淤積，於一九八六年廢棄不用。一九九七年，金防部將這座坑道移撥金門國家公園管理處，一九九八年開放參觀，遂成為戰地金門最受歡迎的景點之一。大提琴家張正傑對翟山坑道的共鳴效果驚豔不已，遂發起坑道音樂節活動。

水頭聚落

金門擁有豐富的閩南文化，一落落的閩南古厝，以傳統燕尾、馬背樣式昭告當地人文底蘊，漫步在歷史長達七百年的水頭聚落，讓人彷彿穿越時光隧道。靜謐的氛圍讓人不自覺停下腳步，細細品味飄散在空氣中的歷史文韻。水頭村民除了以農漁維生外，也多從事走船經商，遠赴南洋各地開創商機，並在成功歸國後回饋鄉里，建蓋一座座西洋味濃厚的洋樓大厝，其中以西堂別業及水頭十八支樑（九座二落大厝）為代表。

[1] 鑿通花崗岩的翟山坑道
[2] 水頭聚落的洋樓建築／胡文青提供
[3] 洋樓建築立面
[4] 閩南古厝

得月樓建築景觀／胡文青提供

金水國小山牆上裝飾建築的徽章／胡文青提供

現為銘傳大學金門校區的金水國小／胡文青提供

得月樓

洋溢著異國情調的水頭洋樓群，係水頭觀景攬勝的重點，繁複多樣的裝飾元素和雕塑，讓人眼花撩亂，難以一覽而盡。洋樓中最為醒目者莫過於俗稱槍樓的「得月樓」。得月樓興建於一九三一年，樓高一一・二六公尺，共分五層，曾是全島最高建築。

以「近水樓台先得月」取名的得月樓，是因當時地方上不安寧，內陸土匪經常上岸擄人勒贖，因此以作為「槍樓」的防禦工事為主要考量而建。得月樓以上等杉木架構，再鋪以紅磚。防禦工事主要設置在地上的三～四層，四面牆壁都設有圓形槍孔。另外得月樓還設有一條逃生密道，與隔鄰一樓的番仔厝相通，再從番仔厝通往更遠的二層大洋樓。

金水國小

位於得月樓前方的金水國小，是水頭居民集體記憶所在，它承載水頭一甲子餘的滄桑歲月。一九三二年，水頭旅居印尼的僑胞集資興建這所曾是島嶼最新式的小學。整體建築呈「回」字型，立面的西式山頭有天使浮雕、鷹飾，內部的紅磚圓柱古典雅緻。一九八六年，因學生不足而被廢校閒置，一九九八年，金門國家公園館理處整修後，目前由銘傳大學借用為金門校區。

金湖鎮瓊林聚落

地理位置居金門島中央、太武山西方的瓊林，是一座以蔡姓居民為主、開發甚早且保存最完整的傳統聚落。其傳統民居二百餘棟，「三落大厝」數量之多，更是全島第一。「瓊林」之得名更為人所津津樂道，源於一六二五（明天啟五）年，福建巡撫鄒維璉以平林進士蔡獻臣學問純正，奏請朝廷御賜里名「瓊林」，迄今木匾仍高懸家廟堂上。瓊林有七座木構建築大宗祠，均列為縣定古蹟，也有四座風獅爺守護聚落，其中二座矗立空地上，另二座小風獅爺則鑲嵌在蔡氏家廟及民宅後方牆壁上。

瓊林坑道

瓊林在清代為防禦海盜，即已建築能彼此互通的地下坑道。國軍進駐金門後，於一九六七年開始增築瓊林地下戰鬥坑道。以瓊林村公所為中心，內設一指揮所，坑道連絡聚落民宅、防空洞、碉堡和機槍堡，路線綿密且四通八達，共有出入口十二處，使瓊林成為島上最著名的戰鬥村。目前僅規劃一條路線供遊客入內參觀行走，路程約十五分鐘，出口處左方正是金門最出風頭的瓊林風獅爺，是金門必遊景點。

[1] 蔡氏家廟
[2] 瓊林地下戰鬥坑道入口
[3] 瓊林地下戰鬥坑道

瓊林坑道出口最出風頭的風獅爺，連得「最雄偉」、「最具神獸威儀」、「穿著最有品味」、「最具表情儀態」等四項獎項

陳景蘭洋樓

陳景蘭洋樓是戰時的指揮中心，也當過野戰醫院和官兵休閒場所。洋樓的每一個角落彷彿都保留著過往歷史的餘韻，憑欄更可俯瞰坡地上的金湯公園及遠眺料羅灣之美。附近的成功坑道，最具原始風貌。

金沙鎮西園鹽場

西園鹽場是一座走過元、明、清、民國，整整七百年歷史的老鹽場，因不堪長期虧損，於一九九五年七月一日關場，正式走入歷史。根據史載，一二九六（元大德元）年，金門開始建場徵鹽，明、清兩代以迄民國，西園鹽場都是重要的鹽產區，除供島民食用外，主要輸往大陸。

西園鹽場大門口及廢棄鹽倉後方各有雄、雌風獅爺一尊；一尊執筆、持帥印，一尊持彩球、胸繫鈴鐺。雖然兩尊風獅爺僅相距十餘公尺，但位於鹽倉後方的那尊很容易被遊客錯過。

西園鹽場內幫浦古物

陳景蘭洋樓

山后聚落：山后民俗文化村

山后傳統聚落分成上中下三堡，其中的上、中堡為王姓族人居住，下堡住的是梁姓居民，而「山后民俗文化村」則座落在中堡。清同治年間，王姓族人王國珍旅居日本經商致富，其子王敬祥為旅日華僑總商會會長。王氏父子為安頓族人，回饋鄉里，乃聘請大陸師傅在中堡闢建著名的「十八棟厝」，內有閩南式民居十六棟，鄉塾和宗祠各一座，歷時二十六年，於一九○○（清光緒二十六）年才完工。一九七九年，金門縣政府斥資整建復舊，闢為山后民俗文化村，目前由金門國家公園管理處接管，遊客人數居於全島之冠。

金寧鄉古寧頭聚落：古寧頭戰史館

古寧頭是金門西北部突出的一個島角，三面環海，是個位於邊陲不起眼的小村落。一九四九年的古寧頭戰役，使「古寧頭」聲名遠播，因而成立了古寧頭戰史館。白色碉堡外牆雕刻著戰爭的畫面，生動地描繪這場難得一勝的戰役。

一起來想想

- 問 思考台灣申請聯合國教科文組織世界遺產的挑戰性與困難度在哪方面？
- 問 為何金門會成為台灣的世界文化遺產潛力點？是歷史性？特殊性？
- 問 反思金門所象徵的世界歷史冷戰時期、國共兩黨對峙時期與當下兩岸交流？
- 問 金門國家公園的設置對文化資產保存、生態維護的意義？
- 問 金門為何是東南亞各國許多華人鄉愁的「僑鄉」，對金門發展有何影響？

take a break 問 think again

胸繫鈴噹的風獅爺

一起來走走地圖GO

金門風獅爺與閩南文化地圖

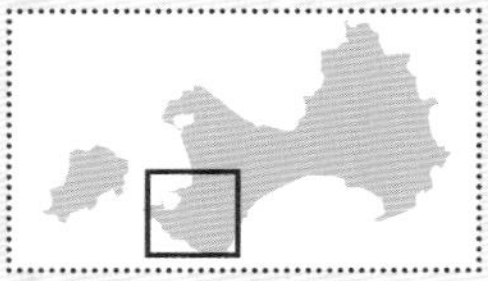

風獅爺傳說

金門風獅爺造型不一，數量眾多，據民間說法有「鎮風煞」、「祭煞」、「剋制蟻害」、「護風水與破解村落的沖犯」等威信，又傳聞喜愛吃餅、黃麵，所以當地居民祭拜時，會在獅口塞滿此類食物。據金門國家公園管理處出版「發現・金門風獅爺地圖」，各聚落的風獅爺數目已超過七十餘座。

瓊林坑道出口最出風頭的風獅爺

金門古聚落主題旅遊

金門保留完整的古聚落皆極具特色，目前有瓊林古聚落、林厝聚落、北山聚落、南山聚落、珠山聚落、山后聚落、水頭村古聚落、辛氏聚落等知名景點，近年成功推廣聚落民宿，讓遊客可以入住整修後古色古香的百年閩南式建築古厝。

金門舊酒廠外古城意象

清金門鎮總兵署

金城鎮模範老街

貞節牌坊下已被神格化的彩繪石獅子，傳聞全島的石獅歸其統轄

金門城

明洪武年間，防禦海疆的江夏侯周德興，為防阻海上倭寇而興築金門城。初建的金門城周長六百三十丈（約二〇一六公尺），城垣高一丈七尺（約五．四公尺）、寬一丈（約三．二公尺），開有東、西、南、北四門。一九九七年利用金門酒廠的回饋金，開始重建城門，現南門即為金門酒廠的大門。

風獅爺石雕公園

金湖鎮風獅爺石雕公園內的風獅爺群，集合金門聚落現存的六十四尊風獅爺，並配合不同型態、座向，賦予環保公園獨特的在地風情。

水頭村古聚落

水頭村聚落鄰近廈門，自古即移民往來的重要港口，由於南洋經商致富的僑民，往往返鄉興蓋「番仔樓」，也因此可見村內傳統閩南式建築與洋樓林立的景觀。

風獅爺文物坊／胡文青提供

The Five Harbor Cultural Area/ Art Decoration of Hi-An Boulevard, Tainan City

Sun Moon Lake / Chichi railway

Taiwan Sugar Culture & Ciaotou Sugar Refinery

郵戳印記

Yuchih Township, Nantou County / Taiwan's tea culture

Wine industry / Cultural Landscape Of Ilan Plains

Lukang Township, Changhua County / Traditional Folk Craft

Forestry Culture / Alishan Forest Railway

Ximen Shopping Area / The Red House

The Hakka Tung Blossom Festival / Sanyi Wood Carving Festival

Kinmen sorghum culture & Taiwanese culture

Hamasen, Takao / The Pier-2 Art Center

Huashan1914· Creative Park / Songshan Cultural and Creative Park

Taichung City / Calligraphy Greenway

Oriental Beauty Tea / Beipu Hakka Villages

Yacht industry / Asia New Bay Area

Ceramic Culture / Yingge Ceramics Museum & Yingge Street

Chihshang organic rice / Luye Fulu Tea

Shuinandong, inguashi, and Jiufen / Taiwan mining culture

Salt Culture / Chiku Lagoon

Paiwan's Beads Culture / Sandimen Township, Pingtung County

國家圖書館出版品預行編目資料

老產業玩出新文創：台灣文創產業與聚落文化觀光誌 / 蘇明如著. -- 初版. -- 台中市：晨星, 2015.08
面； 公分. -- (台灣地圖；37)
ISBN 978-986-443-016-1(平裝)

1.文化觀光 2.文化景觀 3.人文地理 4.台灣

733.6 104009075

台灣地圖037

老產業玩出新文創

台灣文創產業與聚落文化觀光誌

作者	蘇明如
攝影	蘇瑞勇
主編	徐惠雅
執行主編	胡文青
校對	胡文青、蘇明如、蘇瑞勇、沈詠潔、陳伶瑜
美術編輯	陳正桓
封面設計	一瞬
創辦人	陳銘民
發行所	晨星出版有限公司 台中市407工業區30路1號 TEL：(04)23595820 FAX：(04)23550581 E-mail：service@morningstar.com.tw http：//www.morningstar.com.tw 行政院新聞局局版台業字第2500號
法律顧問	陳思成律師
初版	西元2015年08月23日
郵政劃撥	22326758（晨星出版有限公司）
讀者服務專線	04-23595819#230
印刷	上好印刷股份有限公司

定價 450元

ISBN 978-986-443-016-1
Published by Morning Star Publishing Inc.
Printed in Taiwan
版權所有 翻印必究（如有缺頁或破損，請寄回更換）

◆讀者回函卡◆

以下資料或許太過繁瑣，但卻是我們了解您的唯一途徑，
誠摯期待能與您在下一本書中相逢，讓我們一起從閱讀中尋找樂趣吧！

姓名：__________ 性別：□ 男 □ 女 生日： ／ ／

教育程度：__________

職業：□ 學生 □ 教師 □ 內勤職員 □ 家庭主婦
□ 企業主管 □ 服務業 □ 製造業 □ 醫藥護理
□ 軍警 □ 資訊業 □ 銷售業務 □ 其他__________

E-mail：__________ 聯絡電話：__________

聯絡地址：□□□__________

購買書名：老產業玩出新文創

・誘使您購買此書的原因?

□ 於 ______ 書店尋找新知時 □ 看 ______ 報時瞄到 □ 受海報或文案吸引

□ 翻閱 ______ 雜誌時 □ 親朋好友拍胸脯保證 □ ______ 電台 DJ 熱情推薦

□電子報的新書資訊看起來很有趣 □對晨星自然FB的分享有興趣 □瀏覽晨星網站時看到的

□ 其他編輯萬萬想不到的過程：__________

・本書中最吸引您的是哪一篇文章或哪一段話呢?__________

・對於本書的評分?（請填代號：1.很滿意 2.ok啦！ 3.尚可 4.需改進）

□ 封面設計______ □尺寸規格______ □版面編排______ □字體大小______ □內容______ □文／譯筆______ □其他______

・下列出版品中，哪個題材最能引起您的興趣呢?

台灣自然圖鑑：□植物 □哺乳類 □魚類 □鳥類 □蝴蝶 □昆蟲 □爬蟲類 □其他______
飼養＆觀察：□植物 □哺乳類 □魚類 □鳥類 □蝴蝶 □昆蟲 □爬蟲類 □其他______
台灣地圖：□自然 □昆蟲 □兩棲動物 □地形 □人文 □其他______
自然公園：□自然文學 □環境關懷 □環境議題 □自然觀點 □人物傳記 □其他______
生態館：□植物生態 □動物生態 □生態攝影 □地形景觀 □其他______
台灣原住民文學：□史地 □傳記 □宗教祭典 □文化 □傳說 □音樂 □其他______
自然生活家：□自然風DIY手作 □登山 □園藝 □觀星 □其他______
・除上述系列外，您還希望編輯們規畫哪些和自然人文題材有關的書籍呢?__________
・您最常到哪個通路購買書籍呢? □博客來 □誠品書店 □金石堂 □其他

很高興您選擇了晨星出版社，陪伴您一同享受閱讀及學習的樂趣。只要您將此回函郵寄回本社，我們將不定期提供最新的出版及優惠訊息給您，謝謝！
若行有餘力，也請不吝賜教，好讓我們可以出版更多更好的書！

・其他意見：__________

晨星出版有限公司 編輯群，感謝您！

請填妥對折裝訂，直接投郵即可，免貼郵票

廣告回函
台灣中區郵政管理局
登記證第267號
免貼郵票

407

台中市工業區30路1號

晨星出版有限公司

請沿虛線摺下裝訂，謝謝！

回函好禮送！

凡填妥問卷後寄回晨星，並隨附70元郵票（工本費），馬上送《版畫台灣》限量好書。

晨星自然

天文、動物、植物、登山、生態攝影、自然風DIY……各種最新最夯的自然大小事，盡在「晨星自然」臉書，快點加入吧！

搜尋／ 晨星圖解台灣

台灣文化大小事，以圖解與視覺方式精采呈現
邀請您加入臉書行列